Nanfang Diqu Gaosu Gonglu Gaikuojian Gongcheng

南方地区高速公路改扩建工程

Guanjian Jishu Tansuo yu Shijian

关键技术探索与实践

叶轩宇　编著

内 容 提 要

全书共分为七章。第一章为绪论，介绍国内外高速公路改扩建工程现状，并概述本书主要内容；第二章围绕高速公路改扩建工程总体设计、勘测设计、景观设计等开展研究；第三章阐述了老路路基工作性能的检测与评价、路基加宽的压实和补强、防排水等施工关键技术；第四章研究了既有路面检测与评价、加宽路面结构组合设计、沥青混合料再生等内容；第五章介绍了旧桥维修加固、桥梁拼接关键技术；第六章以昌樟高速公路改扩建工程施工过程中的交通组织为例，进行了交通组织与分析；第七章为节能减排关键技术。

本书内容涵盖了高速公路改扩建工程总体设计、路基加宽、路面加宽与沥青混合料再生、交通组织、桥梁维修加固、节能减排等关键技术，可供从事公路设计、施工及科研的技术人员参考使用。

图书在版编目(CIP)数据

南方地区高速公路改扩建工程关键技术探索与实践 / 叶轩宇编著. — 北京 ：人民交通出版社股份有限公司，2018.6

ISBN 978-7-114-13639-9

Ⅰ. ①南… Ⅱ. ①叶… Ⅲ. ①高速公路—改建—道路工程②高速公路—扩建—道路工程 Ⅳ. ①U418.8

中国版本图书馆 CIP 数据核字(2017)第 012583 号

书　　名：**南方地区高速公路改扩建工程关键技术探索与实践**
著 作 者：叶轩宇
责任编辑：时　旭
责任校对：宿秀英
责任印制：张　凯
出版发行：人民交通出版社股份有限公司
地　　址：(100011)北京市朝阳区安定门外外馆斜街 3 号
网　　址：http://www.ccpress.com.cn
销售电话：(010)59757973
总 经 销：人民交通出版社股份有限公司发行部
经　　销：各地新华书店
印　　刷：北京市密东印刷有限公司
开　　本：720 × 960　1/16
印　　张：15.75
字　　数：277 千
版　　次：2018 年 6 月　第 1 版
印　　次：2018 年 6 月　第 1 次印刷
书　　号：ISBN 978-7-114-13639-9
定　　价：48.00 元

前　言

——FOREWORD——

截至2016年底，我国高速公路里程已超过13万km。由于受建设时社会经济水平、技术水平和建设思想的制约，在已经建成使用的高速公路中，绝大多数是双向四车道，六车道和八车道高速公路所占比例较低。随着国民经济的快速发展，我国公路客货运输量持续快速增长，汽车保有量大幅增加，常造成交通拥堵，甚至引发恶性交通事故，急需改扩建提高通行能力。自广佛高速公路加宽工程动工以来，先后有海南环岛东线、沪杭甬、沈大、沪宁、连霍、京港澳等高等级公路相继局部或全线扩建加宽。结合国外经验及根据我国未来经济发展预测，可以断言，全国主要经济干线走廊带内远期将需要10条左右车道的高速公路的通行能力。因此，高速公路的扩建加宽将是21世纪我国公路建设亟待解决和必须解决的重要课题。

我国南方地区夏季高温，四季分明，雨量大、雨季长，高液限土分布广泛，给高速公路路基加宽拼接带来了极大困难。虽然目前我国已完成超过6000km的高速公路改扩建工程，积累了较为丰富的工程实践经验，但由于我国幅员辽阔，不同地区工程各具特点，加之高速公路改扩建工程具有技术难度大、施工历时短、改扩建工程中保障老路畅通等技术特点，已有的高速公路路基拼接技术成果缺乏系统性，难以推广应用。尚未有针对南方湿热地区这一特殊气候、土质和地质特点的高速公路改扩建工程方面的技术书籍。

江西南昌至樟树高速公路(简称“昌樟高速公路”)是国家高速公路网(71118 +6 网)中上海至昆明国家高速公路的有机组成部分,是江西省“三纵四横”公路网主骨架的重要路段,也是江西省连接周边省份、加强对外联系,对接长珠闽、融入全球化的跨省高速公路运输大通道的咽喉要道,在路网中具有十分显要的地位。原建设期按南昌(省庄)至樟树(胡家坊)高速公路和樟树(胡家坊)至昌傅高速公路两个项目分期建设。其中,南昌(省庄)至樟树(胡家坊)段项目起于南昌市新建县省庄,终于宜春市樟树市胡家坊镇,于 1995 年 12 月 18 日开工兴建,1997 年 12 月 28 日建成通车;胡傅高速公路北起樟树市胡家坊镇,与省庄至胡家坊段相接,止于樟树市昌傅镇,于 1998 年 9 月 3 日开工兴建,2001 年 1 月 1 日建成通车。自建成通车,昌樟高速公路交通量逐年增长,到 2010 年 4 月,昌樟高速公路断面平均交通量已达 34448pcu/d,最大段 40734 pcu/d;高峰时段交通量达到 44807pcu/d,道路服务水平已明显下降。因此急需进行改扩建,以提高通行能力和服务水平。

昌樟高速公路改扩建工程地处南方地区,沿线降雨量大,高液限土分布广泛,改扩建工程面临保通、新老路基拼接、不良土质利用、废旧路面材料再生利用等技术难题。本书以昌樟高速公路改扩建工程为依托,为实现高速公路加宽工程的安全、耐久,结合工程实施中的实践经验和研究成果,对设计与施工过程中采用的新技术、新工艺、新材料、新设备等成果进行了总结、归纳和提炼,力求对我国高速公路加宽改造提供有益参考。

本书由江西赣粤高速公路股份有限公司叶轩宇编著,长沙理工大学张军辉教授和江西赣粤高速公路股份有限公司王剑负责统稿。叶轩宇负责第一章和第六章的撰写,袁怡、淦洪、邓文渊负责第二章的撰写,张军辉、张伟联、江平负责第三章的撰写,吴后选、王剑、金学勤责第四章的撰写,陈荣芬、聂头龙、李颉劲、吴迎宾负责第五章的撰写,王剑、徐洲、吴后选负责第七章的撰写。

本书编写过程中，江西省交通运输厅、江西省高速公路投资集团有限责任公司和江西赣粤高速公路股份有限公司领导高度重视，给予了大力支持。俞文生教授级高级工程师和吴革森教授级高级工程师为编写本书提出了许多建设性的指导意见，另外，许多专家和技术人员给予了帮助和支持，在此一并表示感谢。最后，感谢人民交通出版社股份有限公司的编辑，为本书的出版付出了大量的辛劳和智慧。

限于作者水平，书中疏漏和不足在所难免，恳请读者及同行批评指正。

作　者

2017年6月

目　录

CONTENTS

第一章 绪论

第一节 研究背景及面临的问题

1988 年，沪嘉高速公路建成通车，结束了我国大陆没有高速公路的历史。高速公路具有运量大、速度快、辐射远、效益高等优点，对我国经济和社会的发展起到了很大的作用，极大地促进了物质文化等方面的交流。

改革开放以来，我国交通基础设施建设迈上新台阶，迎来了高速公路发展的新时代。截至 2016 年底，高速公路通车里程已突破 13 万 km，但其中大部分为双向四车道。随着国民经济的发展，公路客货运输量持续快速增长，1995—2014 年，客运量增长 3.4 倍，货运量增长 3.5 倍，而汽车保有量增长 14 倍，相当比例的高速公路通行能力已无法满足要求，经常造成交通拥堵，甚至引发恶性交通事故，严重制约了社会经济的发展。因此，加快高速公路网的升级改造、提高重要路段的通行能力已迫在眉睫。

高速公路改扩建主要面临如下几个问题：

(1)改扩建方式的选择需要综合各方面的因素，选择经济和社会效益最佳的加宽方式，不能仅考虑某一方面，如为了道路美观和交通组织方便而忽略工程量，造成投资巨大，因此选择合理的加宽方案尤为重要。

(2)整体性强的新老路基结合部可以很好地减缓差异沉降导致的路面开裂。由于我国南方地区潮湿多雨，早期修筑的高速公路没有中央分隔带排水或排水失效，造成老路路基内部渗水严重。因此，基于老路路基性能，提出路基加宽压实与补强、路床加固处理和路基综合防排水处理非常重要。

(3)节约资源、保护环境是我国的基本国策。道路建设与维护消耗大量资源，占用土地，污染环境。因此，交通行业是资源占用和能源消耗性行业，也是建设资源节约型、环境友好型社会的重点攻关领域。与新建高速公路比较，高速公路改扩建工程将大大减少土地资源占用、降低建设成本。此外，高速公路改扩建工程将产生大量的废旧路面材料,通过开发这些废旧材料的循环再生利用技术,既可节约沥青、石料等原材料资源,亦可减少工程垃圾,保护环境。应采取合理的技术措施,在高速公路改扩建工程中体现绿色交通、节能减排的建设理念。

第二节　国内外高速公路改扩建工程研究概况

德国于1928—1932年建成世界第一条高速公路——波恩至科隆高速公路。早在1991年,德国就建成了完全覆盖全国5万人以上的城市及5万人以下城市覆盖率为90%的高速公路网,总里程达11000km。从1991年至今德国进入了又一个高速公路大发展时期,其中改扩建工程量达2380km,新建高速公路2313km,改扩建里程超过新建里程。美国于20世纪40年代开始修建高速公路,大部分为双向四车道高速公路,部分六车道高速公路,1956年国会通过了“洲际和国防高速公路网计划”法案,计划建设连接所有5万人以上的城市、服务于全国约68000km的高速公路网。20世纪50年代末,美国部分高速公路已不堪重负,开始进行高速公路改扩建,以六车道、八车道为基本车道。近年来,美国新建成的高速公路以八车道至十二车道为主,其中十二车道的路段占比近30%。荷兰截止1992年建成2118km的高速公路,主要以四车道及四车道以下为主,与我国比较类似。

总结各国高速公路发展历史,在发展高速公路早期由于经济技术和车流量低等原因建成较多四车道及四车道以下的高速公路,先建成高速公路网。随着经济的发展,待技术标准偏低、不能满足交通量需求时着手新一轮的高速公路建设以及高速公路改扩建,以符合社会和经济发展需求。我国也是沿着这一道路发展,目前面临新一轮高速公路发展期——新建和改扩建高速公路共同发展期。

一、国外高速公路改扩建发展状况

1. 改扩建方式规划选择

美国、加拿大等国家,虽然土地面积辽阔,但是地质条件不像我国这么复杂,规划也比我国长远,在建设时遵循在中央分隔带预留车道的设计理念(图1-1),为后期改扩建提供了巨大的方便。进入20世纪70年代美国汽车运输快速发展,进入改扩建时期,大量采用中间预留带,不足时优先选择两侧加宽的方式,同时采用分离断面等处理方式。

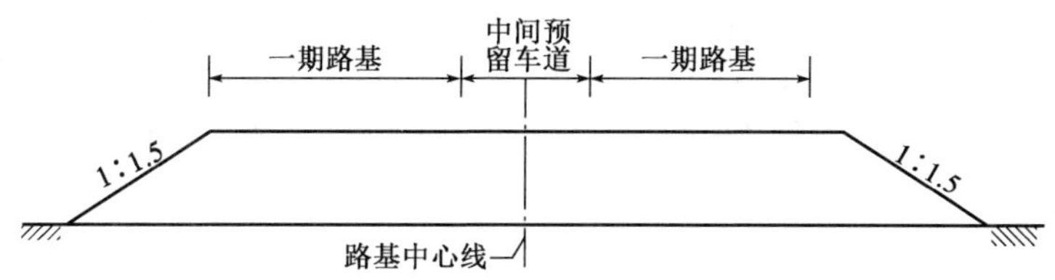

图 1-1 预留中间分隔带加宽方式

日本于 20 世纪 60 年代开始新建高速公路,也经历了和我国相似的状况。经历了先期大规模建设,后期大量的改扩建。由于地势起伏较大,山地较多,除少数平原、丘陵挖、填方地带采用两侧拼接加宽方式外,其他多以单侧拼接加宽局部分离方式为主。路基拼接段多采用 EPS 等轻质填料技术,成本较高,但效果比较好。

综上所述,国外高速公路修建较早,规划相对长远,在初期设计时已经考虑了后期的改扩建,如大量采用中间预留车道,不足时优先采用两侧加宽。日本与我国情况相似,改扩建比较复杂,难度较大。

2. 地基处理与拼接

国外对于拓宽工程地基处理以及结合部拼接技术研究相对较早。1991 年,英国编制的《路桥设计手册》包含了普通公路的加宽工程及岩土工程的处治措施,但仅做了简要介绍,未做进一步研究。美国普渡大学的 Richard J. Deschamps 等人在 1999 年深入研究了普通的加宽路基,加宽路基的施工方法和设计指南随后也被制定了出来,并对相应的规范进行了修订,研究比较深入。澳大利亚 Bob. Andrews 在公路拓宽工程浅层软弱土处治中采用向软弱土中掺一定量的粉煤灰、石灰和固化剂等方法,取得了良好的效果。Ling J. M. (2003 年)、Marsh and Thoeny 等人(1999 年)进行了新旧路基横坡改变率的研究,建议横坡度改变不超过 0.3 ~0.5 个百分点。Jie Han 等利用数值方法研究了复合地基桩间距、旧路地基土性质、桩体强度等因素对控制拓宽路基沉降的效果。美国 AASHTO-2002 版设计方法中提出了很多我国可以借鉴的设计思路,明确提出新旧路基存在不良结合和不均匀沉降,必须使新旧路基形成一个有机整体,路基和路面在结构和功能上尽量使新路与旧路一致,尽量保持新旧路基筑路材料一致,但对于拓宽路基常见病害并没有明确提出结构设计方法。在新旧路基拼接技术方面,英国剑桥大学的 J. S. Sharma 等人利用大型离心模型试验和有限元方法对土工格栅应用于软土地基加筋进行了对比数据分析。由于有限元软件工程技术的发展,国外学者大量应用有限元软件技术进行了土工合成材料、复合地基处理、各种施工工法等应用于路基拓宽工程的研究中，如 A. N. G. Van Meurs 等人对加宽路基的间隙法填筑进行了有限元数值计算，J. Hanl 等人以及 H. Habitr 等人研究了桩网复合地基法（GRPS 桩承加筋路基法）在路基加宽工程中的应用，研究了相关设计和分析方法，并采用有限元方法对其工程特性进行了分析等，取得了很多的研究成果。

欧美等西方发达国家高速公路起步虽然较早，但由于在修建初期考虑了以后经济和社会发展的需要，交通量的预测往往比较准确，能够满足以后交通量发展的需求，或者在修建时预留了中央分隔带加宽方式，为以后道路拓宽省去很多麻烦。因此，国外并没有进行大规模道路拓宽工程的实际需要，道路拼接技术研究得相对较少，并没有形成成熟的设计、施工、病害处理、工后成果分析等一整套的成熟体系。故可供我国借鉴的经验有限，我国需要加强这方面的研究，毕竟高速公路建设成本昂贵，一项科技上的进步在经济和社会上的贡献往往是极其巨大的。

二、国内高速公路改扩建发展状况

我国高速公路发展很快，只用了短短二十多年时间就建成了发达国家花费半个世纪建成的高速公路网，对国民经济发展起到了重要的推动作用。但也要看到由于过于注重规模和数量，并且受当时技术、资金和设计思路等条件的制约，对长远规划和技术等级考虑不足，导致很多高速公路不能满足交通量要求，服务水平明显下降，急需改扩建。由于我国进行高速公路改扩建的时间不长，在设计、施工、病害处理和预防等方面还有很多不足之处，导致改扩建道路容易产生路面纵向裂缝等一系列严重病害。《公路路基设计规范》（JTG D30—2015）、《公路路基施工技术规范》（JTG F10—2006）对高速公路改扩建仅做了一些原则性规定，内容很少。

1. 改扩建加宽方式的选择

高速公路改扩建的加宽方式有单侧加宽（图 1-2）、单侧分离、双侧加宽（图 1-3）、双侧分离及混合加宽等多种形式，路基拼接方式如图 1-4 所示。高速公路加宽方式的选择要综合各方面的因素，设计者往往需要做大量的工作才能选择最佳方案。如佛开高速公路改扩建工程加宽方式选择时，考虑了工程技术难度、交通组织和征地拆迁问题。

我国大多数高速公路采用老路拓宽的加宽方式，在改扩建方案的选择上都进行了大量的分析研究，对昌樟高速公路改扩建方案的选择具有重要的参考价值。

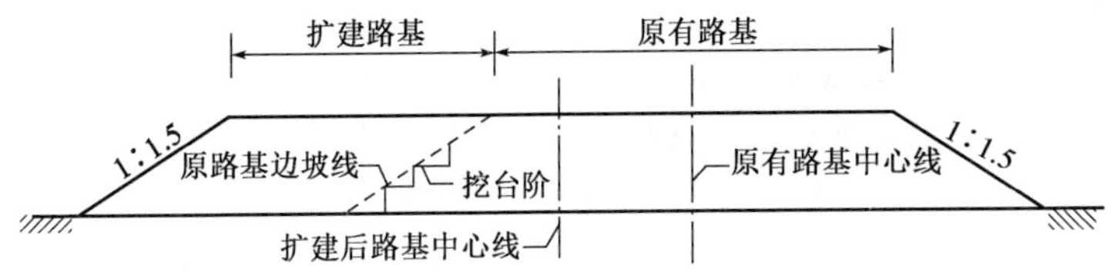

图 1-2 单侧加宽方式

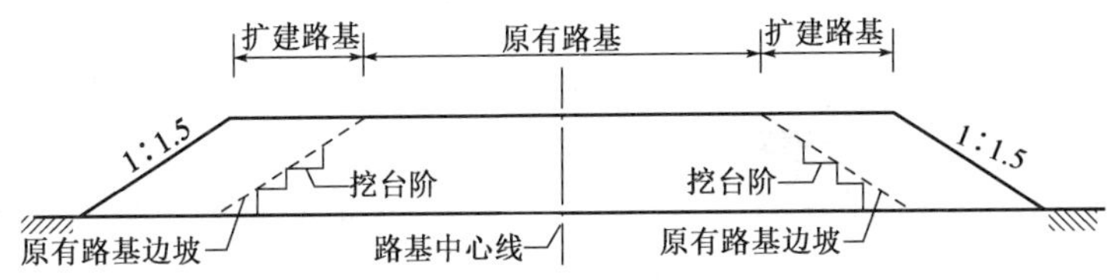

图 1-3 双侧加宽方式

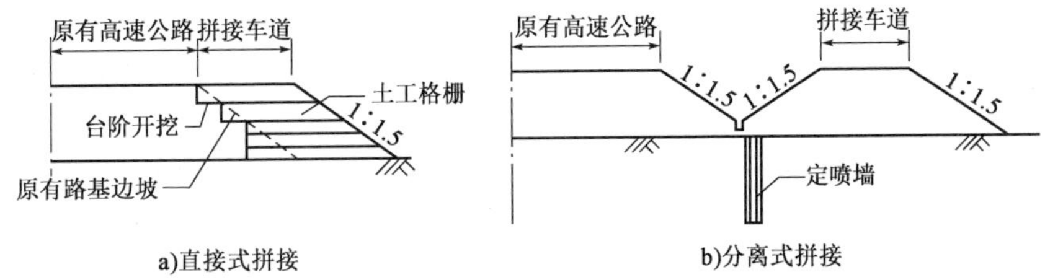

图 1-4 路基拼接方式

我国高速公路加宽工程大部分为双向四车道改扩建为双向八车道，采用双侧加宽的方案，适合我国高速公路的特点和交通量的发展速度。扩建为六车道时可满足近期车流量，但长远不行，加宽长度太短不利于施工且资金投入量相对于八车道方案不经济。如果选用八车道以上的加宽方案，技术难度和资金投入量增长迅速，且容易出现反坡、纵向裂缝等严重病害，且不适宜交通量的增长速度，造成浪费。故八车道方案一般为改扩建最佳方案。

因此，从以往经验可知：平原微丘区一般采用"双侧加宽，局部分离"的施工方案，如京港澳高速公路石家庄至磁县段、连霍高速公路郑州段；山岭重丘区由于高填深挖路段多、桥隧结构物多及施工期保通分流困难等，多采用"单侧加宽"施工方案，如连霍高速公路郑州至洛阳段；在平原重丘路段，则考虑混合加宽方式。

2. 新老路基拼接

根据高速公路改扩建的经验，新老路基交界处纵向裂缝往往是病害的主要表现形式。由于老路基经过多年的运营，沉降基本稳定，因而新路基过大的沉降导致的差异沉降是病害产生的根本原因，而路基拼接质量欠佳更加速了路基病害的产生。路基病害有以下几类：

（1）由于差异沉降导致新老路基结合面产生滑移以及新路基的整体失稳。

（2）由于差异沉降产生使路面底部产生拉应力，进而产生反射裂缝。沥青路面容易产生纵向裂缝、横坡改变过大，水顺裂缝渗入加速路面路基破坏的进程；水泥路面则产生纵横缝、错台等病害，进一步产生唧泥、脱空直至道路丧失服务功能。

（3）路基的病害将最终反映到路面上来，路面损坏状况指数（PCI）、结构承载力、平整度将下降，将使道路服务水平和安全性整体下降。

高速公路拓宽工程的病害有多种，要想了解路基的病害便要知道产生病害的机理，才能对症下药，解决路基病害。

（1）新老路基沉降差异导致的纵向裂缝。老路基经过多年运营沉降已基本完成，基本上可以忽略后续沉降，而新路基在建设和工后肯定会相对于老路基产生较大的沉降，再者拓宽工程由于需保证原路通车，往往工期较短，差异沉降更不好控制。

（2）新老路基强度和刚度的差异。老路基填筑所用材料不可能和新路基一样，施工技术、标准也不一样，这种差异往往导致病害的发生。

（3）拼接技术措施不当。新老路基结合部处理不当导致整体稳定性不足将加速不均匀沉降导致的破坏，如台阶开挖不到位、路基压实不足、清表太浅等。根据国内多条改扩建高速公路的工后跟踪监测，边坡滑塌、纵向裂缝、渗水等病害往往与拼接技术措施不当有关。

（4）现场施工因素的影响。很多道路出现问题查找原因，大多情况下往往不是设计的原因而是施工的原因。如违规施工、使用不合格原料填筑、路基压实度不足、赶工期填筑过快、路基排水措施不到位等。

因此，为控制新老路基的差异沉降，国内普遍采用开挖台阶、铺设土工格栅、台阶面增强补压等措施提高新老路基变形的协调性。但由于改扩建工程的复杂性，尚未就上述问题取得一致的结论。

3. 新老路面拼接

老路加宽工程中，新老路面结构的衔接是路基结合部处治之外的另一个难题。由于老路面结构经过长时间的荷载作用与新路面结构性质差异很大，二者拼接时，不同的变形特点必然导致结合部产生非协调变形，在软基差异沉降的作用下，使路面结构产生纵向裂缝，影响行车性能。

国内已完成的高速公路加宽工程中只有广佛和沪杭甬高速公路加宽工程进

行了路面结构的处治，如老路面结构开挖台阶、挖除硬路肩、路面与路基之间铺设土工格栅等措施，但处治盲目性大，且对于路面结构设计考虑较少。

4. 改扩建交通组织形式

我国的高速公路建设始于 20 世纪 80 年代，迄今为止仅有三十余年的发展历程，而高速公路改扩建更是近些年才逐渐兴起，国内对于高速公路改扩建施工期间的交通组织尚处于早期探索阶段，这方面的经验还很不成熟，对交通组织基本采用传统的管理措施来进行，因而道路施工易造成交通拥挤现象和安全事故发生。

广佛、佛开高速公路改扩建施工期间的交通组织根据周边道路网和交通量情况，采用外部分流和内部转换相结合的方式，即在交通量较大的路段利用相关平行道路分流部分车型的车辆，在交通量较小的路段车辆采用内部转换的方式；沪宁高速公路采用“两侧拼接为主、局部分离”的方案进行了扩建。沪宁高速公路扩建工程施工期间，高速公路基本路段和部分互通立交采用半幅通车、半幅施工的保通方案，部分互通立交采用封闭施工但间隔进行，为降低施工组织难度，确保工程质量，在路面、桥梁拼接施工时，利用相关路网进行分流；连霍高速公路改扩建提出了“外部分流、内部组织”的组织策略。综上，高速公路改扩建工程施工交通组织在实际应用中还存在很多问题，尤其是交通组织方案的操作性和方案评价方法没有成熟的经验可循。

第三节　本书主要内容

由于我国亟待加宽改建的高速公路均在路网中占据重要位置，改扩建过程中交通必须保持畅通，同时，为节约资源、降低成本，旧路的充分利用也是改扩建工程必须考虑的重要因素，加之南方地区高速公路路基拼接工程常见的病害类型，可以确定其相关关键技术主要有：改扩建工程总体设计、新老路基结合部处治、新老路面的拼接设计与施工、沥青混合料再生利用、交通方案设计和交通组织、旧桥加固设计和节能减排等。因此，本书围绕上述关键技术开展研究和实践。

第二章 高速公路改扩建工程设计关键技术

本章以江西南昌至樟树高速公路改扩建工程为例，系统介绍了该高速公路改扩建工程总体设计、三维激光扫描勘测设计和景观设计等，以求为类似工程提供借鉴。

第一节 高速公路改扩建工程总体设计

南昌至樟树高速公路（简称“昌樟高速公路”）是国家高速公路网（7118 +6网）中上海至昆明国家高速公路的有机组成部分，是江西省“三纵四横”公路网主骨架的重要路段，也是江西省连接周边省份、加强对外联系，对接长珠闽、融入全球化的跨省高效公路运输大通道的咽喉要道，在路网中具有十分显要的地位。

昌樟高速公路分两期建设，其中省庄至胡家坊段长70.42km，于1995年12月18日动工建设，1997年12月28日通车；胡家坊至昌傅段长33km，于1998年9月3日开工建设，2001年1月1日全线竣工通车。全段按平原微丘区标准建设，省庄至胡家坊段设计速度100km/h，胡家坊至昌傅段设计速度120km/h，路基宽度27m，沥青混凝土路面。

随着地区经济的快速发展，昌樟高速公路交通量逐年增长，截至2010年4月，昌樟高速公路断面平均交通量已达34448pcu/d，最大段40734pcu/d；高峰时段交通量达到44807pcu/d，道路服务水平已明显下降。根据交通量预测结果，按照昌樟高速公路当时的双向四车道技术标准，2014年厚田枢纽至樟树枢纽段平均交通量为41199pcu/d，局部路段服务水平下降为三级，呈过饱和的局面，其余路段也都进入二级服务水平的上限，难以满足通道交通量迅速增长的需求。因此，为适应社会经济发展的需要，发挥通道资源优势，恢复道路使用性能，更好地为区域经济发展服务，昌樟高速公路改扩建工程迫在眉睫，势在必行。

一、工程项目特点及改扩建原则

1. 工程项目特点

(1)老路建设历程复杂,分期修建,形式多样。

原昌樟高速公路分两期实施建设,两段的路面结构横向不同、纵向多变,且路面、桥梁也经过了多次罩面加铺、维修改造工作,现有路况复杂,增加了对扩建的纵面拟定、沉降判定等难度。

(2)交通量大,分流道路少,改扩建交通组织实施难度高。

昌樟高速公路 2010 年 4 月断面平均交通量已达 34448pcu/d,最大段 40734pcu/d。由于拟建项目通道以及周边路网的特殊性,施工期间能够分流的道路少,改扩建采用施工期全程“保四”的交通组织设计方案,但目前在国内改扩建工程项目尚没有先例。交通组织设计方案要求高,施工组织及管理难度大。

(3)早期建设,病害严重,改扩建技术复杂。

由于昌樟高速公路修建年代较早,部分路段路面病害较为严重,经过了多次维修养护。桥梁结构类型众多,作为项目重点桥梁的药湖特大桥及肖江大桥病害较严重,虽经多次维修加固,但病害仍有持续发展趋势,且桥长较长,地质情况复杂,直接影响桥梁拓宽方案的选择及总体桥跨的选定,需要结合路线方案重点设计。

(4)路线平纵指标较高,但原互通设计标准较低,互通出入口事故率高。

路线平纵指标较高,有利于老路的利用,但原互通设计标准较低,与主线行车条件的匹配性较差,且服务区与互通间距较近,导致互通出口交通事故率较高,互通的设计方案应结合安全性评价进行优化设计调整。

(5)沿线地质条件复杂,土质差。

昌樟高速公路沿线地质条件复杂,主要不良地质有崩塌、岩溶、采空区等,如肖江大桥位于两条断层的交汇处,该段下伏基岩破碎,岩溶发育且埋深较大,对基础设计与施工造成很大的影响。同时,沿线土质多为高液限土,其作为筑路材料的适宜性是路基设计和施工的关键问题。

2. 总体扩建原则

根据本工程项目的改扩建特点,特别是交通量特点、工程特点、自然条件、建设条件,拟定了改扩建总体设计原则。

(1)充分利用,进行安全性评价,合理运用标准。

昌樟高速公路现有的平、纵面线形指标较高,总体满足线形规范要求,可以充分加以利用。在原路拟合及安全性评价的基础上,合理运用技术指标以尽量利用原路,改善并提高公路的使用质量。在造价增加不多的情况下,尽量选用较高的技术指标。

(2)充分考虑施工交通组织。

昌樟高速公路是沪昆高速的重要组成部分,分流道路少,沿线交通源对其的依赖性很强,保证施工期间通行是改扩建实施的基本前提,故设计方案要有利于优化交通组织,提高道路的服务水平,并有利于道路的维护和交通管理,尽可能缩短建设工期,减少对老路交通的干扰。

(3)借鉴经验,加强课题研究,积极应用新技术。

充分吸收国内外高等级公路改扩建的成功经验和先进理念,对改扩建中可能遇到的技术问题及早开展专题研究。同时,将绿色循环低碳理念贯穿于设计、施工、运营与管理的各方面和全过程,做到创新设计、绿色施工、低碳运营、循环发展。

二、扩容方式的选择

为提高现有高速公路网的通行能力,国内外一般主要采用两种方式进行扩容,包括原路改扩建方式与新建方式。

原路改扩建方式是在现有高速的基础上通过适当的形式增加车道,提高高速公路的服务水平,其核心是充分利用现有高速公路,而对现有路网结构不产生本质影响;新建方式是在主要控制节点间开辟新通道,通过修建复线方式对现有路网进行调整,从而新增分流道路。

扩容方式的选择是高速公路建设各项工作的基础和前提,直接影响工程规模、路网规划,乃至区域经济布局。昌樟高速公路改扩建工程在设计阶段就从路网规划、走廊带资源利用、节约用地、生态保护、工程规模等多方面进行了沿原线改扩建及在其西侧新建四车道高速复线的扩容方案的比选论证。

新建(扩容)方案位于高安市东南方向的尖古岭至荷岭山脉的高安侧,距离高安约10km,符合现代高速公路“近城而不进城”的设计理念,能带动高安及附近乡镇经济及交通的发展。

但新建方案征用土地609.67hm^2,远大于扩建方案的289.67hm^2,占用了沿线稀缺的土地资源。同时新建方案路基土石方是扩建方案的2倍;桥梁总长增加7.532km,是扩建方案的1.6倍;需新建管理服务设施、互通式立体交叉等,较扩建方案工程量增加较多,投资估算增加13.3104亿元,经济性差。

交通通道是不可再生资源,昌樟高速公路沿线已构建了一条沿昌樟高速公路的强势经济、社会发展带。沿线的丰城市、高安市和樟树市的城市建设及社会经济中心均向昌樟公路转移,地方路网也以昌樟公路为主轴进行建设。如若采用新建方案,不能从根本上改变昌樟公路面临的诸多问题,将严重制约沿线社会经济发展。

新建方案建成后,原昌樟高速公路仍然面临交通量较大的现实,不能完全解决原昌樟高速公路沿线经济与交通发展的需求,也不能解决原昌樟高速公路病害严重和交通事故率居高不下的现状。

综合分析可以看出新建扩容方案分流作用有限,从"节约用地、节省投资、提高服务水平、服务地方经济"全方位考虑,选择加宽扩建方式更为合适。

三、总体扩建方案的选择

扩建就是在现有道路走廊内充分利用老路的基础上提高道路的通行能力。扩建方案的形式是多种多样的,主要的扩建形式见表2-1。

主要扩建形式　　表2-1

形式	特点	
单侧加宽	拼接加宽	平、纵面均与老路相同
	分离加宽	平面分离加宽
		纵面分离加宽
两侧加宽	拼接加宽	平、纵面均与老路相同
	分离加宽	平面分离加宽
		纵面分离加宽
混合加宽	单侧加宽与两侧加宽的组合、两侧拼接局部分离	

决定扩建工程总体方案选择的除了用地、拆迁、地方规划等社会因素外,交通组织方式和原有工程项目中重点、难点工程(如大型枢纽互通、特大桥梁等)的扩建方案也是主要控制因素。

经过既有工程调研、专题技术研究(桥梁拼接专题研究、施工交通组织实施方案研究等)和现状分析,在项目所在地区目前路网条件及建设条件下,采用原有老路两侧进行拼接加宽方式占地及工程量相对较少,原有道路利用率高,原有路面结构及横坡改动较小,采取施工期全断面四车道保通的两侧拼接方案较利于项目的实施。同时考虑到本工程项目两座重要桥梁药湖特大桥(长9100m)及肖江大桥(长535m)病害严重,经检测和结构验算两侧直接拼接不能满足结构安全要求,两桥路段宜采用分离新建的方式进行扩建,并对原桥进行加固或拆除重建。因此,昌樟高速改扩建工程最终选择了“两侧整体拼接为主 + 局部分离”的方式进行整体扩建,即药湖特大桥段和肖江大桥路段采用局部分离新建(药湖特大桥段路基宽 16.75m,肖江大桥段路基宽 20.75m),其余扩建路段为八车道,整体式路基宽度 42m。综合考虑老路现状、互通立体交叉的分布情况及扩建应充分利用老路的需要,项目全段按平原微丘区标准建设,其中起点至胡家坊互通段(K15 + 100 ~ K70 + 360)设计速度 100km/h,胡家坊互通至昌傅段(K70 +360 ~ K101 +645)设计速度 120km/h,路线全长 86.545km。

四、技术指标的合理应用

扩建工程的基本原则是在保证安全的前提下实现最大限度的利用。要实现此项目标就需要结合项目特点合理应用技术指标。一般条件下,涉及强制性标准和安全的应无条件执行,对降低工程投资有明显作用又不影响运行安全的技术指标则可以灵活取用。

(1)由于全线平、纵标准高,平纵拟合时尽量利用原有平面及纵面参数,控制填挖。

(2)药湖特大桥及肖江大桥局部分离路段,不严格限制平纵组合,分离线形尽快与原路平纵衔接,工程量得到有效控制。

(3)对互通范围不满足规范竖曲线要求路段及跨航道、铁路不满足安全高度路段进行了纵面调整,使之满足标准要求。

(4)结合桥梁检测及结构验算,桥梁拼接采用“老桥部分新标准,新桥新标准”原则,既有桥梁承载能力极限状态按《公路桥涵设计通用规范》(JTG D60—2004)(以下简称“04 规范”)控制,正常使用极限状态、构造要求及耐久性按《公路桥涵设计通用规范》(JTJ 021—1985)(以下简称“85 规范”)控制;新建部分则全部按 04 规范控制。考虑到药湖特大桥两侧分离新建桥梁主要为重车通行,经计算后两侧新桥荷载效应取值按公路—Ⅰ级的 1.3 倍取用。

(5)老路面能否利用,直接影响工程量及投资。现行规范中路面结构按最不利车道设计,针对八车道运行内侧以小车为主的实际情况,设计提出了分车道设计的思路,提高了老路路面利用率。

第二节　高速公路改扩建工程机载三维激光扫描勘测设计

公路改扩建前提是精确全面掌握既有道路的信息,从而在了解公路平、纵、横断面的情况下确定合适的改扩建方案。然而,由于常年的运营和修护,公路的横、纵面形状会发生较大改变，道路竣工资料的精度不能满足改扩建工程设计要求。为此，需要通过实地测量获取既有道路及其附属结构等三维信息。而为了最大限度地利用现有道路路面，实现桥梁、路基等构造物的无缝拼接，公路改扩建工程对测量的精度要求远高于新建道路工程。

现有高速公路改扩建工程主要采用基于低空航空摄影测量、辅之以 GPS - RTK 测量和精密水准测量方法的常规勘察设计模式，采用一次定测的方式完成路面、桥梁、被交路和其他细部测量。该方法需要大量的人工上路测量，存在安全隐患、干扰交通、效率低等不足。三维激光扫描测量技术，集成激光测距技术、惯性导航系统和高精度动态 GPS 差分定位技术，可在不干扰交通的情况下快速采集所需的三维精确空间信息。机载激光扫描测量技术，以飞机为运载平台从空中实现对地精确扫描，为高速公路改扩建工程的道路及其附属结构等三维信息的精确获取提供了一种全新的技术手段。

一、勘测设计方法

高速公路改扩建工程三维激光扫描勘测设计的核心思想是：利用机载三维激光扫描获取道路及其周边完整的高精度激光点云数据和高分辨率影像数据，快速生成生产所需的大比例尺数字产品，提取勘察设计所需的道路特征，恢复既有道路线形要素，并直接基于高密度激光点云数据自动提取纵、横断面三维地面线等信息；进一步通过激光雷达测量与公路改扩建 CAD 的协同设计，对平、纵、横断面线形数据进行自由交互，实现路线和互通方案的优化与比选，最终实现激光雷达测量与公路改扩建 CAD 的协同设计。

高速公路改扩建工程三维激光扫描勘测设计的基本流程如图 2-1 所示。

1. 激光扫描控制测量

激光扫描控制测量分为基础控制测量和路面控制测量。改扩建工程三维激光扫描控制模式整体思路如图 2-2 所示。基础控制点的数量与位置，依据成果精度要求和测区地形地貌特点确定，并且已知 WGS-84 坐标系和测区工程坐标系的两套坐标成果，数量在 3 个以上。路面控制点交错排列于道路左右两侧硬路肩或护栏路缘，用于后续激光数据精化处理。为从激光点云中精确识别路面平面控制点，路面平面控制点的形状设计为“┳”形或“╋”形，尺寸根据激光点云脚点间距设定，并采用与车道标线相同涂料进行涂绘。

基础控制点平面测量等级为四等，采用 GPS 静态定位方法进行测量；高程测量等级为四等，采用电子水准仪测量。路面控制测量沿护栏边施测，其平面测量采用 GPS 静态定位方法测量，高程测量采用电子水准仪测量。路面平面控制点的平面测量等级不低于四等，路面高程控制点的平面和高程测量等级分别不低于一级和四等。

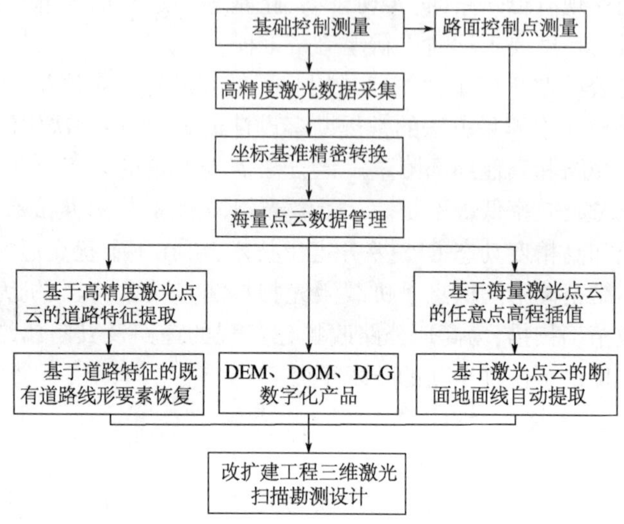

图 2-1 高速公路改扩建工程三维激光扫描勘测设计的基本流程

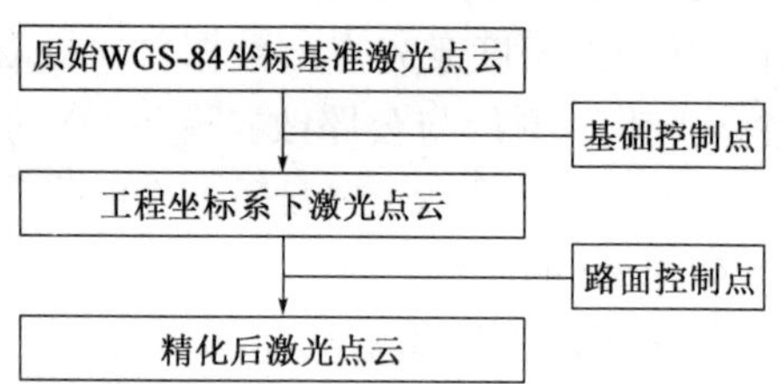

图 2-2 改扩建工程三维激光扫描控制模式整体思路

2. 高精度激光数据采集

高精度原始机载激光扫描数据的采集，是整个工程成败的关键。针对公路改扩建工程的精度要求和机载激光扫描数据采集的特点，确定合适的激光扫描系统，选择合适的飞行平台和飞行参数，研究和探讨具体的采集方案，按照事先制定的详细飞行计划实施。

直升机作为激光雷达测量系统的搭载平台，其飞行高度低、速度慢、姿态平稳、操纵灵活，有利于对既有道路信息进行超低空精密采集。根据激光雷达设备的激光束性能和激光点密度等指标，结合高速公路改扩建路线方案，进行飞行任务设计，确定直升机的飞行高度、飞行速度和飞行航线等。为了获取更为精确和密集的激光点云数据，直升机飞行高度在安全的情况下，应尽可能降低，飞行速度应不超过100km/h。沿路线方向每间隔不大于20km布设1处GPS基站，在整个飞行作业过程中，所有GPS基站进行同步观测。

3. 坐标基准精密转换

机载三维激光扫描测量坐标基准采用WGS-84坐标系统，而高速公路改扩建工程采用我国国家坐标系或地方坐标系，如2000国家大地坐标系、1980西安坐标系或1954年北京坐标系。激光点云平面坐标采用布尔莎模型进行转换，高程基准采用高程拟合方法进行转换，转换后的激光数据精度可满足新建高速公路定测与施工图设计的精度要求。

经过精确系统检校后的激光雷达系统，所获取的数据精度主要受POS系统测量精度影响，且存在较强的系统性。利用沿线布设的路面控制点，采用仿射变换的方法进行激光点云数据的平面坐标精细修正处理，采用构建三角网高程改正模型进行激光数据高程坐标的精密转换，提高机载三维激光扫描测量的精度。

4. 海量点云数据的组织和管理

激光点云数据具有海量、复杂、高密度、无规律等特点。如何对海量三维激光点云进行有效的组织和管理，对于整个数据后处理的效率起到至关重要的作用。昌樟高速公路改扩建工程采用基于路线方案索引的点云动态管理方法，其路线方案索引的基本思想是：通过路线设计软件获得路线方案，路线方案通过一系列的中桩坐标点进行表达。根据中桩坐标生成各个线路的中线，沿着路线的前进方向按一定间隔生成垂直于路线的矩形格网，记录每个矩形格网中包含的激光脚点。当用户进行空间查询时，除了可以根据点的坐标和范围进行查询，也可以通过桩号进行查询，如图2 3所示。

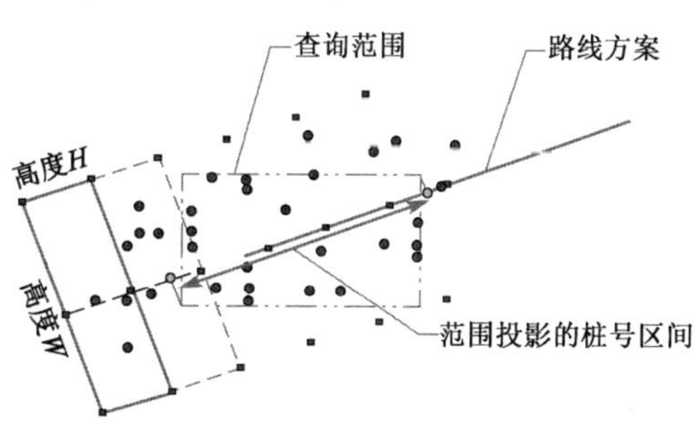

图2-3　基于路线方案索引的点云动态管理

5. 道路特征提取与线形要素恢复

在公路改扩建工程勘察设计中,道路中线位置对于全面掌握既有道路的平纵横线形参数、路线桩号等信息至关重要,但准确的道路中线往往不容易直接测量得到。为此,利用车道标线与道路中线平行这一几何特性,在快速提取车道标线的前提下,实现道路中线平面位置的准确计算。

对于车道标线特征提取,依据车道标线激光点与路面材料激光点的强度值存在明显差异,通过阈值法直接提取出车道标线候选激光点,并进行最小二乘分段直线拟合,可实现其精确提取。然后,参照公路原有的设计文件及竣工资料,采用单曲线、复曲线、多圆曲线等灵活的方式拟合原设计曲线,定位出平面要素变化点,如直缓点、缓直点、直圆点、圆直点、缓圆点、圆缓点等,确定出道路设计中线;在此基础上,从海量激光点云数据中直接获取高程信息,采用分幅、分段、减小坡长、调整竖曲线半径等方式拟合纵坡,恢复出纵坡、纵坡长度和竖曲线参数等;之后对道路路面左右幅的横向坡度、路基边坡的坡度、坡脚位置等参数进行拟合设计,得出既有道路横断面设计技术要素。

6. 三维激光扫描与公路改扩建 CAD 协同设计

基于海量激光点云数据的任意点高程内插,可快速生成所需的 1:500 或 1:1000比例尺 DEM。利用 DEM 和精化后的航迹线数据、摄影测量相关软件,可快速生成所需的高分辨率 DOM。采集建筑物、陡坎、道路、植被、水系等地物矢量元素,并对生成的等高线和高程注记点进行编辑,结合外业调绘资料,实现 1:500或 1:1000 比例尺 DLG 的生产。

基于激光点云数据和 3D 产品,可以及时、动态生成道路改扩建所需的各种纵、横断面三维地面线数据,方便设计人员在公路 CAD 系统中进行道路平、纵、横断面设计和路线方案的优化比选。通过数据流、功能模块的交互,实现三维激光扫描与公路改扩建 CAD 协同设计。

二、应用效果分析

昌樟高速公路改扩建工程采用 Harrier 68i 激光雷达系统(图 2-4),其激光扫描仪脉冲频率最高可达 400000Hz,能够接收无穷次回波。以小松鼠 AS350 轻型直升机作为激光数据获取空中平台,采用 150m 的飞行高度、100km/h 的飞行速度采集数据。在整个数据采集过程中,每间隔约 20km 布设 1 处 GPS 基站,沿线共布设 6 处 GPS 基站进行同步观测。共采集激光点云数据 265GB,激光点云密度为 55,激光脚点间距 0. 13m。为提高机载三维激光扫描测量精度,沿高速公路每间隔 5km 布设 1 对四等平高控制点,每 2km 布设 1 个路面平面控制点,每侧 500m 布设 1 个路面高程控制点。采用分段仿射变换进行平面坐标精细修正处理,采用构建三角网高程改正模型进行高程坐标精细修正处理。

图 2-4 机载三维激光雷达系统

为考察检测精度,选取昌樟高速公路改扩建工程 K17 + 340 ~ K18 + 340、K41 + 800 ~ K42 + 800、K80 + 000 ~ K81 + 000 等 3 段共 3km 实地测量 678 个检测点进行验证。精度检测结果表明,激光测量精度满足道路改扩建定测与施工图设计所要求的平面优于 5cm、高程优于 2cm 的精度要求(表 2-2),高程误差分布如图 2-5 所示。

激光测量精度统计表(单位:m) 表 2-2

项 目	检测点数量(个)	平 均 值	中误差
平面精度	26	0.039	0.044
高程精度	652	-0.003	0.011

基于机载三维激光扫描数据,快速、高效生成昌樟高速公路改扩建工程全线的 3D 数字产品(DEM、DLG、DOM),数字正射影像分辨率为 0.1m,数字线划地形图成图比例尺为 1:1000,基本等高距为 0.5m。基于全线高密度、高精度的激光点云数据,充分利用激光点云的回波强度信息,提取昌樟高速公路改扩建工程全线 88.5km 的中央分隔带附近 2 条车道标线和靠近硬路肩侧的 2 条车道标线(图 2-6),并生成设计中心线两侧各 2.25m、9.75m 的 4 条纵断面点共 8260 个高程数据。在此基础上,进行路线平、纵、横面拟合设计。实际拟合结果表明,道路平面、纵面的拟合结果理想,超"限"段落少。结合高分辨率数字正射影像,可直观形象地展示公路改扩建工程设计成果,进行道路改扩建方案比选与优化设计(图 2-7)。

按中桩距离法完成昌樟高速公路改扩建工程全线路基、互通、服务区及桥涵构造物等横断面三维地面线生产,横断面两侧各宽 60m,初步设计阶段共生产 12640 个横断面地面线数据,施工图设计阶段共生产 10260 个横断面地面线数据。基于密集的激光点云数据任意方向生成断面线,微地貌形态特征表现细致(图 2-8),极大地减少野外测量工作量,有利于工程方案的变更,确保工程数量精确。

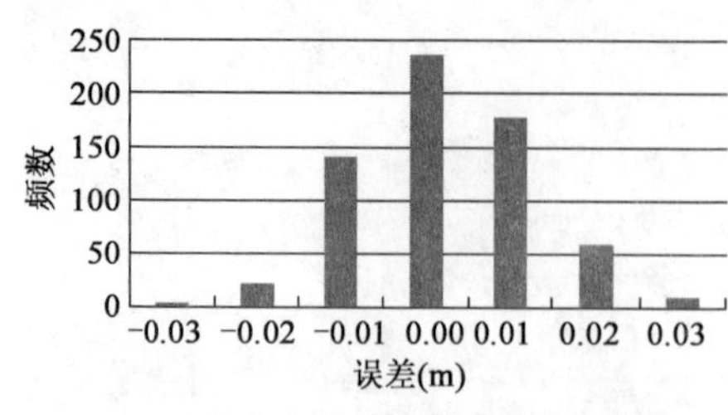

图 2-5　高程误差分布直方图

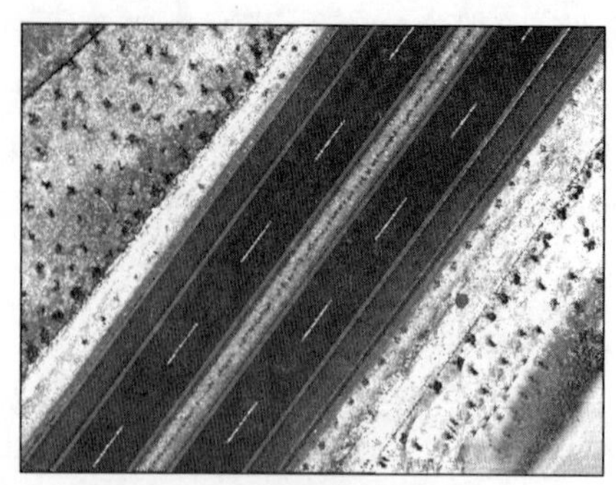

图 2-6　道路特征提取

a)厚田枢纽互通方案一

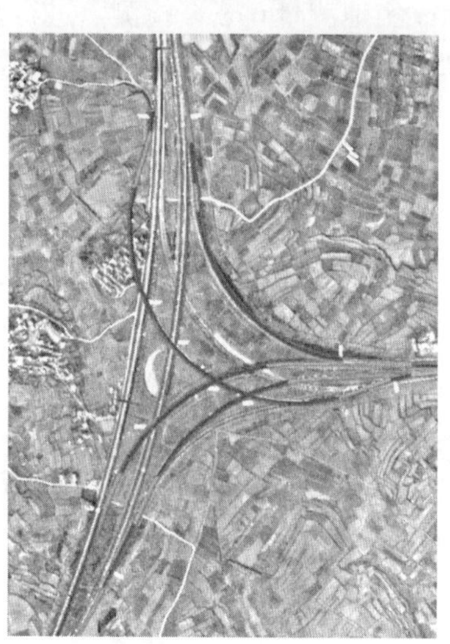

b)厚田枢纽互通方案二

图 2-7　互通方案比选与优化设计

图 2-8　横断面三维地面线

昌樟高速公路改扩建工程实践表明，三维激光扫描勘测设计成功解决了改扩建工程勘察设计所需的大比例尺、高精度、大范围三维地面数据获取的关键技术难题，成果精度满足高速公路改扩建工程定测与施工图设计要求，实现不干扰交通流的道路改扩建基础空间信息获取，可代替人工上路测量。

第三节　高速公路改扩建工程景观设计

目前对于公路改扩建工程景观设计时往往缺乏系统研究，没有抓住改扩建工程特点，直接按新建公路的思路进行设计，造成了资源的极大浪费。因此，有必要深入剖析高速公路改扩建工程景观设计特点，抓住其设计要点，使景观设计最大限度地满足驾乘人员对公路交通"安全""舒适"的要求。

一、高速公路改扩建工程景观设计特点、要点和原则

1. 设计特点

(1)高速公路改扩建拓宽形式不同对景观的要求不同

目前较为常见的公路改扩建形式分为两类：在原有高速公路基础上的扩建和新建复线高速公路。由于新建复线高速公路与传统公路建设的景观设计特点类似，本书不做讨论。在原有高速公路基础上扩建的方案又分为两种形式：单侧加宽和双侧加宽。单侧加宽的路基组成形式又分为整体式路基和分离式路基。这些不同改扩建形式决定了景观设计所要解决的问题也不同。如双侧加宽需要考虑原有中央分隔带景观保护与利用问题；单侧加宽（分离式路基）就需要重点考虑新建幅与旧路的景观协调性问题。

(2)改扩建高速公路行车视野及景物尺度与旧路不同

依据动态视觉相关理论，人在动态条件下视力和视野会产生变化，具体见表2-3和表2-4。改扩建高速公路随着路基的加宽（一般为双线四车道扩至双向八车道）出现在驾乘人员的视野中，路面、天空的比例增大，而路侧的比例减少，驾乘人员与景物的距离也相应变大。随着景物离驾乘人员距离的加大，对达到可辨析程度的景物尺度也相应加大。

车速与视野的关系　　表2-3

速度(km/h)	60	80	100	120	140
视野(°)	86	60	40	24	14

车速与前方最远注视距离的关系　　表2-4

速度(km/h)	60	80	100	120	140
前方最远注视距离(m)	370	500	660	820	1000

(3)改扩建高速公路沿线存有大量景观资源

改扩建高速公路一般通车时间都在十年以上甚至更长,随着时间的累积及公路的运营管理过程,公路自身形成有一定风格的景观,包括自然景观和人文景观。这其中又分为两类:原始景观(原始的自然地形、地貌、地域文化)和人工景观(旧路建设和运营期所形成人工地形、构筑物、驯化完成的植被、公路文化)。

(4)高速公路改扩建工程建设过程中产生大量废弃材料

高速公路改扩建工程会拆除旧路的一些构筑物及附属设施,会产生大量废弃材料。这些废弃材料大致分为如下几类:可再生利用材料(旧路沥青路面、交通安全设施)、构筑物弃渣(拆除的桥梁、建筑物等)、可利用的植物材料(占用扩建用地范围的植被)。对于这些废弃材料的利用是改扩建工程的重要特征。

2. 设计要点

(1)深入分析公路扩建形式,确定景观设计重点

两侧拼宽的改扩建形式能很大程度地保留旧路的中央分隔分带形式和互通立交的形式,此时,景观设计重点是如何协调旧路景观资源,使"旧路换新颜"。例如旧路的中分带景观在设计时受当时理念的制约,可能往往只重视防眩功能,采用单一品种植物栽植,而忽视了中分带植物材料具有缓解驾乘人员的视觉疲劳、提高行车安全的作用;旧路在互通区景观设计时可能往往只是为了提高绿化覆盖率和防治水土流失,而忽略了景观的层次感和地域属性。

单侧加宽(一般以分离式较为常见)的改扩建形式能完整地保留旧路一侧的路侧景观,与分离式新建的一幅道路形成宽度渐变的中央分隔带,其景观设计重点就是如何使新路的边坡及路侧景观与旧路景观自然协调,宽度渐变式的中央分隔带如何营造出层次丰富、序列感的中央分隔带景观。

(2)系统评估旧路景观资源,予以充分保护利用

改扩建工程的旧路一般已形成一定风格的景观。景观设计时应对旧路资源的景观价值进行系统评估。通过评估一方面确定应予以保留的优质景观资源和需要改造的景观;另一方面,对旧路的景观资源进行评估能充分掌握现状的植物材料对环境的适应性,从而直接优选出适应性强的植物材料为景观设计所用,避免走弯路。以边坡的生态植被恢复为例,旧路现状边坡恢复情况较好的往往是植物材料与边坡的土质类型相互适应的结果,这就为两侧加宽的高速公路改扩建工程边坡恢复提供了很好的依据。

(3)准确抓住动态视觉特征,营造丰富景观序列

动态景观序列是公路景观的重要特征,它包括动视力、动视野、距离和尺度

等基本要素。而这些要素随着路基宽度的增加也随之发生变化。抓住这些特征才能合理确定植物的高度、组团的大小、景观构筑物距离最外侧车道边缘的距离。景观构筑物尺度过小，无法清晰表达设计意图；尺度过大，视觉冲击力过于强烈容易造成交通隐患。

(4)合理利用工程废弃材料，节约工程建设成本

公路改扩建工程的废弃材料，一方面可以进行再生利用或者运用于低等级公路的建设，另一方面可从景观的角度进行艺术化处理。它既可以更大程度地节约工程建设成本，又能继承和弘扬旧路的文化特征，充分体现改扩建工程的公路景观设计特点。昌樟高速公路改扩建工程的厚田枢纽在进行原址扩建时，需要拆除旧路桥梁。如果按照常规处理这些旧桥的梁板和桥墩都将进行拆除、废弃，耗费较大工程成本。景观设计时，从景观美学的角度进行艺术化处理，原地进行保留，形成独特的景观，同时节约了大量的人力、物力。

3. 设计原则

(1)以人为本，安全第一

改扩建工程目的是改善旧路的行车环境，提高通行能力及交通服务水平。全面把握公路使用者的视觉感受和行车心理，充分考虑道路视觉的多样性以及视觉导向、安全设施的色彩及尺度、视觉连续性等交通心理因素，通过合理的植物配置和柔化遮挡作用，优化公路行车环境，增强行车的舒适性。在确保公路路基边坡稳定和行车安全的前提下，充分发挥植物的生态防护及视觉诱导作用，营造安全、高效的交通环境。

(2)尊重自然，保护优先

改扩建工程应最大限度地保护自然、尊重自然，并高度重视景观生态环境、水环境、声环境等的保护工作，努力做到前期“最大限度地保护”，后期“最小程度地恢复”，避免传统公路建设中“先破坏，后恢复”的现象。

(3)尊重文化，追忆乡愁

文化是景观的内涵与灵魂。对地域文化的传承与再现是一条公路个性的展现，同时也让驾乘人员增强地域归属感。改扩建工程高速公路景观设计时应理解和梳理沿线的地域文化，通过景观设计的手法予以展现，同时，还应注重旧路自身文化的传承与发扬。

(4)整体规划，系统考虑

对公路全线作为整体予以系统考虑，对全线景观进行系统规划。旧路景观的保护与利用应与新的景观融合、协调统一；对路内景观和路外景观进行全面设计，以从路上看景为主，兼顾从路外看路，以路内景观为主，兼顾路外景观，以动

态景观为主，静态景观为辅，抓住重点、突破难点、呈现亮点。

二、南昌至樟树高速公路改扩建工程景观设计(两侧拼宽路段)

南昌至樟树高速公路改扩建形式为主线采用“两侧整体拼宽为主、局部分离”的方式进行整体扩建。

1. 旧路景观资源

(1)旧路自然植被资源

通过对昌樟高速公路沿线植被的现场调查，掌握现有植物的种类、分布部位、生长状况，从而为昌樟高速公路改扩建工程景观及环保设计的植物选择提供有力支撑。以中分带为例，昌樟高速公路现有中分带植物以塔柏作为主要的防眩树种，塔柏长势良好，此外点缀性栽植的紫薇、木槿、花石榴、海桐和月季生长状况也非常好，如图2-9所示。

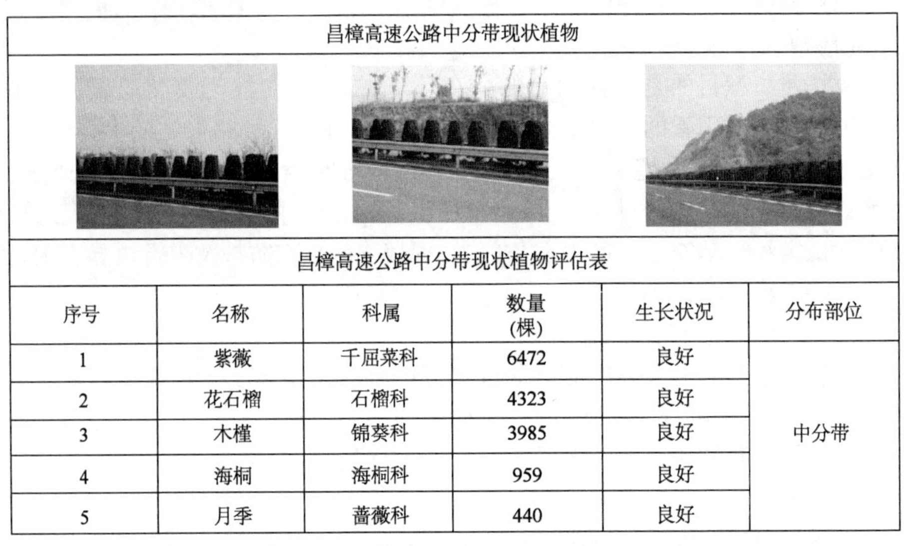

昌樟高速公路中分带现状植物

昌樟高速公路中分带现状植物评估表

序号	名称	科属	数量(棵)	生长状况	分布部位
1	紫薇	千屈菜科	6472	良好	中分带
2	花石榴	石榴科	4323	良好	
3	木槿	锦葵科	3985	良好	
4	海桐	海桐科	959	良好	
5	月季	蔷薇科	440	良好	

图2-9　昌樟高速公路中分带现状植物评估

(2)旧路文化景观资源

昌樟高速公路途经三县一市，历史文化资源底蕴深厚，比较典型的有樟树市的药文化、丰城市的剑文化、高安的采茶戏文化。公路沿线可见范围内分布有大量当地特色民居(图2-10)，配合水景形成独特的地域风光。此外昌樟高速公路旧路建成以来一直是江西省的重要经济动脉，它延续了赣江黄金水道的繁荣，继承了江右商帮的核心文化，发挥着重要的作用。

图 2-10　昌樟旧路沿线特色民居

2. 总体思路

昌樟高速公路改扩建工程采用的是两侧拼宽的形式进行，工程期间全线保通。安全是景观设计的基本要求，围绕"保障行车安全、展示地域特色、改善生态环境"的理念，抓住公路改扩建的特点，最大限度地利用原有资源，系统规划、整体设计，使全线形成有序的景观序列。

3. 设计要点

路基防护工程根据当地水文情况、工程地质条件及筑路材料来源，选用经济、合理而又美观实用的工程措施，在边坡稳定的前提下进一步加大植草面积，减少圬工体积。通过对昌樟旧路边坡现有植被的调查，确定植物防护种类并结合主体工程防护类型，形成边坡的综合防护形式。

1）路堑边坡

（1）挖方喷播植草。边坡平均高度 3m 以下土质边坡，坡率为 1:2，此类边坡无工程防护，生态恢复采用栽植乔木、灌木与喷播植草相结合的方式。从坡顶至坡脚依次为乔木、灌木、草本的自然状态，植物分界自然形成曲线，边坡下部草本与生态排水沟植草相连接，见表 2-5。

挖方喷播植草防护段落植物栽植设计一览表　　表 2-5

景观段	桩　　号	配 置 方 式
豫章胜景段	K15 + 500 ~ K30 + 000	乔木(马尾松、木荷) + 灌木(金叶女贞 + 春鹃) + 喷播植草
剑邑龙光段	K30 + 000 ~ K63 + 500	乔木(马尾松、木荷) + 灌木(海桐 + 胡颓子) + 喷播植草
江右上观段	K63 + 500 ~ K73 + 500	乔木(马尾松、木荷) + 灌木(春鹃 + 丰花月季 + 木槿) + 喷播植草
药都古风段	K73 + 500 ~ K103 + 553	乔木(马尾松、木荷) + 灌木(红叶石楠 + 红花继木) + 喷播植草

(2)人字形骨架防护。边坡平均高度大于 3m 土质边坡或强风化岩石,工程防护形式为人字形骨架。生物防护形式为骨架内喷播植草后自然式点缀栽植马尾松、木荷袋苗。

(3)客土喷播。边坡平均高度大于 3m,坡面整体稳定的弱风化岩石边坡,采用客土喷播的形式,厚度 10cm,种子配比为草灌结合。

(4)路堑挡墙。边坡整体稳定度较差,采用路堑挡墙的形式防护,墙底及墙顶栽植灌木及攀缘植物进行柔化处理。

(5)深挖边坡。深挖的高边坡根据相应的工程防护形式采用植物防护。

2)路堤边坡

路堤边坡景观绿化主要以防护功能为主,灌草结合减少水土流失。

(1)填方喷播植草。边坡高度小于 3m,无工程防护,生物防护主要为普通喷播和栽植的方式。喷播植物草灌结合,以草为主。此外,在长直线路段,由于视觉疲劳易引发交通事故的路段,可以边坡上丛式栽植植物,以打破单调的行车环境,提高行车安全性。

(2)填方拱形骨架植草。边坡高度大于 3m 时,采用拱形骨架防护,生物防护主要在骨架内进行普通喷播方式。喷播植物以灌木为主。

(3)坦拱植草。适用于边坡高度小于 3m 的凹曲线底部两侧各 25m 范围内路段。生物防护主要在坦拱内进行普通喷播方式。喷播植物以草花为主。

4. 中分带景观

昌樟高速公路改扩建工程采取的是双侧拼宽的改扩建形式,中分带的防眩植物长势良好,中分带景观设计时保留原有的中分带防眩植物塔柏,结合景观设计主题,分景观段式点缀花灌木,缓解驾乘人员视觉疲劳。

5. 互通区景观

昌樟高速公路改扩建工程共涉及八个互通,八处互通中丰城互通、胡家坊互通、经楼互通等三处互通为新建互通,需重新规划设计,厚田枢纽互通、生米互通、泉港互通、临江互通、樟树枢纽互通等五处原址扩建,在景观设计要考虑现有地形、植物的保护和利用。

从互通所处的地理位置及功能性,将八个互通分为两类,即重点互通和一般互通。重点互通为标志公路起终点位置互通和近城市互通,其他的为一般互通。丰城互通、胡家坊互通、樟树枢纽互通等三处互通为重点互通,作为重要景观节点;厚田枢纽互通、生米互通、泉港互通、经楼互通、临江互通等五处互通为一般互通,设计理念主要为自然融合、乔灌草自然栽植形式。

对于原址扩建的互通,充分了解互通区的改扩建形式及交通组织方式,区划出改扩建占用区、保留区,对于保留区的植被应在工程施工期间予以重点保护。图 2-11 为生米互通原有植被保护情况。

图 2-11　生米互通原有植被保护

6. 声屏障景观

高速公路随着通车年限增加,公路两侧一般分布了较多且成熟的村庄或其他声环境敏感点。这些声环境敏感点的声屏障将在驾乘人员的视野中占据很大比例。如何使这些声屏障更好地体现改扩建工程的特点,融入沿线的自然、人文环境中,将是改扩建工程的景观设计重点与难点。

(1)民居特色式声屏障

在沿线具有特色建筑的敏感点或者需要遮挡的敏感点,可采用民居特色式声屏障。声屏障借鉴当地"马头墙"的建筑特点,将农村建筑"白墙灰瓦"的特色融入声屏障设计中。民居特色式声屏障具有三种不同的形式,可以进行任意的组合,使路内驾乘人员所能欣赏到的路侧特色建筑极大丰富。砌体采用凸凹结合的效果,并在凸出去的墙体下栽植灌木加大了路侧的绿化效果。居民特色式声屏障如图 2-12 所示。

图 2-12　民居特色式声屏障

(2)全透明式声屏障

全透明式声屏障主要用于沿线景观性较强的敏感点。该类敏感点民居建筑有特色,并且有多处水景,全透明式声屏障具有良好的通透性,可以起到很好的借景作用。

(3)石笼式声屏障

石笼式声屏障是充分结合改扩建工程的特点,利用工程中拆除的构筑物弃渣采取石笼的形式,起到声环境保护的作用,如图 2-13 所示。

图 2-13　石笼式声屏障

第三章　高速公路路基加宽施工关键技术

控制新老路基的非均匀沉降是路基加宽的关键问题之一。由此需要对老路基工作性能进行检测与评价，提出老路基加宽压实与补强方法，并针对南方气候湿热、降雨量大，且老路基内部渗水的工程实际，提出路基防排水处理技术措施。为探究新老路基拼接效果，还需进行加宽路基的变形观测。

第一节　老路基工作性能检测与评价

由于老路堤边坡上面植被茂盛，在进行高速公路路基拓宽时，老路堤边坡的压实度和松散程度为新老路基拼接时需要考虑的一个重要因素。因此，为了研究老路基边坡的压实度和含水率，在昌樟高速公路 A2 标段选取了 4 个典型断面，即 K64 + 510 断面、K64 + 700 断面、K64 + 900 断面、K65 + 100 断面，在 A5 标段选取了 1 个典型断面，即 K24 + 600 断面，采用人工开挖的方式对老路边坡的压实度和含水率进行检测。检测时，从老路基路床顶的边坡外沿处开始垂直下挖，宽度为 50cm，每垂直下挖 20cm 后得到一个水平面，进行一次环刀法测试；环刀法测试时，环刀的纵向方向（沿行车方向）每两个环刀为一组，间隔 20cm；每一组环刀之间的水平距离（与行车方向垂直）为 30cm，如图 3-1 所示。图 3-2 为环刀法现场测试。

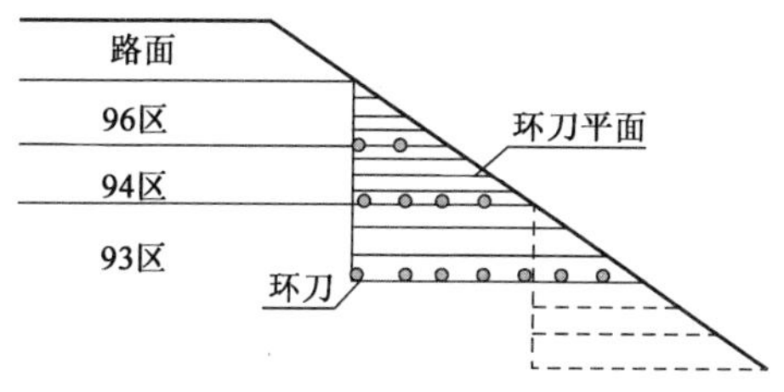

图 3-1　环刀法测试示意图

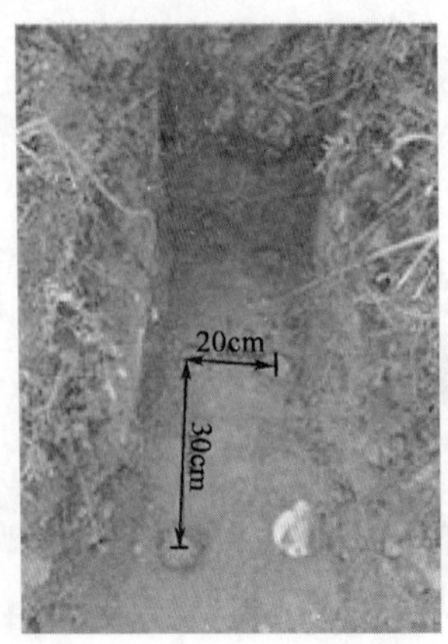

图 3-2　环刀法现场测试

一、击实试验

表 3-1 为各开挖断面不同层位路基土干法击实试验结果(与旧的土工规范一致)。从表 3-1 中可知,不同断面可能土质存在差异,击实试验结果不同;同一断面不同层位路基土最大干密度越大,最佳含水率越低;各断面最大干密度在 1.805 ~2.09g/cm^3 之间,最佳含水率在 7.1% ~16.2% 之间。96 区、94 区和 93 区最佳含水率平均值分别为 11.82%、11.7% 和 11.61%。

各断面不同层位路基土击实试验结果　　表 3-1

区域	断面	最大干密度		最佳含水率	
96 区	K64 +510	2.04	平均值为 1.99,方差为 0.01	11.80	平均值为 11.82%,方差为 8.45
	K64 +700	2.08		7.10	
	K64 +900	1.99		11.40	
	K65 +100	2.02		12.60	
	K24 +600	1.83		16.20	
94 区	K64 +510	2.01	平均值为 1.98,方差为 0.01	12.30	平均值为 11.7%,方差为 2.27
	K64 +700	2.09		9.00	
	K64 +900	1.90		11.40	
	K65 +100	2.05		12.30	
	K24 +600	1.86		13.50	

续上表

区域	断面	最大干密度		最佳含水率	
93 区	K64 +510	2.03	平均值为 1.94，方差为 0.01	8.80	平均值为 11.61%，方差为 5.88
	K64 +700	2.03		8.90	
	K64 +900	1.98		10.20	
	K65 +100	1.95		12.50	
	K24 +600	1.86		13.75	
		1.93		11.25	
		1.81		15.90	

二、测试结果分析

图 3-3 为现场开挖及数据采集方案。其中 V 表示竖向剖面，从路肩由近及远，依次编号为 V1、V2……H 表示横向水平面，由上至下依次编号为 H1、H2……数据采集时，分别沿 V 竖向剖面和 H 横向水平面进行。

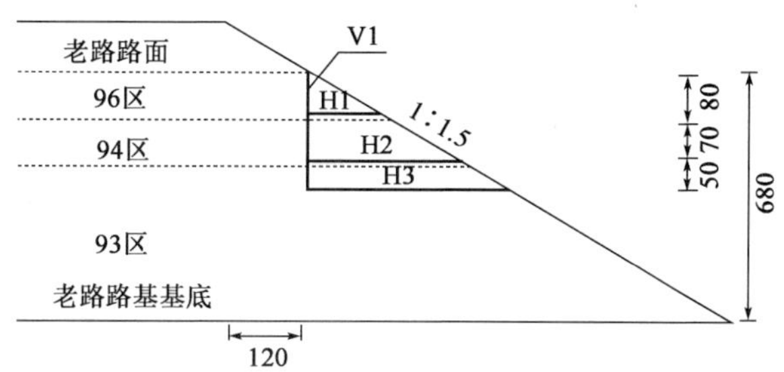

a)K64+510断面

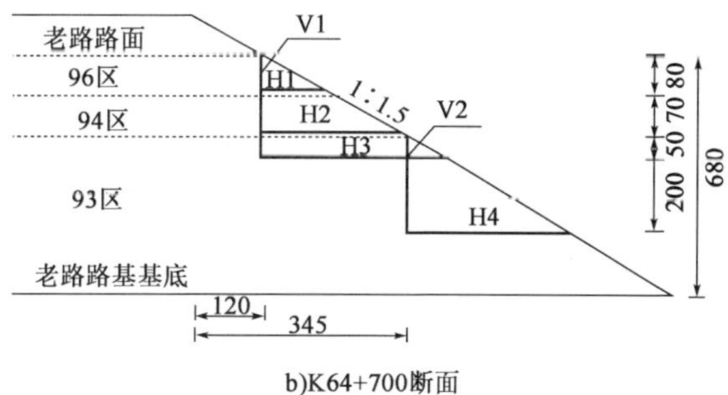

b)K64+700断面

图　3-3

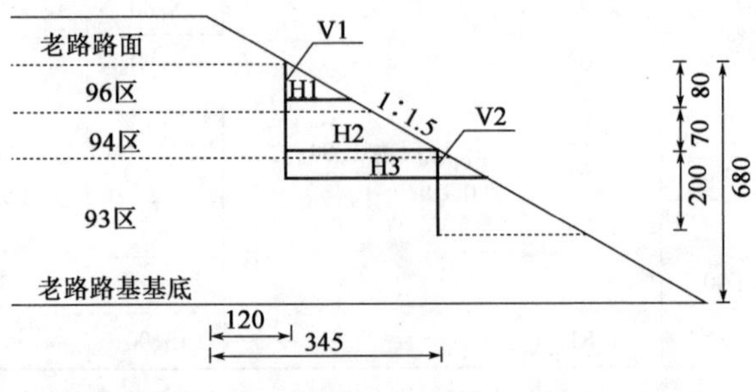

c)K64+900断面

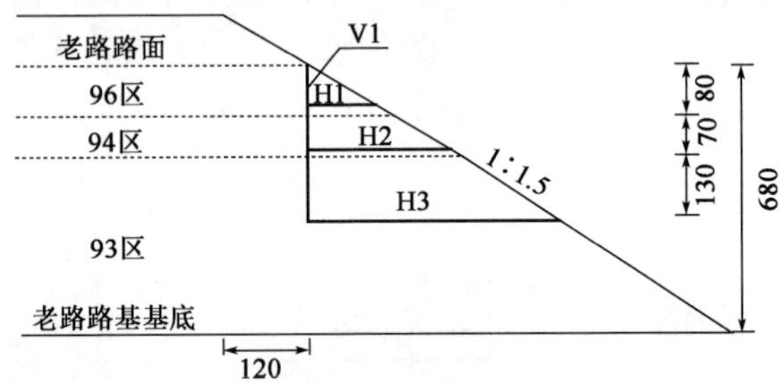

d)K65+100断面

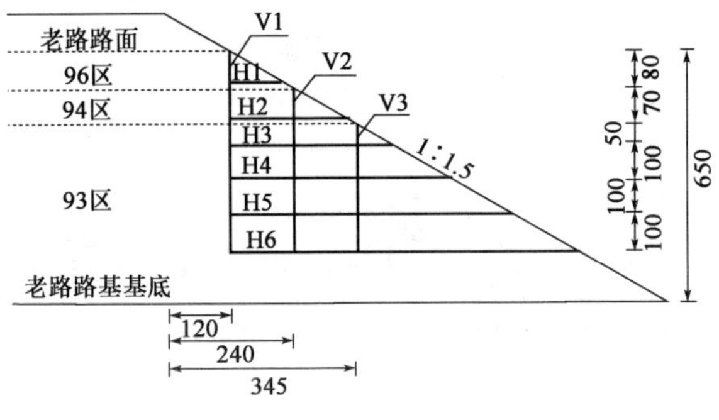

e)K24+600断面

图3-3 各断面开挖方案(尺寸单位:cm)

图 3-4 和图 3-5 为不同剖面压实度随深度变化规律图。从图中看出，不同层位压实度远小于现行规范设计标准，即使按旧压实标准（95 区、93 区和 90 区），压实度也远不够。96 区压实度在 73% ~92% 之间，94 区压实度在 71% ~87% 之间，93 区压实度在 75% ~88% 之间，各层位压实度没有明显的大小差异，且 93 区压实度更为均匀。

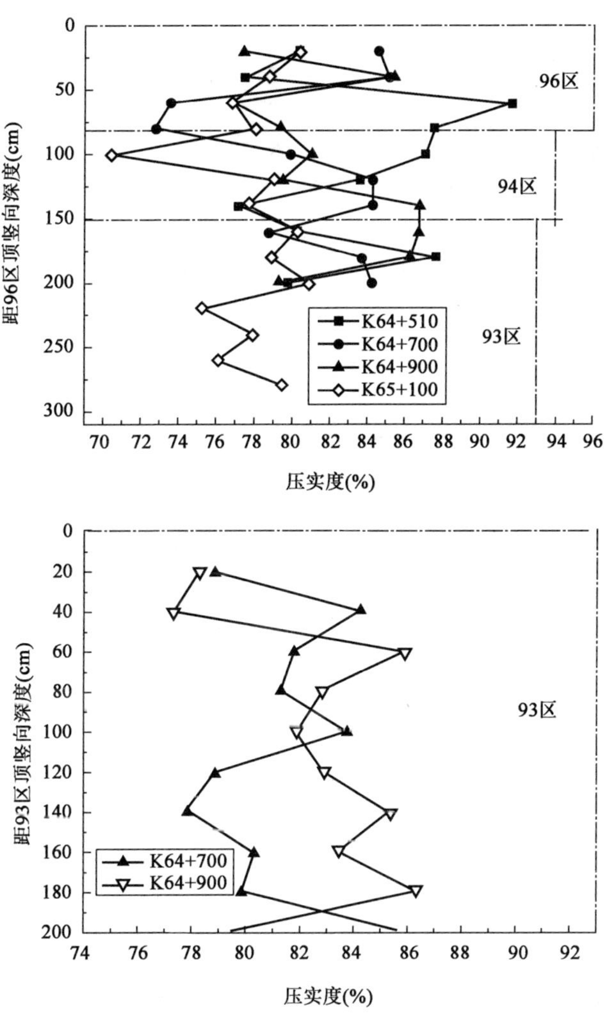

图 3-4　各断面 V1（左）和 V2 剖面压实度沿竖向变化规律

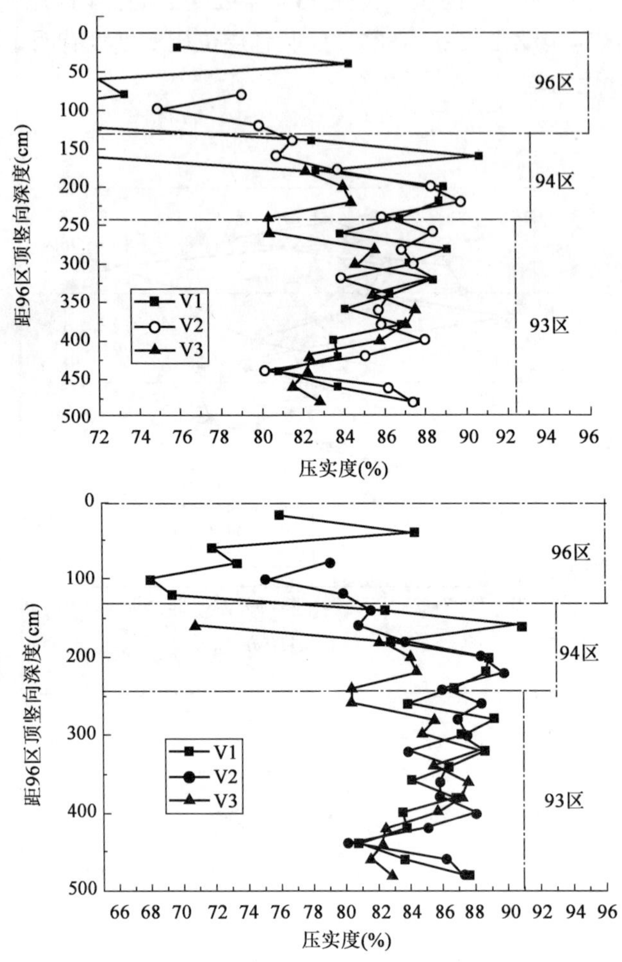

图 3-5 K24 +600 和 K26 +200 各剖面压实度沿竖向变化规律

图 3-6 和图 3-7 为各断面不同剖面含水率随深度变化规律图。从图中看出,随深度增加,含水率逐渐增大,96 区和 94 区含水率差别不大,基本在 9% ~ 20%之间,变异性很大;93 区含水率较 96 区和 94 区大,且随深度增加,含水率进一步增加,基本在 16% ~24%之间变化(K65 +100 断面 V_1 剖面在 210cm 深度处测试值异常)。这是由于在 8 月份测试,正值江西炎热少雨季节,96 区和 94 区含水率更易受到天气影响所致。

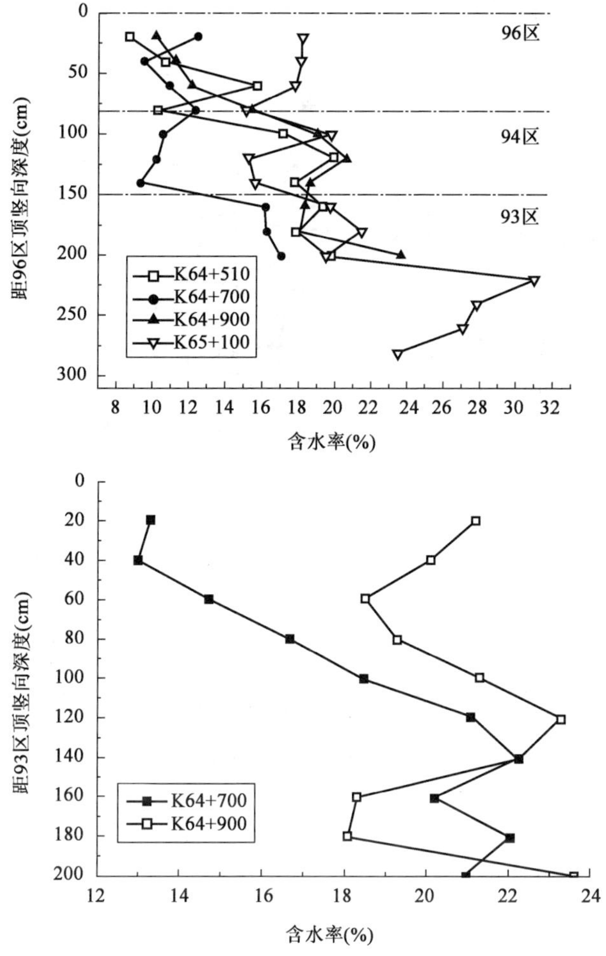

图 3-6　各断面 V_1(左)和 V_2 剖面含水率沿竖向变化规律

图 3-8 ~ 图 3-11 为各断面压实度、含水率随距离老路边坡坡面距离的变化关系图。为便于比较,压实度和含水率的纵坐标轴标尺相同。从图 3-8 和图 3-9 看出,压实度基本上呈现 96 区(H1 水平面) < 94 区(H2 水平面) < 93 区(H3/H4 水平面),只有 K64 + 510 断面压实度向内逐渐增加,其他三个断面压实度随向边坡内变化不大。从随距边坡坡面距离的变化关系来看,93 区压实度更为均匀。这可能是由于 93 区埋置深,在与外界的湿热交换过程中,含水率变化较小的原因所致。这一点从图 3-7 中 93 区含水率较为均匀的变化规律得到反映。

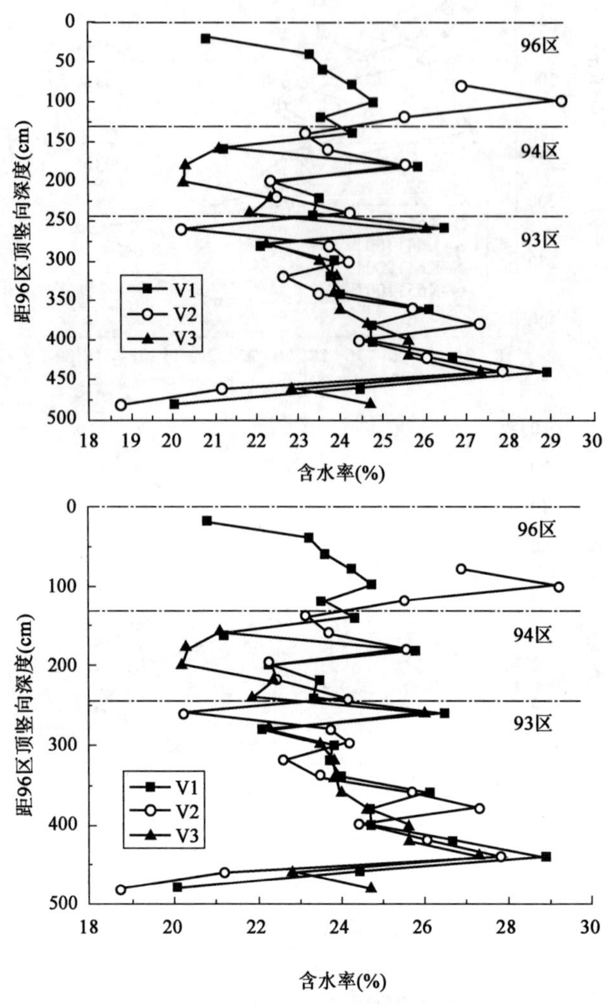

图 3-7　K24 + 600 和 K26 + 200 各剖面含水率沿竖向变化规律

从图 3-10 和图 3-11 看出,96 区和 94 区含水率变异性较大,93 区含水率较为均匀,且含水率 96 区 <94 区 <93 区。分析原因认为:一方面,96 区和 94 区测试的水平范围较小,较易受到天气都外界的影响,变异性较大,且几个断面在 8 月份开挖,正值江西炎热少雨季节;另一方面,经过若干年的运营,老路基内部的含水率已接近稳定,基本在 20% 左右。

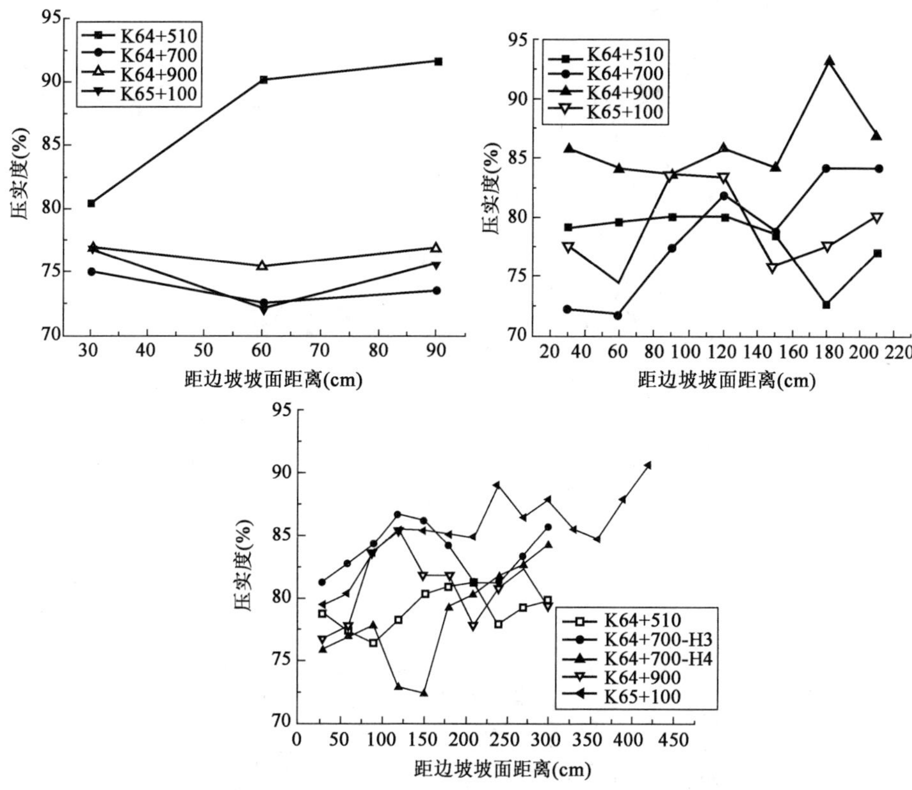

图 3-8　H1(左)、H2(中)和 H3/H4(右)压实度随距老路边坡面水平距离变化规律

表 3-2 给出了各开挖断面不同层位的压实度、含水率统计结果。从表中看出,96 区压实度平均值仅为 79.22%,小于 94 区的 81.58% 和 93 区的 84.11%。如果从各层位压实度实测值与控制标准的差值而言,93 区工作性能最优,96 区最差。当然,96 区压实度偏小还与测试的范围较小(边坡水平 1.2m 和竖直方向 0.8m 的范围内)、边坡表面长期与大气接触变得较松散有关系。

各断面压实度、含水率统计结果　　表 3-2

层位	样本数	压实度(%)		含水率(%)	
		平均值	方差	平均值	方差
96 区	30	79.22	28.38	17.14	23.03
94 区	102	81.58	37.92	19.17	16.69
93 区	701	84.11	15.40	23.07	11.34

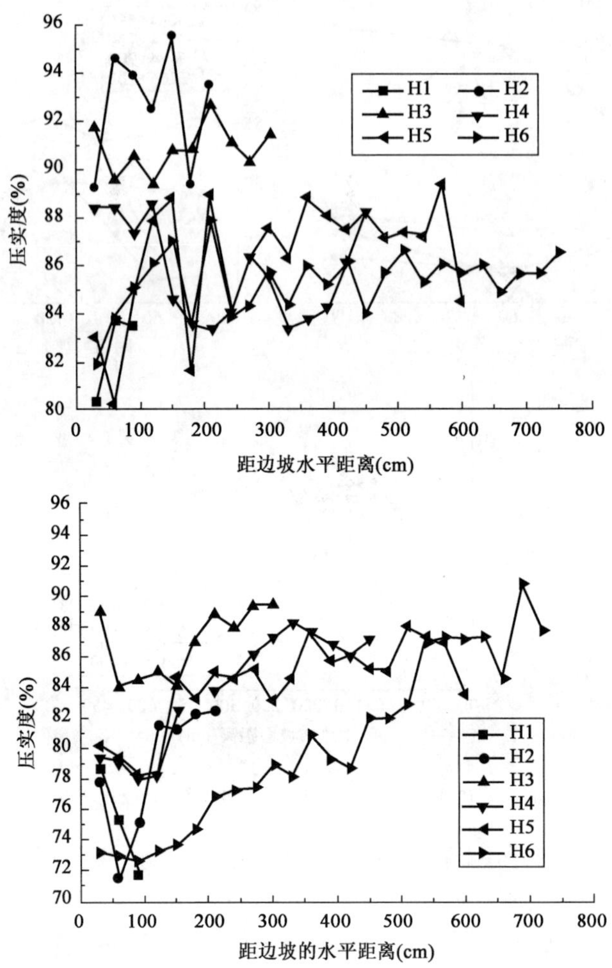

图 3-9　K24 + 600 和 K26 + 200 各水平面压实度随距老路边坡面水平距离变化规律

对于各层位的含水率,96 区最小,93 区最大,但平均值均高于表 3-1 中的最佳含水率平均值。这表明路基运营期湿度必然增加至某一与气候环境、土质、压实度等相关的平衡湿度,并使压实度降低。因此,现行的以最大干密度对应的含水率为施工含水率的路基土湿度设计方法不适用于南方湿热地区路基土。同时,各层位含水率方差较小,表明含水率比压实度更均匀。这是由于路基土含水率影响因素较压实度少,变异性较小。

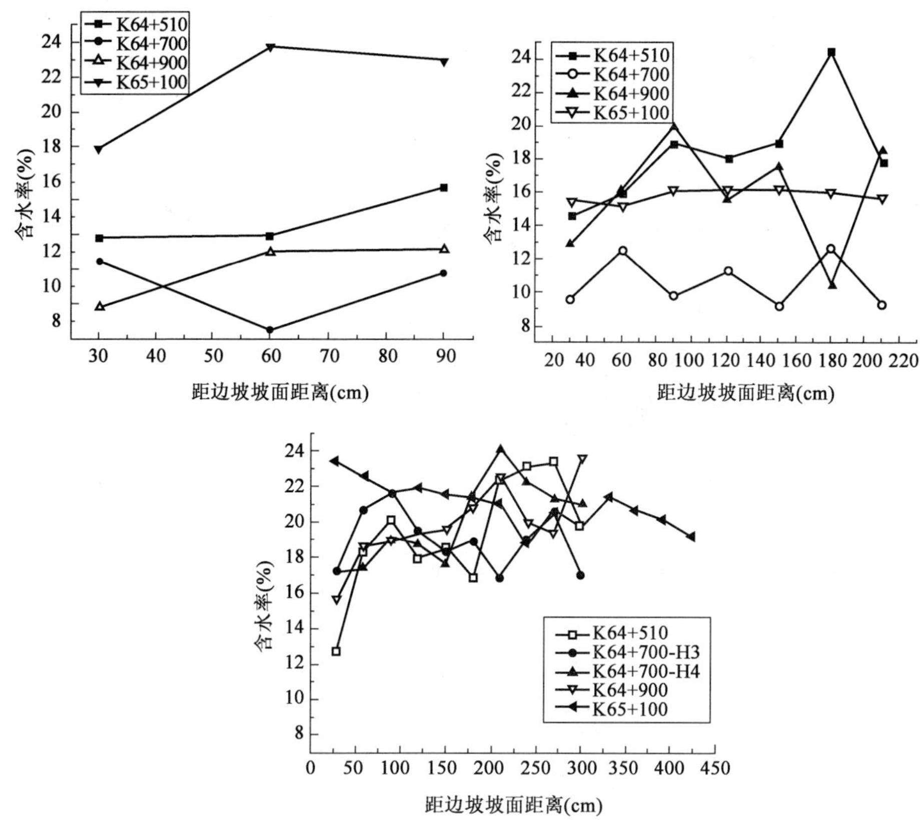

图 3-10　H1(左)、H2(中)和 H3/H4(右)含水率随距老路边坡面水平距离变化规律

综合比较图 3-4 至图 3-11 和表 3-2 可以看出

(1)96 区和 94 区易受到气候的影响,干湿循环更为强烈,从而使得该层位路基强度(压实度)和含水率表现出较强的季节性,且离散性较大;从满足各层位的工作性能要求来看,93 区工作性能最优,94 区次之,96 区最差。

(2)93 区由于埋置深,含水率更为稳定,且比 96 区和 94 区大。这是由于经过十多年的运营,老路基内部含水率已与周围环境协调,达到了一个稳定的状态,且路基内部湿度状态基本不受大气干湿循环的影响。

(3)经过若干年运营,路基土含水率逐渐趋于某一与气候环境、土质、压实度等相关的平衡湿度状态,且平衡含水率比以最大干密度对应的最佳含水率大。因此,以最大干密度对应的最佳含水率不宜作为南方湿热地区路基土的施工含水率。若以此为路基土湿度设计状态,经过若干年运营后,路基土必然含水率增加,压实度降低,进而承载能力降低,变形增加。

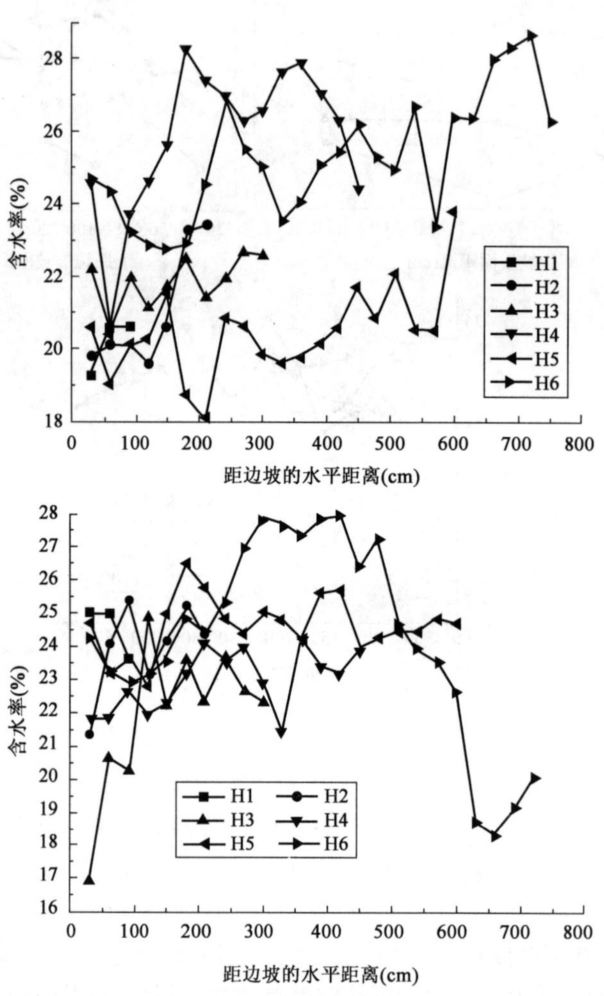

图3-11 K24+600和K26+200各水平面含水率随距老路边坡面水平距离变化规律

(4)从现场测试结果来看,南方湿热地区路基土不满足规范压实度要求的范围要超过2m。因此,台阶开挖时,应根据现场实际情况将松散范围内的路基土清除。

第二节　老路基加宽压实与补强

一、一般路段的新老路基拼接

为保证新老路基拼接完成后的整体性和变形协调统一性，减少新老路基差异沉降，根据老路基不同填料性质及稳定状况，设计采用以下两种新老路基拼接措施。

(1)对于老路基填土压实度较高、含水率较低的路段，采用清坡 30cm 后直接开挖台阶的方式。第一级台阶采用 150cm × 100cm，以上各级台阶采用 100cm × 67cm 开挖。拼接路基时，路床顶面以下 15cm 处设置 1 层土工格栅，根据路基边坡填高情况在路堤设置土工格栅，具体如下：高度 $H \leqslant 4m$ 时，路堤不设置土工格栅；$4m < H \leqslant 8m$ 时，距路基顶面 3m 处设置 1 层土工格栅；$H > 8m$ 时，距路基顶面 3m 处设置 2 层土工格栅。土工格栅采用双向土工格栅，长度均为 8m。

(2)对于老路基边坡压实度较低、垮塌或松散填方路段，先清坡 30cm，再按 1:1.0 对老路基削坡，然后开挖台阶，第一级台阶采用 150cm × 150cm，以上各级台阶采用 100cm × 100cm 开挖。

昌樟高速公路新老路基拼接如图 3-12 所示。

二、湿软路段的新老路基拼接

1. 工程背景

通过对老路边坡压实质量检测，发现老路堤及路床部分的压实度均低于规范 93% 和 96% 的要求，老路路床土路肩部分弯沉值平均值达 510(0.01mm)，大于设计值 180(0.01mm)的要求；老路边坡较为松散，老路边坡土体一般都处在低压实度、高饱水率和低强度状态。此外，施工中发现，由于老路中央分隔带未设置排水设施造成老路基含水率大，边坡渗水严重，导致老路基边坡压实状态及稳定性较差，因此在进行路基拼接开挖施工时易造成老路边坡甚至整个老路基坍塌，以及部分路段不能进行台阶开挖或台阶搭接效果差，大大降低了新老路基之间的有效结合和整体性质量，新老路基结合处搭接质量难以保证，极易造成新老路基的不协调变形。而新老路基不协调变形是道路拓宽产生病害最重要、最根本的原因。

基于以上原因，提出了新老路基拼接结合部液压强夯、大台阶搭接补强措施的处治方案，分别在 K41 +400 ~ K41 +600 一般填方路段及 K50 +600 ~ K50 +800 高填方段开展了新老路基拼接结合部补强处治试验。

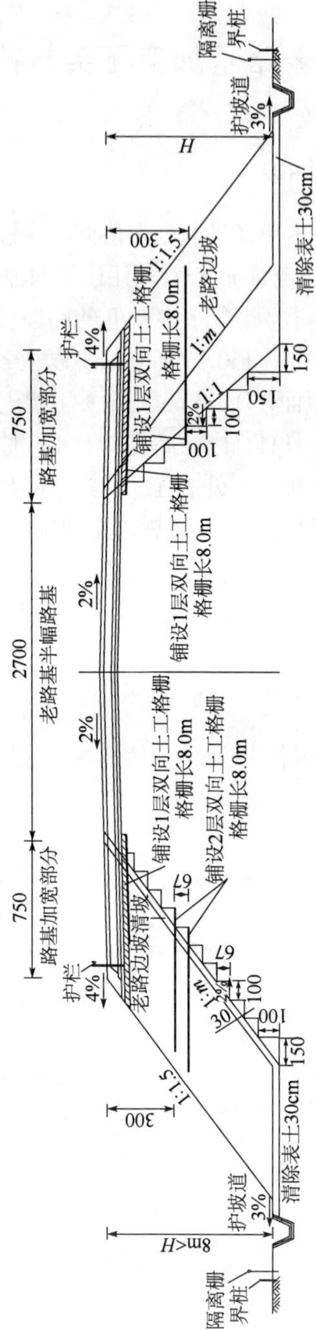

图3-12　昌樟高速公路新老路基拼接(尺寸单位：cm)

2. 新老路基拼接补强措施

针对本项目老路基边坡台阶及路肩路床开挖现场情况，结合国内类似改扩建项目老路肩路床处治成功经验，采取对老路肩路床高速液压强夯补强、对老路路基边坡进行开挖大台阶翻挖回填补强的方案。

(1)高速液压强夯补强方案

沿新老路基结合部路床顶面采用高速液压强夯机进行强夯(图3-13)，以期提高新老路基结合部4m范围内路床弯沉值及抗剪强度，增强新老路基的有效连接及整体性。

图3-13　高速液压强夯机强夯补强

(2)开挖大台阶、翻挖回填补强方案

根据相关研究，路基表层承受行车作用力最大，由顶部向下，受力急剧减小，在一般汽车荷载作用下，其影响深度为1～2m，对于较重的汽车其影响深度可达3.7m。结合昌樟高速公路的重载、车辆多的特点，汽车荷载影响深度按照4.0m考虑。将路面的当量厚度换算土层的当量厚度，重型车辆荷载影响的深度在路面表面下2.3m以下(即路床顶面以下1.5m)的范围。同时考虑路表植物根系发育、边坡土体松散等因素，因此台阶开挖采用如图3-14、图3-15所示方式。

图3-14适用于填方高度不大于5m的路段。沿老路土路肩75cm处开挖1.5m×4.2m台阶，对老路部分94区底面进行重型压路机碾压，然后与扩建部分同时填筑至路床顶面以下15cm处。

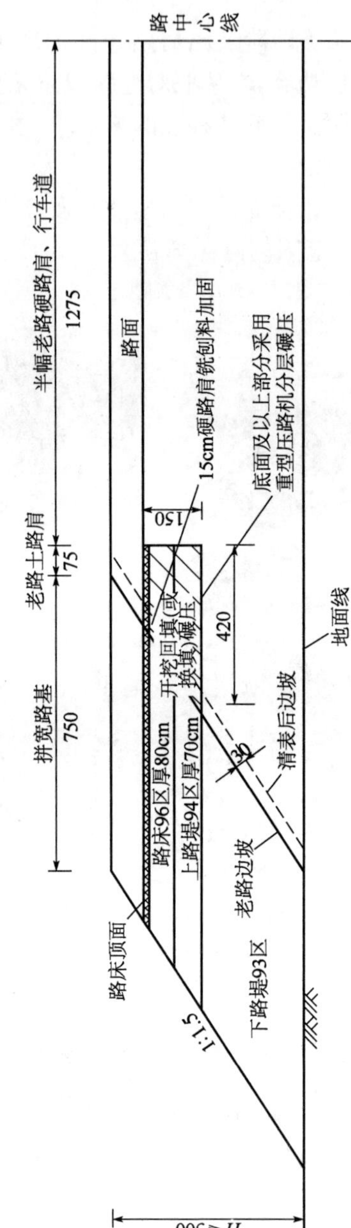

图3-14 台阶开挖控制方法(一)(尺寸单位：cm)

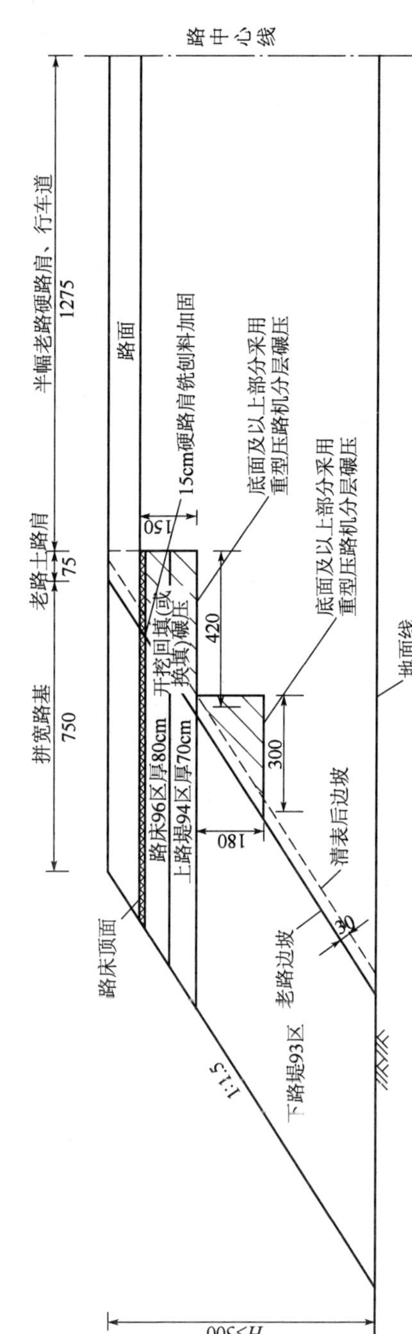

图3-15　台阶开挖控制方法(二)(尺寸单位：cm)

对于填方高度大于5m路段，当路基填筑至路床顶面以下3.3m时，沿老路边坡开挖成1.8m×3.0m台阶，并重型碾压，然后与扩建部分同时填筑，如图3-15所示。

3. 现场试验段检测情况

1)液压强夯补强方案

选取试验段K41+400~K41+600对新老路基结合部老路路肩的路床进行了液压强夯补强试验，现场测试结果见表3-3。

液压强夯现场测试结果　　表3-3

里程桩号		K41+500~K41+600段
天然含水率(%)	平均值	20.6
	范围值	—
老路路床弯沉值(0.01mm)	平均值	339
	范围值	112~680
老路路床强夯后弯沉值(0.01mm)	平均值	189
	范围值	80~282

表3-3的测试结果表明：

(1)本段老路硬路肩下路床弯沉值普遍大于设计弯沉值232.9(10^{-2}mm)，路床未经处理不宜作为路面下承重层。

(2)老路采用强夯处理压实后，其顶面弯沉值产生了较为明显的降低，因此采用高速液压强夯处理新老路基结合部老路路肩的路床是具有可行性的。

2)开挖大台阶、翻挖回填补强方案

选取试验段K50+600~K50+800高填方段路基进行了新老路基结合部大台阶翻挖回填的搭接补强措施，现场情况如图3-16所示。

a)大台阶开挖

b)老路边坡台阶平整

图　3-16

c）台阶顶面30t重型补强

d）台阶顶面30t重型补强

图 3-16　大台阶开挖、翻挖回填和补强

现场实施后，进行了压实度、CBR 和弯沉测试，见表 3-4。测试结果表明，新老路基衔接处路基填料最大干密度 1.95g/cm^3，CBR 值为 10.2%，弯沉检测值 128.73(0.01mm)，压实检测值 96.5% ~99.0%，满足弯沉值≤180(0.01mm)和压实度≥96%的质量要求。

新老路基结合部路床采用大台阶翻挖回填检测情况　　表 3-4

里程桩号		K50 +600 ~ K50 +800 段
天然含水率	平均值	18.8
	范围值	—
老路路床弯沉值(0.01mm)	平均值	473
	范围值	100 ~ 900
开挖大台阶、翻挖回填新老路基结合部路床弯沉值(0.01mm)	平均值	127
	范围值	50 ~ 174

通过试验段现场检测情况，确定开挖大台阶、翻挖回填补强方案作为老路基边坡拼接的补强措施。

第三节　老路路床加固处理

根据沿线检测试验资料分析，原老路路床部分填料以细粒土为主，路床部分含水率大，压实度、回弹模量较低。为提高路面结构的耐久性，必须对老路基路床进行加固处理。

1. 第三车道路床加固处理

第三车道为重载交通车道，新老路基路床拼接位于第三车道内，老路床按原有《公路路基设计规范》(JTJ 013—1995)进行设计,其压实度设计值95%、土基回弹模量30(35)MPa,而《公路路基设计规范》(JTG D30—2004)要求路床的压实度设计值96%、土基回弹模量40MPa,两者相差较大。为保证重载车道路床的强度,提高路面结构的耐久性,本次路面改建对现有公路路肩下的路床进行加固处理,处理措施如下:

(1)一般路段:处理上路床30cm,若填料满足要求,采用路床翻挖回填压实处理;否则,采用掺灰改良或换填土处理。

(2)特殊路段:对路面存在唧浆、沉陷病害或路床回弹模量检测值小于30MPa的路段,路床顶面以下50cm范围进行换填粗粒土处理。

2. 老路第一、二车道路床加固处理

第一、二车道路床加固处理的对象为老路路面损毁严重,需整体挖除修复到的路段,主要采取翻挖回填压实、路床换填等处理。

一、老路床过湿土掺灰处治

1. 老路床过湿土的含水率及存在的问题

现场对6个不同桩号的老路床位置进行了含水率检测,测试位置为老路硬路肩下方的路床范围内。用挖掘机开挖老路床,取土样分别在距离路床顶30cm和60cm处,采用烘干法测定土样含水率,含水率检测结果见表3-5。

含水率检测结果 表3-5

桩号	右道/距新建路基位置	30cm深度含水率(%)	60cm深度含水率(%)
K49+480	右幅、2m	19.3	25.6
K49+520	右幅、1m	20.6	27.2
K49+720	右幅、2m	18.9	25.1
K49+800	右幅、3m	22.1	28.5
K50+050	右幅、2m	18.8	24.8
K50+500	右幅、0.5m	25.5	30.0

检测结果表明:路床含水率离路床顶30cm处含水率基本大于19%,甚至达到25.5%;离路床顶60cm处含水率基本都大于25%,甚至达到30%。说明老路路床含水率过高。

现场弯沉测试表明,路床定弯沉代表值为823(0.01mm),平均值403(0.01mm),单点最大值甚至突破1460(0.01mm),而昌樟高速公路改扩建新建路基部分的设计弯沉值为232(0.01mm),因此,在进行路面拼接前,需对老路床中的过湿土进行处治。

2. 老路床过湿土改良方案的确定

1）换填及翻晒处理

（1）换填。将老路路床顶以下 50cm 土全部挖除，换填新土。施工工序为：挖掘机挖除路床顶以下 50cm 原土→压路机对基底碾压→换填新土→平地机整平→压路机碾压→弯沉检测。

（2）翻晒处理。利用有利气候条件将打散后的过湿土进行晾晒处理，待过湿土含水率下降后，将过湿土重新碾压成型。施工工序：路拌机扒松原 30cm 老路路床过湿土→晾晒一天→平地机刮平→压路机重新碾压→弯沉检测。

换填及翻晒（图 3-17）处理后路床弯沉检测结果见表 3-6。

换填及翻晒处理后路床弯沉检测结果　　表 3-6

桩　　号	处理方式	弯沉（0.01mm）			
		代表值	平均值	最大值	最小值
K50 +210 ~ K50 +270 右幅	换填 50cm	268.0	175.7	250	76
K50 +000 ~ K50 +190 右幅	晾晒一天	291.3	181.3	450	100

通过对换填及翻晒处理效果分析可知，换填处理造价高，作业时间长，且能符合上路床填料要求的土样较难就近寻找，弯沉代表值与设计值仍有差距；晾晒处理造价最低，但因交通安全及天气条件限制，且作业时间较长，结合实际情况比较起点较低，弯沉检测仍不符设计要求，不适合大面积作业。

2）过湿土外掺水泥处理

现场选用外掺不同水泥剂量进行改良，利用路拌机充分拌和并在水泥终凝后进行弯沉检测形成对比，确定最经济适用的水泥剂量。具体施工工序：路拌机翻松开挖老路路床土（图 3-18）→按不同外掺剂量计算每米水泥用量→人工洒布水泥→路拌机拌和→平地机整平→压路机碾压→弯沉检测。

图 3-17　挖机扒松过湿土进行翻晒处理

图 3-18　水泥改良土路拌机正在翻松过湿土

外掺不同水泥剂量处理后路床弯沉检测结果如表3-7所示。

外掺不同水泥剂量处理后路床弯沉检测结果　　表3-7

桩　　号	外掺水泥剂量(%)	弯沉(0.01mm)			
		代表值	平均值	最大值	最小值
K50+470～K50+540右幅	2	351.3	168.5	306	40
K49+850～K49+940右幅	3	322.7	207.7	390	130
K50+280～K50+460右幅	4	245.3	116.0	782	42
K49+760～K49+850右幅	5	227.4	125.6	304	48

方案经改良后,能较快速地降低土样含水率,提升整体刚度。检测结果显示,外掺4%水泥剂量为宜。在机械配合下,作业时间短且弯沉检测能达到新建路基设计要求,在交通压力和施工进度方面,适合现场作业情况。因此,采用4%水泥掺量对老路床过湿土进行改良处理。

3.水泥改良土的施工工艺

1)设计指标

水泥改良土水泥掺量为4%,设计宽度为4m,弯沉代表值要求达到新建高速公路土基不利季节标准为232.9(0.01mm)。

2)施工步骤

(1)准备下承层。下承层含水率检测后,进行水泥土改良施工。采用路拌机对过湿土进行打散,拌和均匀。路拌厚度30cm,并现场实测含水率,含水率控制在最佳含水率±2%～3%,含水率大时,翻开晾晒,含水率不足时,及时进行洒水。

(2)撒布水泥。根据路拌面积计算水泥用量,采用框格法控制水泥摊铺的均匀性。框格取2m×2m方格,每格内摊铺水泥100kg,人工进行小面积摊铺平整,使水泥均匀撒布在土样表面。

(3)拌和。水泥摊铺完成后,及时拌和。路拌机应匀速、平稳行走,现场取5m/min行走速度,确保拌和均匀、深度一致,现场拌和最多两遍。路拌机每道拌和有效宽度为2.2m。水泥土拌和时,应注意每道搭接宽度不少于30cm,确保工作区内无漏拌。路拌机根据层厚调整拌和深度,确保本层拌和彻底,无夹层现象。

(4)快速碾压。水泥土开始拌和后,应有专人跟踪拌和机,控制拌和机的拌和宽度、行走速度,对拌和效果进行现场实测。技术人员应在现场随机抽取若干部位,对拌和厚度、均匀程度、含水率、灰剂量等指标进行检测。

(5)整平收面。首先平地机进行快速整平,采用20t重型振动压路机碾压,水泥土拌和完成后,静压封面,这样可以防止土中水分的过早散失和表面的初次找平。随后开始弱振、强振碾压。碾压采用快速静压1遍,匀速弱振1遍,强振3遍,静压收面的方式进行。

(6)水泥稳定土检测。水泥土的检测应本着"快检"的原则,碾压结束后,迅速进行。

3)水泥土施工注意事项

(1)水泥土施工应认真做好前期准备工作。在施工段落位置、原土性质、水泥性能、水泥土的技术条件、施工设备及其性能、技术人员和工人以及天气条件等方面进行充足准备。

(2)水泥土使用应注重过程控制。即在施工过程中应从严控制各项指标满足施工要求,如土的摊铺厚度、拌和前及拌和后的含水率、水泥剂量、拌和均匀程度、碾压顺序及组合形式等都应在施工过程中及时修正并完成。

(3)水泥土施工与温度有很大关系,为避免因温度差异而加剧水泥土的技术指标变化,一般宜控制在20~25℃温度条件下施工。

(4)水泥土的碾压应区别于素土,即水泥土在充分的准备工作下应一次成型,及时检测压实度指标,不得对成型后的水泥土进行二次补压,以免造成水泥土结构的破坏。

(5)水泥土应遵循"三快一密实"原则,即快速摊铺、快速整平、碾压密实、快整检测的方法,以保证整个施工过程在水泥凝结前结束。

二、老路床过湿土碎石改良处治

1.高液限红黏土碎石改良机理

碎石改良高液限红黏土,将从以下几个方面影响其工程性质:

(1)对物理力学性质的改良

高液限红黏土细粒含量大、可压实性差,因此掺拌碎石的目的之一是减小细粒含量,提高压实特性,提高土体承载能力。

(2)对收缩开裂性能的改良

收缩开裂是高液限红黏土路基的主要病害,碎石改良的效果能有效降低收缩开裂的程度。一般而言,随着碎石含量的增加,缝宽越来越细;同时,板块整体性效果越来越好。这说明粗粒料的掺入,黏土的粒间连接得到了加强,抗裂性能得到了提高。通过人工掺碎石的办法,可以有效预防路基开裂,提高路基的板体性及整体强度。

(3)碎石改良高液限红黏土的原因分析

当碎石掺入高液限红黏土中时,不同的掺配量可形成三种结构形式,如图3-19所示。

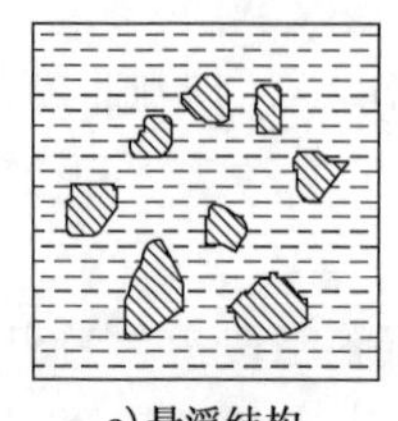

a)悬浮结构

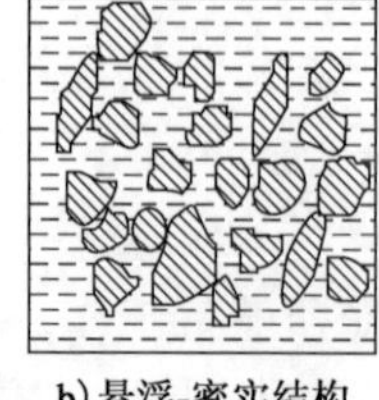

b)悬浮-密实结构

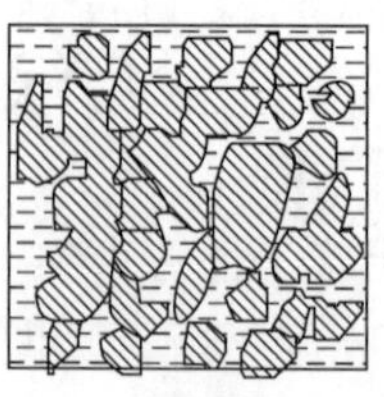

c)密实结构

图3-19 碎石-高液限红黏土混合料内部颗粒三种组合形式

第一种为悬浮结构,如图3-19a)所示。当碎石掺配率较小时(小于30%),混合料仍以细粒为主,粒径较大的砾石之间没有接触,就像悬浮在细粒之中,未起骨架作用,仅为包裹体存在,此时碎石的掺入对于提高土体强度和抗裂性能影响不大。

第二种为悬浮-密实结构,如图3-19b)所示。随着碎石掺配率的增多(30%~50%),细粒所占比例的减小,粒径较大的砾石之间开始接触,形成骨架,土体强度和密实度进一步提高,收缩性减小。

第三种为密实结构,如图3-19c)所示。当碎石掺配率大于50%时,细粒含量进一步减小,砾石之间紧密接触,粒料骨架完整,粒径较大的砾石之间的空隙由细颗粒填充密实,土体强度和密实度显著提高,同时收缩性显著降低。

2.高液限红黏土碎石改良室内试验

土样为A1标段K40+560右幅路段的高液限红黏土,原状土液塑限值见表3-8;高液限红黏土细粒含量大、可压实性差,因此掺拌碎石的目的之一是减小细粒含量,提高压实特性和土体承载力。为此,分别进行了原状土和质量比为30%、40%、50%三种碎石掺量(外掺)的颗粒筛分试验、湿法击实试验和CBR试验,其中碎石为20~30mm的机制碎石。

原状土液塑限值 表3-8

取样地点	液限 w_L(%)	塑限 w_P(%)	塑性指数 I_p(%)
K40+560	45.0	23.6	21.4

(1)颗粒组成特性

通过土样颗粒组成分析试验可知(表3-9),高液限红黏土掺碎石后,随着掺碎石的比例增加,土样内细粒组小于 0.074mm 含量逐渐降低,当碎石掺量为50%时,细颗粒含量由 94.20% 下降至 47.17%。掺碎石后改变土中粗颗粒组的含量,使粗颗粒在土中产生骨架作用,削弱细颗粒对土的性质的影响。

筛分试验结果　　表 3-9

土石比	通过下列筛孔(mm)的质量百分率(%)			
	>5	>2	0.074~2	<0.074
100:0	0.13	0.76	5.04	94.20
70:30	30.03	30.47	3.55	65.98
60:40	40.00	40.38	3.05	56.57
50:50	49.97	50.28	2.55	47.17

(2)压实特性

通过重型击实试验(湿法)可知,随着碎石掺量的增大,土样的最大干密度不断上升,最佳含水率不断下降,如图 3-20 所示。粗集料含量是影响压实度的主要因素,当粗粒含量小于 40% 时,粗粒在土中未形成骨架,仅为包裹体存在,压实特性类似纯土,但其密度则因粗粒的存在而有不同程度的改善。当粗粒含量大于 40% 时,土样中由于粗粒的增多而逐渐起到骨架作用,压实密度迅速上升,相应的密度迅速增大。

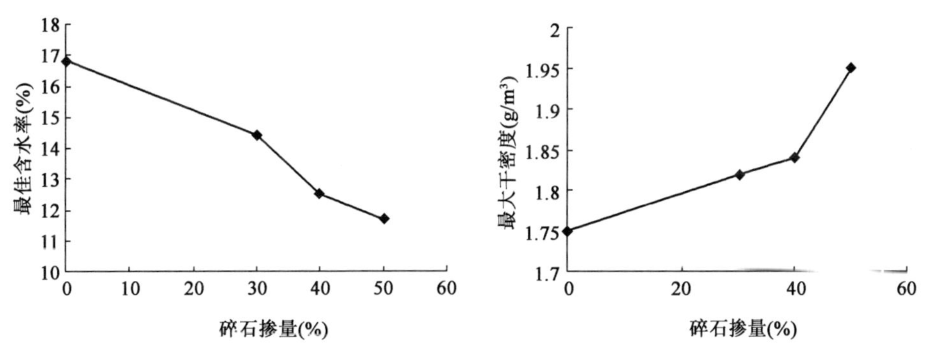

图 3-20　不同碎石掺量的击实试验(湿法击实)

(3)强度特性

通过室内 CBR 试验可知,加入碎石后,碎石土的密实度随着碎石掺量的增加而增大,同时,CBR 值随着碎石掺量的增大而增大。说明高液限红黏土加入碎石后,碎石土的强度随着碎石掺量的增加而增大,当碎石掺量大于 40% 后,96 区 CBR 值能很好地满足规范要求,见表 3-10。

碎石改良高液限红黏土基本物理力学参数　　表 3-10

名　称	原状土	30% 碎石掺量	40% 碎石掺量	50% 碎石掺量
最佳含水率(%)	16.8	14.4	12.5	11.7
最大干密度(g/cm^3)	1.75	1.82	1.84	1.95
93 区 CBR 值(%)	4.9	9.5	11.9	26.6
94 区 CBR 值(%)	5.4	11.6	14.7	30.4
96 区 CBR 值(%)	8.5	14.7	20.4	37.9

(4)膨胀量特性

通过对土样的 CBR 试验，碎石改良高液限红黏土的膨胀量数据见表 3-11。

碎石改良高液限红黏土膨胀量变化表　　表 3-11

取土位置、掺量(%)	膨 胀 量 (%)		
	30 击	50 击	98 击
K40 + 560　原状土	1.99	1.66	0.62
K40 + 560　掺 30% 碎石	1.51	0.99	0.90
K40 + 560　掺 40% 碎石	1.80	1.71	1.33
K40 + 560　掺 50% 碎石	0.11	0.94	0.84

3. 施工工艺

(1)下承层处理。保证填筑下承层表面平整、坚实，平整度和压实度符合规范要求。

(2)施工放样。恢复中线，每 20m 设一桩，并在两侧路肩边缘外设指示桩。

(3)松铺及整平。预先确定土的松铺系数，计算堆放间距，并严格控制卸土间距。将结块土破碎后用平地机与推土机相配合，将土均匀地摊铺在预定的宽度上，并形成规定的路拱。为使拌和充分，每层松铺厚度不大于 25cm。及时检测填土含水率，控制在最佳含水率 ±2% 以内，若含水率过大，要加以晾晒。土摊铺均匀后，用平地机初步整平和整型，来回整型一遍，每次整型都严格按规定的纵坡和路拱进行，并辅以人工整平。

(4)拌和及整型。在已整平的土基上，用石灰划格后用自卸车摊放碎石，按最佳碎石掺配率 40% 用平地机摊铺一定厚度的碎石。用多铧犁将铺好的碎石翻拌两遍，但不翻犁到底。第一遍由路中心开始，机械慢速前进，将混合料向中间翻；第二遍从两边开始，将混合料向外侧翻。然后再翻犁两遍，此时翻犁到底，并随时检查调整翻犁的深度，使填料拌和充分色泽一致。同时，随层抽样进行筛分试验，检查碎石含量。混合料拌和均匀后，立即用平地机整平和整型。

(5)碾压。平整完成后即采用光轮压路机碾压,其碾压原则为"先边后中,先内后外,先静后振",相邻轮迹重叠 40 ~ 50cm,路基的两侧应多压 2 ~ 3 遍。碾压过程中,如有弹簧、松散、起皮等现象,应及时翻开重新拌和,并按要求进行压实度检测。

4. 质量检测

施工过程中,采用轮迹法进行碾压质量控制。在每层填筑施工完成后,采用贝克曼梁进行对填筑层的弯沉测试,同时采用灌砂法进行压实度检测;每层的压实度和弯沉均能满足昌樟高速公路改扩建工程项目的要求后才能进行下一层路床的填筑。

第四节 路基综合防排水处理

我国南方地区气候潮湿多雨,且雨季多与高速公路路基改扩建工程施工期重合,因此保证排水畅通对于保证改扩建路基的工作性能非常重要。

一、中分带防渗墙处理

1. 原中分带设计及检测情况

昌樟段和胡傅段中央分隔带排水处理方式不一致,两段中分带原设计情况如下:

(1)昌樟段中央分隔带采用 6cm 厚、C20 混凝土封层,用沥青麻絮填塞,并仅在凹曲线底部设集水井与横向排水管,集水井尺寸为 50cm × 50cm × 60cm,横向排水管直径为 8cm,如图 3-21 所示。

(2)胡傅段中央分隔带与基层相接处采用土工布与 1cm 厚的沥青封层,并每隔 40 ~ 60m 设置一处集水井与横向排水管,如图 3-22 所示。

为了了解昌樟高速公路中央分隔带的含水率的纵向分布情况,对中分带位置开挖土基,在同一点位分别检测 85cm、105cm 与 150cm 三个不同深度处的含水率,如图 3-23 所示。并对雨前及雨后两种情况分别进行了比较。从检测的结果来看,中分带在下雨后的含水率明显高于下雨前的含水率,且检测期昌樟高速公路路面病害较少,而路床含水率偏大,说明中分带雨水下渗是路基水的主要来源。昌樟高速公路路床含水率普遍位于 15% ~ 25% 之间。通过室内试验得出的最佳含水率为 14% ~ 15%,说明路床含水率普遍偏大。针对中分带含水率偏大的情况,采用了防渗墙,以阻隔中分带的水进入路基范围内,防止再次对路面产生水损害。

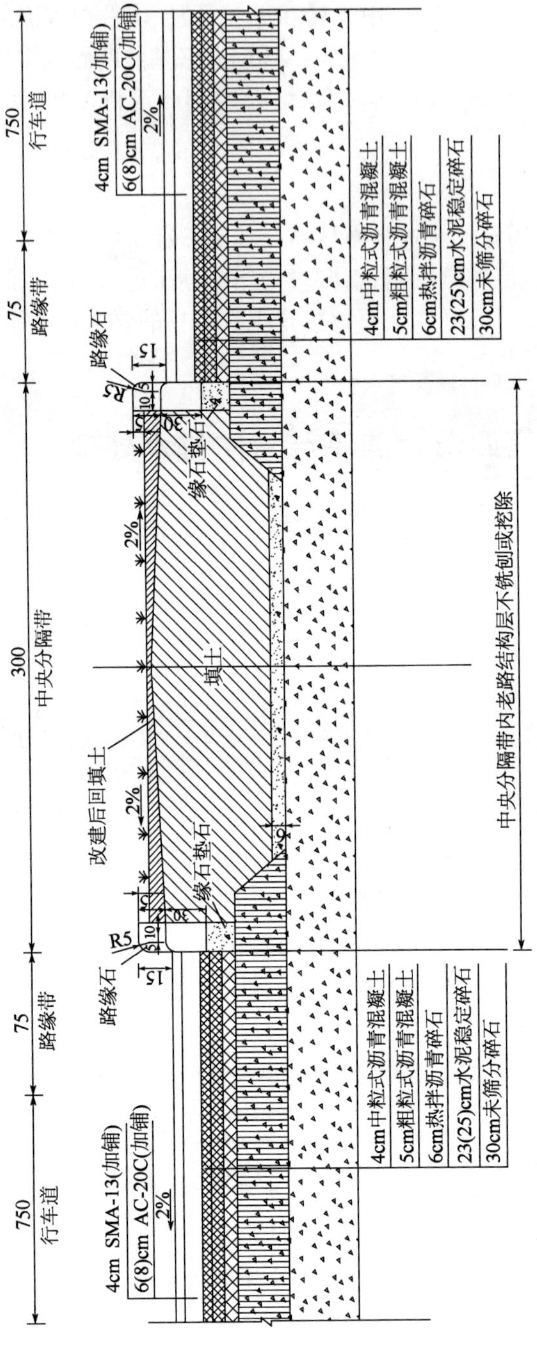

图3-21　昌樟段原中央分隔带设计图(尺寸单位:cm)

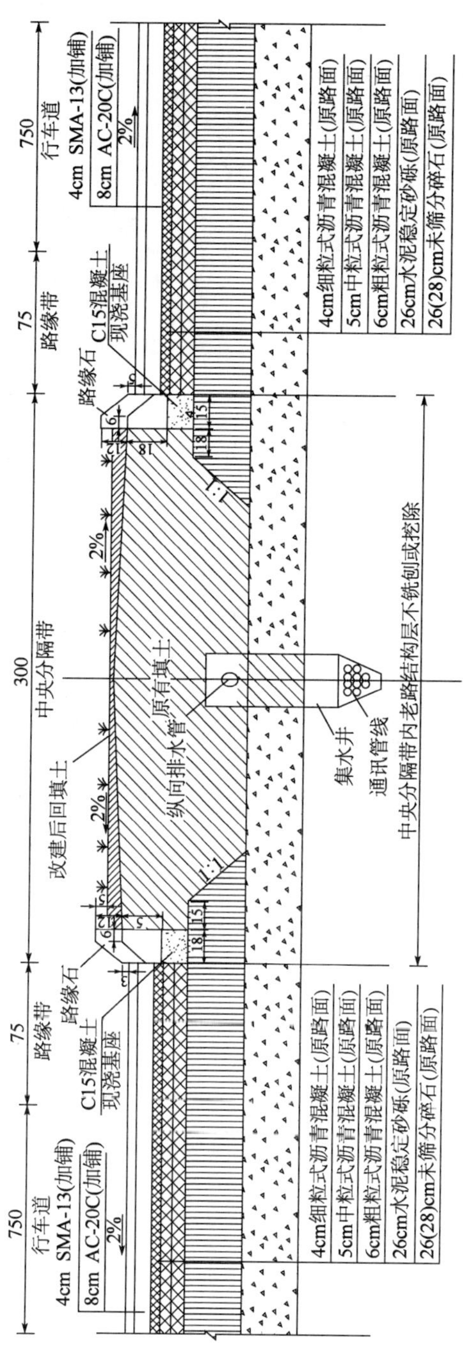

图3-22　胡傅段原中央分隔带设计图(尺寸单位:cm)

图 3-23 中分带试验路段开挖

根据现场开挖及室内试验可得到如下结论：

①从中分带基坑开挖情况来看，泥土及坑壁较潮湿。

②中分带纵向渗沟内基本上未见碎石材料，排水管直接埋设在泥土中，很难起到排水作用。

③从路基水源分析可知，中分带内路基土水分是主线路基内水的主要来源。

2. 中分带排水改造设计

鉴于昌樟高速公路原中央分隔带内排水系统存在的问题，在中央分隔带顶部采用 C25 混凝土块铺砌封闭，顶面降水漫流至路面，再排出路基范围，并在中央分隔带两侧路缘石外侧设置两道防渗墙，防止中分带下渗雨水流入路面结构层，如图 3-24 所示。

防渗墙平面位置为距中央分隔带缘石外边缘 16 ~ 20cm，切槽宽度为 10cm，切槽深度为柔性基层顶面至路床顶面以下 2cm。防渗膜采用双层 PE 防渗膜，单层厚度为 0.11mm，抗渗压力大于 0.5MPa；灌浆的采用水泥浆与膨润土的混合液，水泥和高岭石粉的比例为 1∶(0.3 ~0.4)，水料比 0.55 ~0.6。

3. 防渗墙施工工艺

(1) 现场准备

工作人员全部到岗，切割机、浆料搅拌机等配套施工机械全部进场并检修合格，切槽部位及其施工范围内进行场地清理，仓库储备的材料保证开工后施工的连续进行。

(2) 放线开槽

在路缘石外侧按预定尺寸将切割机调整就位，刀片对准槽线开机下切。开槽前应了解现场，对新铺路面结构情况加强与路面施工单位联系，对横向排水

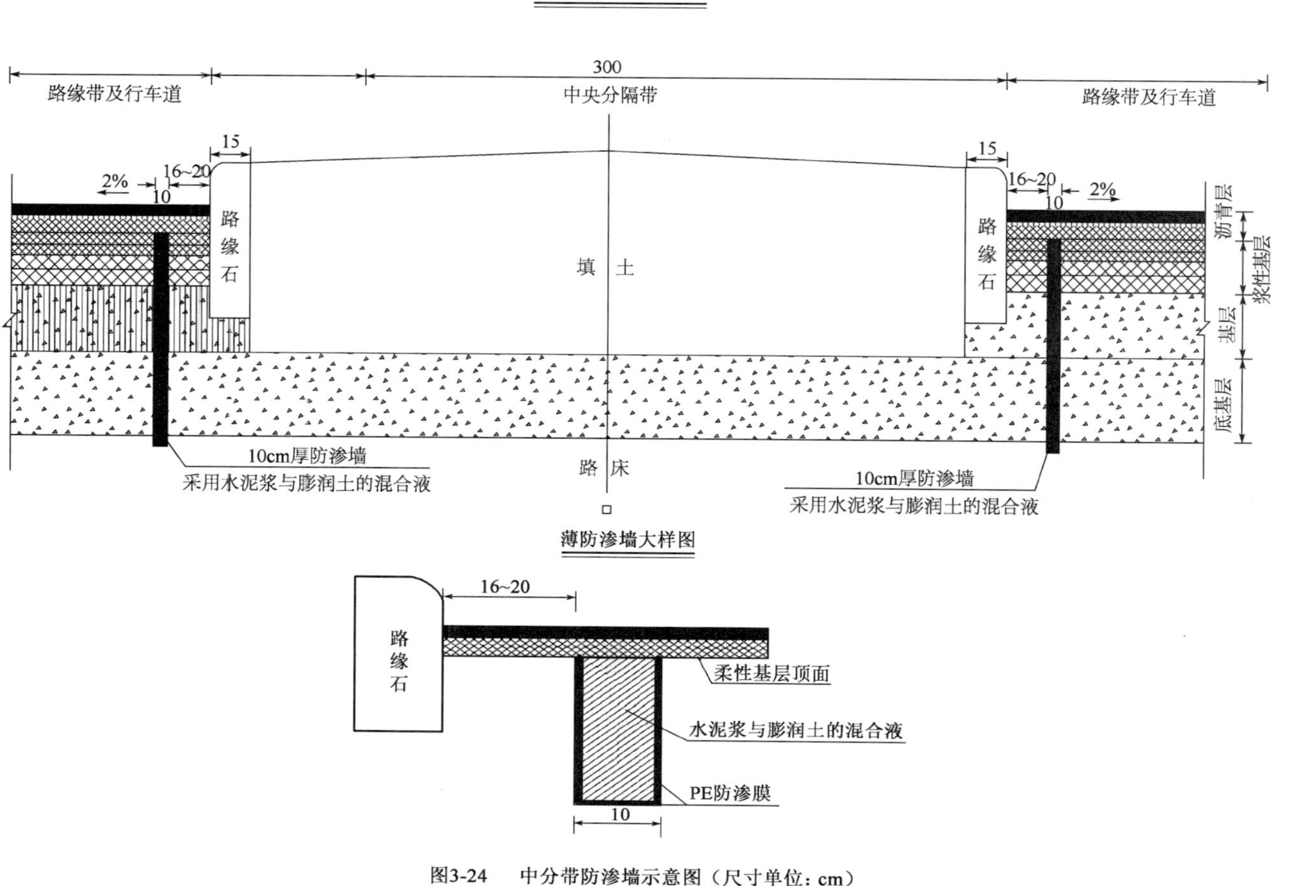

图3-24　中分带防渗墙示意图（尺寸单位：cm）

管、管线等位置提前标注，对有管线位置槽深根据现场情况适当调整深度，确保不被破坏。

(3)铺塑

清槽合格后，立即由专人把防渗膜垂直放入槽中，让膜自由垂直插到槽底，并用木垫块将膜固定在槽口两侧。铺 PE 膜时，应在槽内平直居中，不得有弯折现象，防渗膜搭接处要紧密，重叠长度不小于 1m。

(4)注浆

膜插入后，立即将漏斗放置槽口中间位置一次注浆，保证膜槽内浆料与基层面水平。要严格按配合比制备浆液，搅拌均匀，不得有生料团块。注浆要在塑料两侧均匀灌注，保证槽内充填密实，及时补浆。

(5)表面修复及清理

槽上口的浆料平整密实，与柔性基层面齐平，如有浆料溢出流淌及时清理干净。

(6)清理

浇筑完成后，待砂浆终凝期过后，清理班组进行废料清理后，对所污染区域用高压水枪进行冲洗。

二、老路堤内部渗水处理

目前，在高速公路改扩建工程中，由于原有路基排水系统设计不完善或年久被破坏，经常造成路基填方边坡坡面或坡脚出现渗水现象。若不将其有效排除，施工场地内会大量积水，将降低路基强度，影响施工活动及施工质量。另外，高速公路改扩建后，原有路基渗流出来的水若不通过一个有效的途径排出，势必会对路基造成冲刷或软化，降低路基的整体强度，改扩建后路基的质量难以得到保障。所以设计一套完善、有效的高速公路改扩建工程路堤渗水处治系统，对避免老路堤渗水浸湿新填筑路堤，减小新、老路堤的沉降差，提高拼接部位路基强度，确保拼接整体稳定性，保障路基改扩建工程的施工质量具有重要意义。

现行规范对排水方法有严格的要求，但涉及高速公路改扩建工程排水的建议和方法较少。现有的技术方案多是采用透水性砂砾填筑路基顶面，设置路基碎石排水层，这种技术方案并不能排除老路边坡坡面和坡脚的渗流水，且工程造价高。为此，发明了一种老路堤渗水处治系统。

该系统包括横向盲沟、纵向连续盲沟、泄水槽。对于老路坡脚渗水或老路基底设有排水垫层的路段，在老路坡脚处设置一道纵向连续盲沟，在拼接路基每隔 20m 增设一道横向盲沟，如图 3-25 所示。

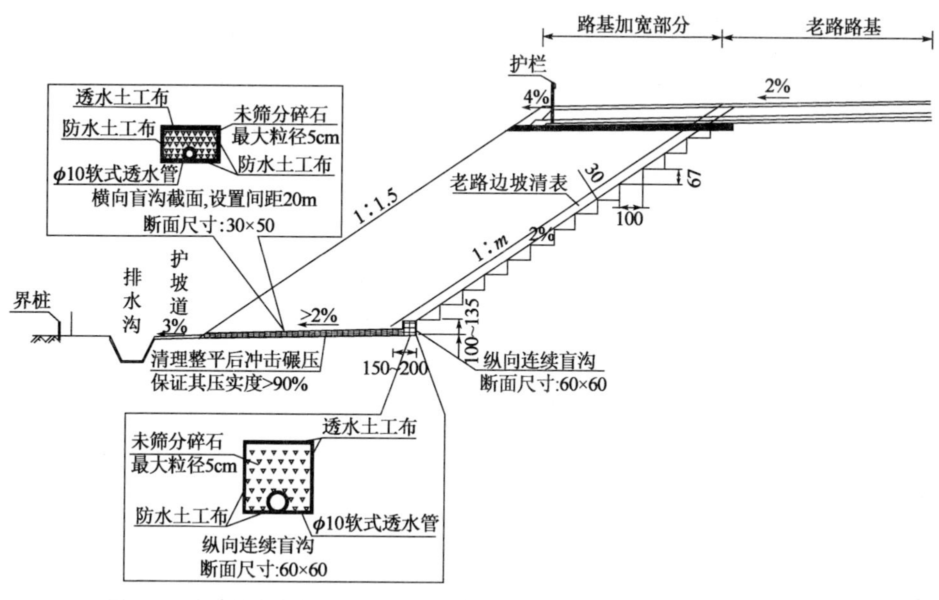

图 3-25　老路坡脚渗水或老路基底设有排水垫层的路段排水系统(尺寸单位:cm)

对于老路堤中间部位渗水的路段,在渗水处各设置一道纵向连续盲沟和一道横向盲沟;对于老路堤坡面有大面积渗水的路段,在老路堤边坡每填高 2m 的边坡台阶设置一道纵向连续盲沟,在拼接路基处每隔 20m 设置一道横向盲沟,如图 3-26 所示。

纵向连续盲沟和横向盲沟底面及新填路基侧面采用防水土工布包裹,防止盲沟内的水渗进路基;盲沟顶面及临老路基侧面包裹采用透水土工布包裹,路基内的水即可有效的渗入盲沟中;盲沟内设置 ϕ10cm 软式透水管,纵向连续盲沟纵向坡度与纵坡相同,以保证水流通畅。现场设置盲沟如图 3-27 所示。

三、施工期路表排水系统

我国已完成的高速公路改扩建工程虽提及施工期排水的重要性,但尚未提出有效措施,且现有的高速公路改扩建工程施工期排水系统不能有效地将落入老路面、老路堤边坡和新路堤表面的降雨汇集并顺利排出路基范围以外的问题,不能保证高速公路改扩建工程施工期排水顺畅。为此,发明了一种高速公路改扩建工程施工期路表排水系统,用于将老路表面水、老路堤边坡水和新路堤表面水排除在路基范围以外,旨在解决现有的高速公路改扩建工程施工期排水系统不能有效地将落入老路面、老路堤边坡和新路堤表面的降雨汇集并顺利排出路基范围以外的问题,保证高速公路改扩建工程施工期排水顺畅。

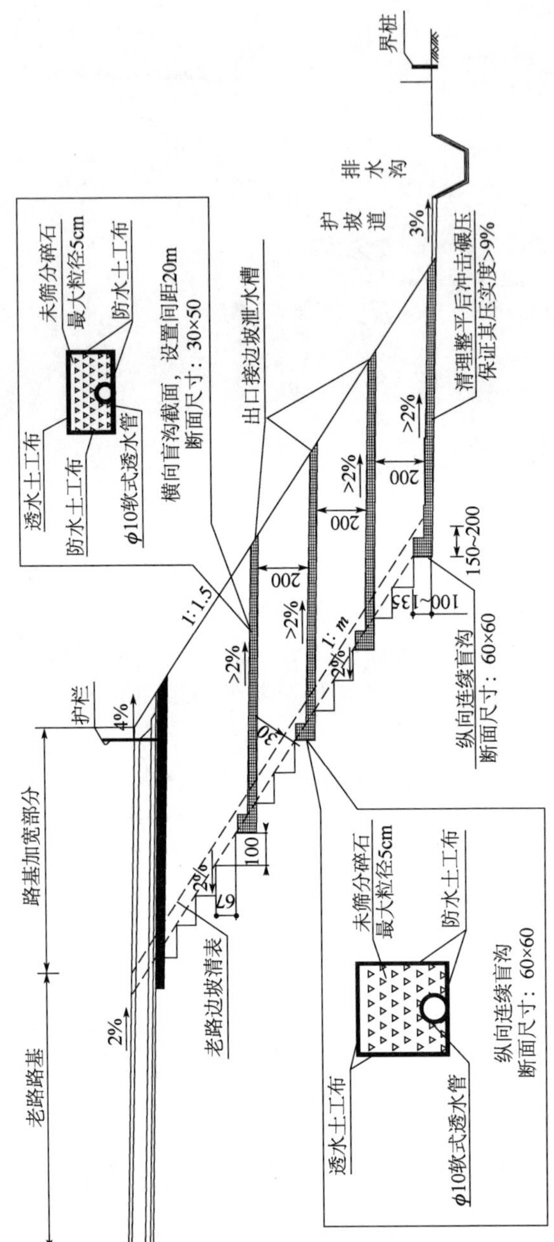

图3-26 老路堤中间或坡面大面积渗水路段排水系统(尺寸单位:cm)

图 3-27　现场设置盲沟

该系统包括临时拦水埂、新路堤表面临时排水槽、新路堤表面横坡、新路堤边沟，如图 3-28 所示。在老路路缘石内侧修筑临时拦水埂，拦水埂施工结束后拆除，临时拦水埂开口处连接老路急流槽，用来将拦水埂拦截到的老路路表的雨水排到新路堤表面临时排水槽，新路堤表面临时排水槽采用敞口的梯形断面的 PVC 管，尺寸为 0.2m × 0.6m × 0.2m(下底 × 上底 × 高)。该 PVC 管一端与急流槽连接，另一端伸出新路堤至新路堤外侧边沟，从而将落入老路面范围的水排出路基范围以外，同时，新路堤表面设置向外的 2% ~4% 的横坡，排除老路边坡和新路堤表面的水。现场设置的临时拦水埂和急流槽如图 3-29 所示。

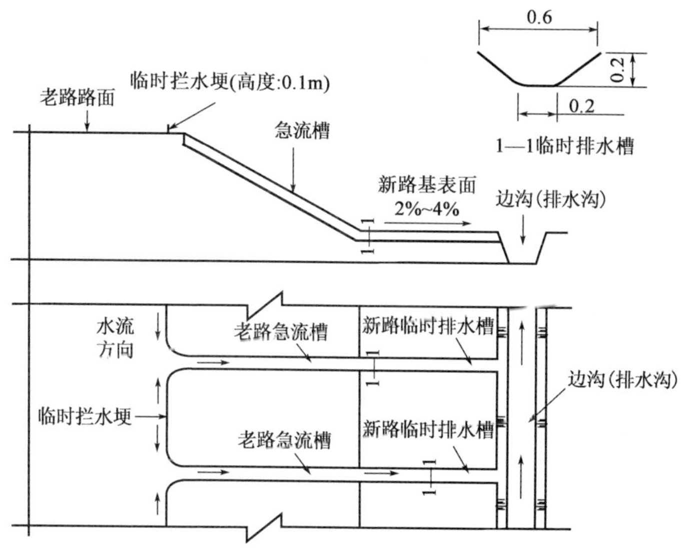

图 3-28　改扩建工程施工期路表排水系统(尺寸单位:m)

图 3-29　现场设置临时拦水埂和急流槽

第五节　加宽路基的变形观测

昌樟高速公路经过近 15 年的运营后，老路路基及老路地基的沉降基本完成，而对其进行加宽拼接扩建之后，新路基的沉降刚刚开始发生，新填土方的重力荷载会使得新路基产生较大的固结沉降和侧向变形，并引起原有公路路基产生进一步的附加沉降。因此，对新老路基变形进行现场监测，从而为路基填筑和运营中的差异沉降变形控制提供依据。

一、拓宽路基沉降位移观测

1. 剖面沉降观测仪系统

道路横剖面沉降观测系统由沉降变形观测管和观测仪器组成。沉降变形观测管埋置于软土地基顶面（即路基底面），软土地基发生竖向变形后，整个沉降变形观测管随之产生相应变形，通过观测仪读取沉降变形观测管的轴向变形情况，就可以得到路基底面不同位置的竖向变形情况。

横剖面沉降观测系统是由土体测斜系统改进而来，即将测斜管水平放置，应用土体测斜仪水平测量测斜管的竖向变形。因此本系统的沉降变形观测管即为测斜管，观测仪器即为土体测斜仪。

2. 沉降位移观测方案

(1)剖面沉降观测仪布设

在试验路段，沿路线纵向方向，每隔 100m，在地基的表面设一道观测断面，观测断面采用横剖面沉降观测仪进行观测，本次在昌樟高速公路改扩建工程右幅 K64 +500、K64 +600、K64 +700 处设置了三个观测断面。

(2)埋设路基沉降变形观测管

进行地基处理之后，路堤填筑之前，将变形管(每节长 4m，接头长 20cm，外径 70mm、内径 60mm，内壁开有导槽)埋设在地面上。挖槽时注意位置正确，方向与线路走向垂直，槽的横断面尺寸为 lm × lm。为防止测斜管被破坏，管头两端采用 C20 混凝土浇筑检查井。

沉降管铺设完成后，在外侧设置 0.5m ×0.5m ×0.95m C20 素混凝土灌注，断面采用 0.5m ×0.5m ×1.6m，并在桩顶预埋半圆形不锈钢耐磨测头，观测桩用钢筋混凝土保护盒保护。待上部一层填料压实稳定后，连续观测数日，取稳定读数作为初始读数。

(3)观测

观测测量时，将测斜仪电缆插头的一端接至二次观测仪变形管中，每移动 0.5m 读出该点仪器显示值，做相应记录，将测试仪测头放入直至测斜管的另一端点，每次读数时要注意应将电缆对准标志并拉紧，以防读数不稳。

(4)数据处理

观测时，测孔第一次测读的值为初测值，以后每口的测值与初测值的差值称为变化值(变化值 = 测值 - 初测值)。观测垂直位移时从导管的一端开始，将变化值代数和累加到测斜管的另一点，其计算结果即为这一点相对测斜管的一个端点的垂直位移。

每次观测位移与初始观测位移之差即为本次观测的累积沉降量，每次观测位移与前次观测位移之差为本次观测沉降量，据此可绘出位移曲线、距离-沉降曲线、任意点的时间-沉降曲线。

(5)观测周期

观测频率取决于沉降速率，务必使系统观测的次数确实能反映出沉降过程，并使观测数据在指定时间段内反映可靠的沉降量，又不遗漏沉降变化的时刻。

加宽路堤填筑期沉降速率较人，观测频率应高一些，一般每填筑 1 ~2 层或 5 ~10d 观测一次；预压初期(若有)每月观测 2 ~3 次，后期沉降曲线一般走向平缓，可调整为每月观测一次；加宽路面施工期沉降曲线走向平缓，可以每层观测一次，若下层与上层施工间隔较长，可适当增加次数。加宽工程通车运行期沉降速率很小，一般在 0 ~1mm/月之间，观测频率放宽至 3 个月观测一次。

3. 结果分析

图 3-30 ~ 图 3-32 分别为 K64 + 700、K64 + 600 和 K64 + 500 三个断面的地基表面横剖管沉降数据，对应的横剖管编号分别为 4 号、5 号和 6 号。从图可知，拓宽路基靠近老路基一侧的沉降量变化较大，到新路路基边坡处，沉降量逐渐减小，在边坡处的沉降量变化最小；4 号横剖管的最大沉降为 123.52mm，5 号横剖管最大沉降为 66.24mm，6 号横剖管最大沉降为 85.56mm。最大沉降均发生在新老路基结合部。2013 年 11 月—2013 年 12 月沉降有突变，是由于现场樟坑大桥架设梁板时，该路段是梁板通道。且在 2014 年 3 月之后，沉降逐渐收敛。需要说明的是，由于埋设时放置时间较短等原因，导致 K64 + 700 断面（4 号横剖管）地基沉降偏大，但仍只有 123.52mm。

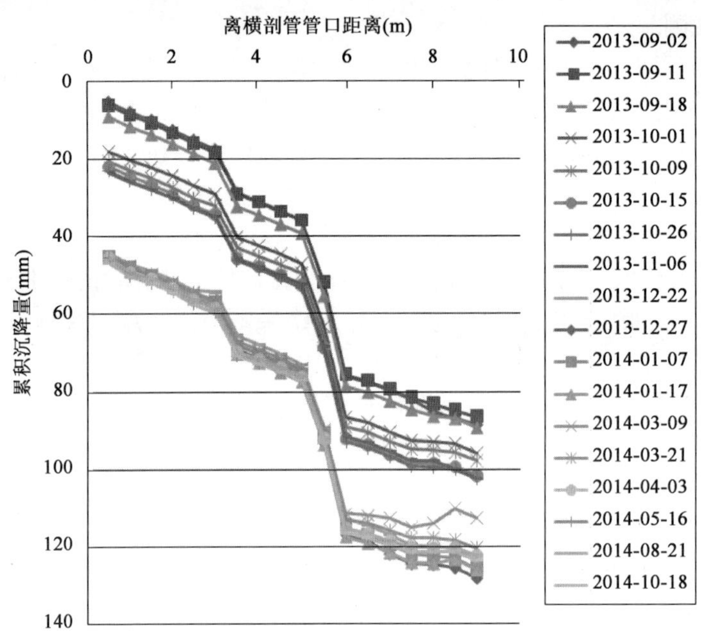

图 3-30　K64 + 700 断面地基沉降历时曲线（4 号横剖管）

图 3-33 给出了各断面最大沉降点的沉降历时曲线。可知，5 号和 6 号横剖管最大沉降相差不大，分别为 66.24mm 和 85.56mm；而 4 号横剖管最大沉降较大，为 123.52mm。由于三个断面相距不远，且地质条件、路基填筑工序相近，并结合现场横剖管埋设情况，判断 4 号横剖管因埋设后放置时间较短，导致所测沉降较大。同时，在 2014 年 3 月之后，各断面最大沉降点变形趋于稳定。

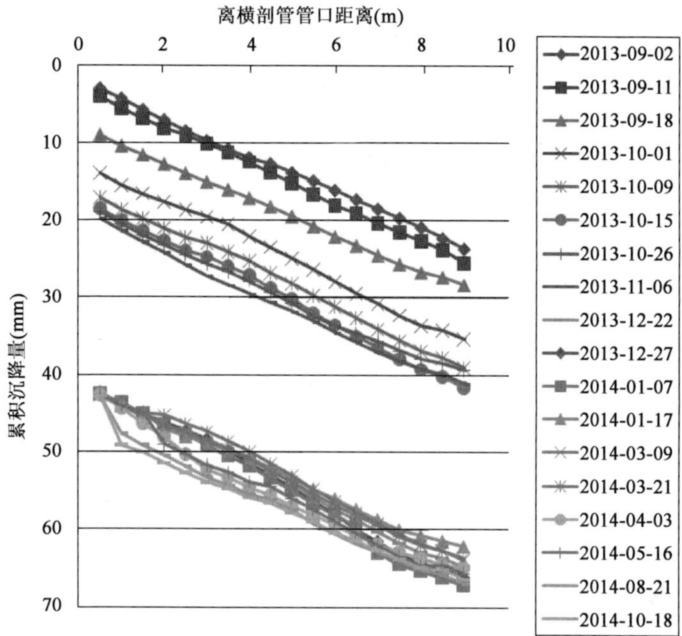

图 3-31　K64 + 600 断面地基沉降历时曲线(5 号横剖管)

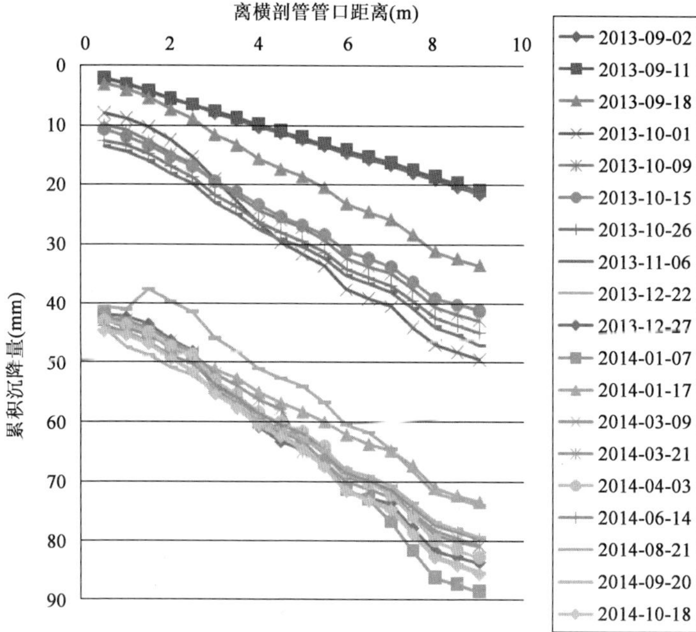

图 3-32　K64 + 500 断面地基沉降历时曲线(6 号横剖管)

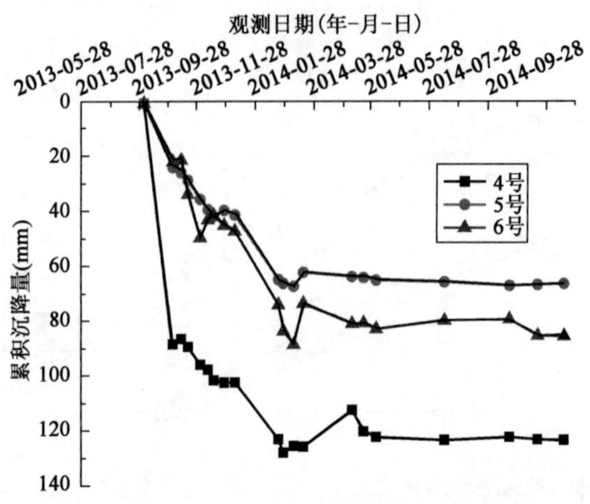

图 3-33　各断面最大沉降点的沉降历时曲线

图 3-34 给出了各断面最大沉降点的沉降速率历时曲线。可知,由于埋设时与地基贴合不紧密等原因,各断面在初期沉降速率规律性差;并在 2013 年 11 月出现了急剧增加,这是由于现场樟坑大桥架设梁板时,该路段是梁板通道。随后,基本减小,截至 2014 年 10 月 18 日,各断面最大沉降点的沉降速率趋于 0。因此,各断面地基沉降变形稳定。

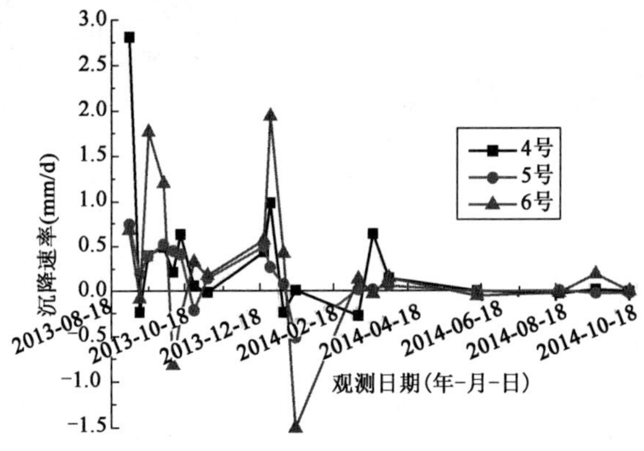

图 3-34　各断面最大沉降点的沉降速率历时曲线

总结:拓宽路基靠近老路基一侧的沉降量变化较大,到新路路基边坡处,沉降量逐渐减小,在边坡处的沉降量变化最小;4 号横剖管的最大沉降为 123.52mm,5 号横剖管最大沉降为 66.24mm,6 号横剖管最大沉降为 85.56mm。最大沉降均发生在新老路基结合部。目前,各断面沉降趋于稳定,沉降速率接近 0。因此,昌樟高速公路地基变形稳定。

二、拓宽路基侧向位移监测

1. 侧向位移观测方案

(1)测点及其测斜管的布设

为考察加宽路堤对地基的影响及老路堤对新路的横向推移，在 A2 标段 K64 + 295 ~ K64 + 770(右幅)，选择断面 K64 + 710，在新路基边坡坡脚处、新路基中心处及老路基边坡坡脚处各设置一道测斜管进行地基和路基的深层水平位移测试。每个测斜管深度约为 20m(根据附件中的工程地质条件初定，具体深度根据现场钻孔情况而定)，为了后期测斜管的检测方便，需将测斜管加长至新路路基边坡处，如图 3-35 所示。

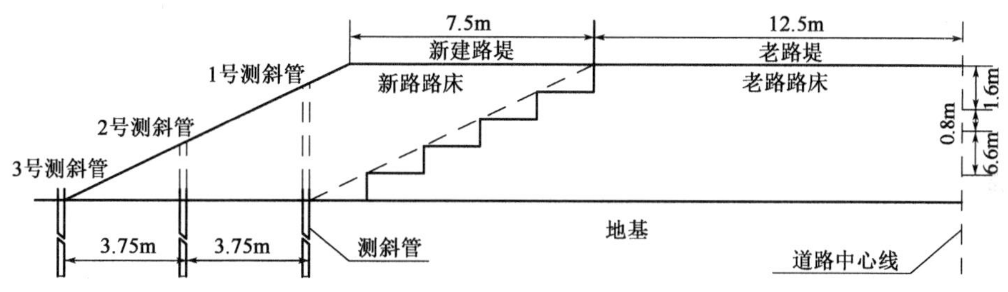

图 3-35　测斜管布置图

(2)测斜管的埋设

测斜管埋设时采用钻机导孔，导孔要求垂直，偏差率不大于 1.5%。测斜管底部埋置于深度方向水平位移为零的硬土层中至少 50cm，或基岩上，管内的十字导槽必须对准路堤的纵横方向。当测斜孔较深或埋管与观测时间间隔较短时采用注浆的方法回填孔壁；而当测斜孔较浅或埋管与观测时间间隔较长时(大于两个月)，可采用细砂回填和自然塌落消除孔壁空隙，回填细砂过程中，应慢速并加水回填，并间隔 1 ~ 2d 后重复按上述方法回填直至密实为止。此外，埋设好后还需要测量管顶端坐标及高程，安装保护盖，并在管周砌设混凝土墩，作好明显标志。

(3)观测时间及频率

加宽路堤填筑期侧向变形速率较大，观测频率应高一些，一般每填筑 1 ~ 2 层或 5 ~ 10d 观测一次；后期沉降曲线一般走向平缓，可调整为每月观测一次。

2. 结果分析

图 3-36 ~ 图 3-38 为 K64 + 700 断面三个测斜管的测试结果。

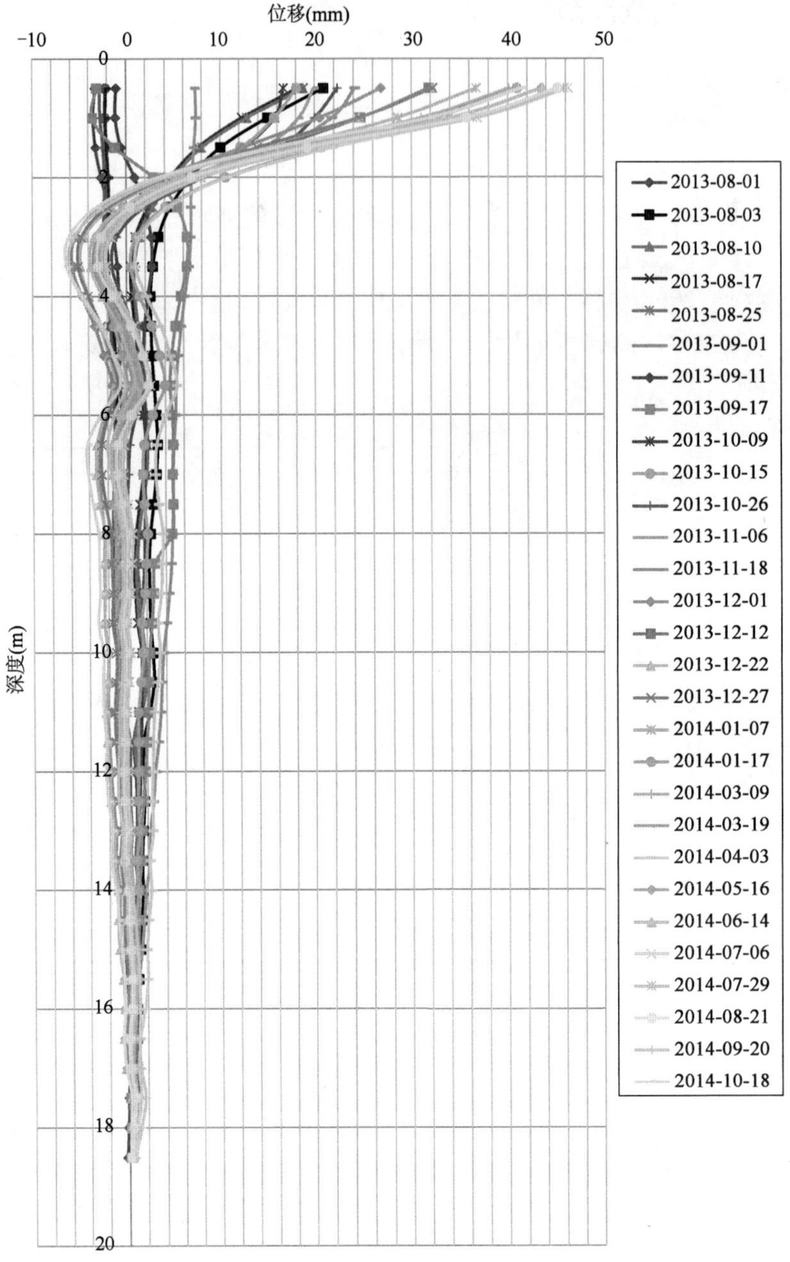

图 3-36　1 号测斜管侧向位移

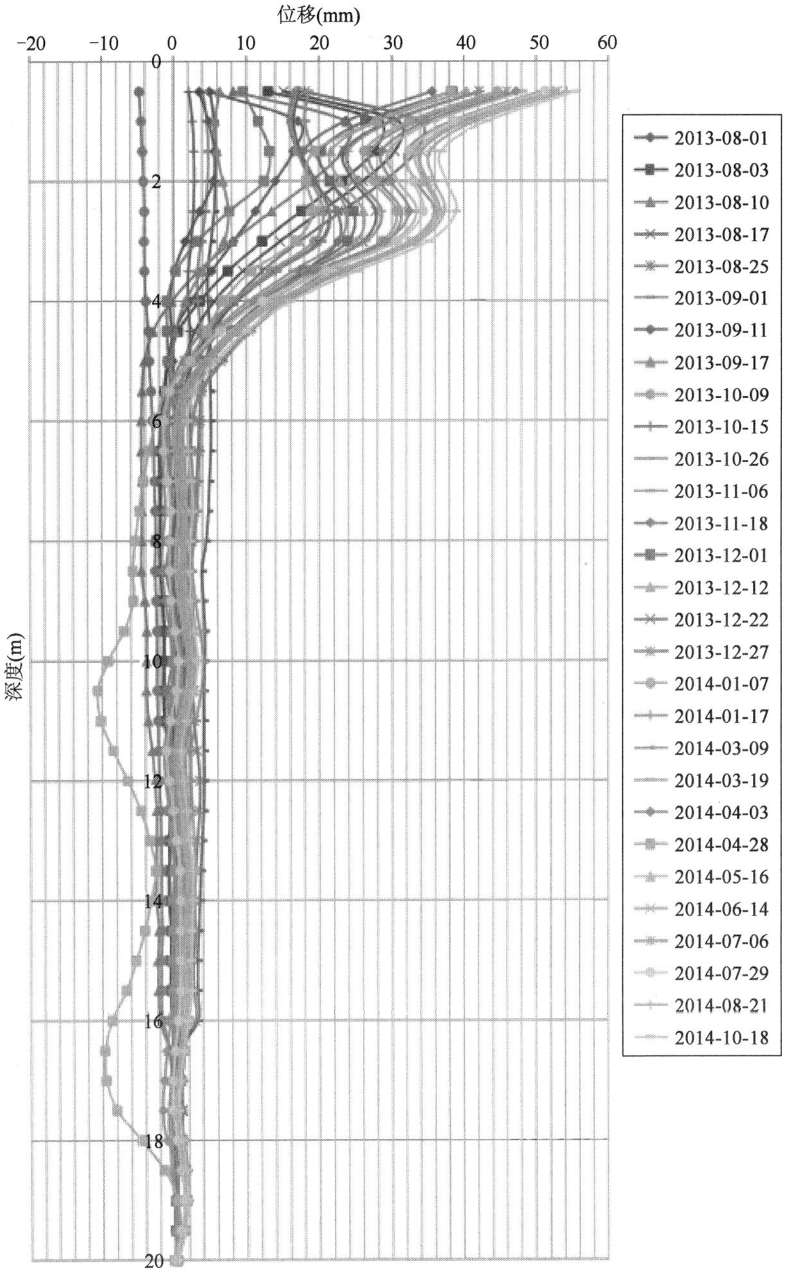

图 3-37　2 号测斜管侧向位移

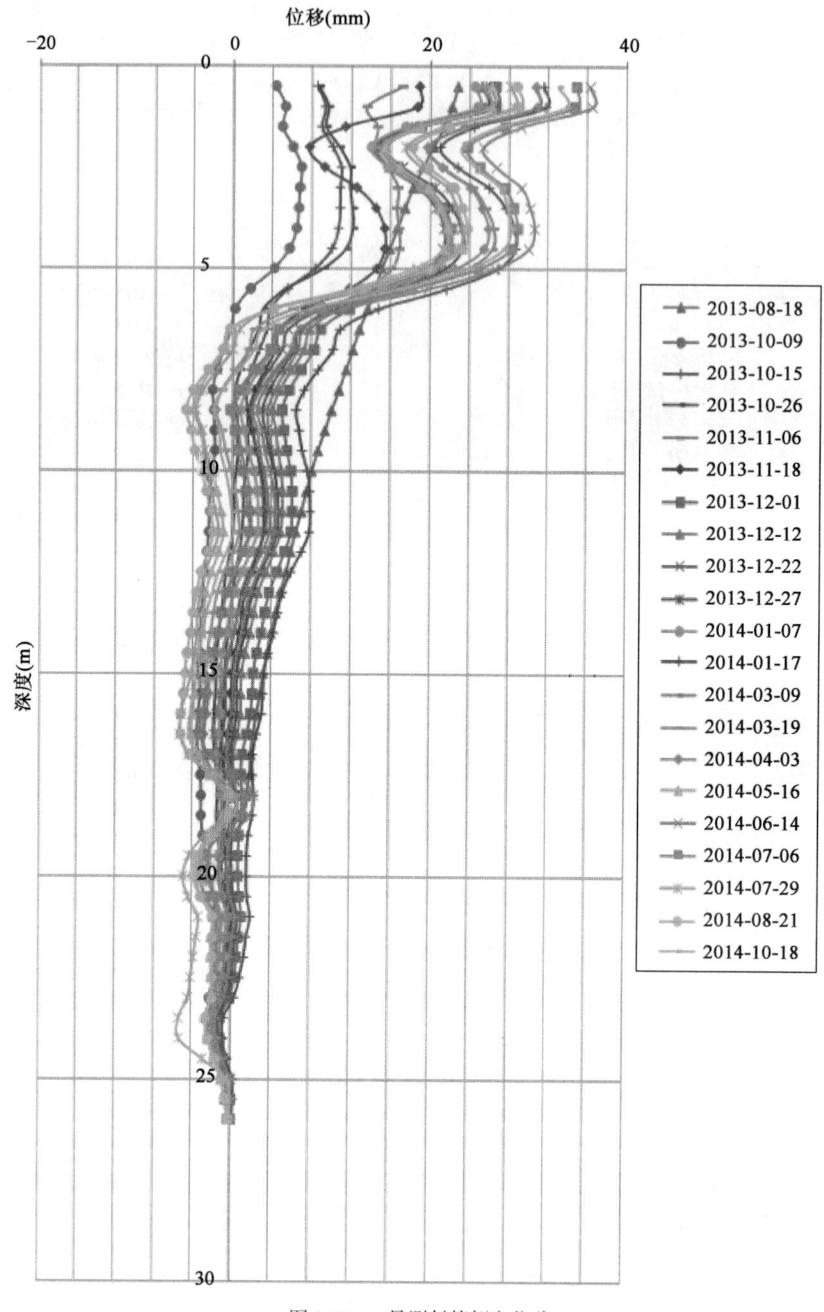

图 3-38　3 号测斜管侧向位移

从图3-36看出,1号测斜管的最大侧向位移为46.3mm;在埋设后的前四个月中(2013－08－03至2013－12－12),侧向变形较为快速地发展到了31.85mm,平均侧向位移为0.24mm/d;在地表以下4.0m的范围内,侧向变形较为明显;四个月之后,侧向位移从32.5mm发展到46.3mm,变化缓慢。2013－12－12至2014－10－18期间,侧向位移从32.2mm发展到41.4mm,平均侧向位移为0.03mm/d,变化幅度很小。

从图3-37看出,2号测斜管的最大侧向位移为53.0mm;在埋设后的前期(2013－08－03至2013－12－12),前四个月中,侧向变形较为快速地发展到了40.35mm,平均侧向位移为0.34mm/d,在地表以下5.0m的范围内,侧向变形较为明显;在四个月之后,侧向位移从40.35mm发展到53.0mm,变化缓慢。从2013－12－12至2014－10－18期间,侧向位移从42.15mm发展到55.55mm,平均侧向位移为0.04mm/d,变化幅度很小。

从图3-38看出,3号测斜管的最大侧向位移为36.3mm;在埋设后的前期(2013－10－09至2014－01－17),前三个月中,侧向变形较为快速地发展到了31.55mm,平均侧向位移为0.32mm/d;在地表以下7.0m的范围内,侧向变形较为明显;在四个月之后,侧向位移从31.55mm发展到36.3mm,变化缓慢。从2014－01－17至2014－10－18期间,向位移从31.55mm发展到33.05mm,平均侧向位移为0.005mm/d,变化幅度很小。

总结:1号测斜管(路肩处)的最大侧向位移为46.3mm,2号测斜管(坡中)的最大侧向位移为53.0mm,3号测斜管(坡脚处)的最大侧向位移为36.3mm;侧向变形前期发展较快,并逐渐收敛,目前均比规范规定的侧向位移速率5mm/d的两个数量级。因此,从侧向位移来看,路基变形稳定。

第四章　高速公路路面加宽设计与施工

做好高速公路路面加宽的设计与施工对于预防及减少路面病害具有重要意义。本章基于老路面的检测与评价,进行加宽路面结构设计和新老路面横向拼接设计,并开展了乳化沥青冷再生上基层施工关键技术和新型稳定型橡胶沥青混合料技术研究,提出了施工工艺。通车几年来,昌樟高速公路路面性能良好。

第一节　老路路面检测与评价

一、老路路基路面检测及评估思路

1. 检测及评定目标

高速公路改扩建老路路面检测不同于日常的养护检测,不能按照《公路技术状况评定标准》(JTG H20—2007)要求的五大指标进行检测和评定,而应结合工程的特点及目标制定其对应的检测项目和评定思路,即“目标决定检测,检测服务目标”。

昌樟高速公路改扩建工程老路路面检测及评定主要围绕以下目标进行:①中分带改造方案;②路面再生方案;③老路加铺方案。

2. 检测及评定思路

围绕检测服务的目标,制定有效的检测项目,同时遵循“检测范围由整体至局部,检测精度由浅至深,检测评定由宏观至微观”的原则,昌樟高速公路改扩建工程老路路面检测及评定的基本思路如图4-1所示。

资料收集与分析为老路检测及评定工作的起始阶段,通过收集相关重要信息对老路历史情况有一个全面的了解,以指导下一阶段路况检测工作。具体收集和整理的重要信息包括:

1)项目实施期资料

(1)查找原设计标准、路面结构情况、水文气候条件、排水系统、材料、原设计采用的交通量、施工标段情况,长大纵坡、超高、小半径曲线、高填挖路段,特殊构造物情况。

①原设计标准:a. 参照规范;b. 公路等级;c. 设计速度;d. 路基断面形式;e. 计算荷载等。

②路面结构:主线与匝道路面结构形式。

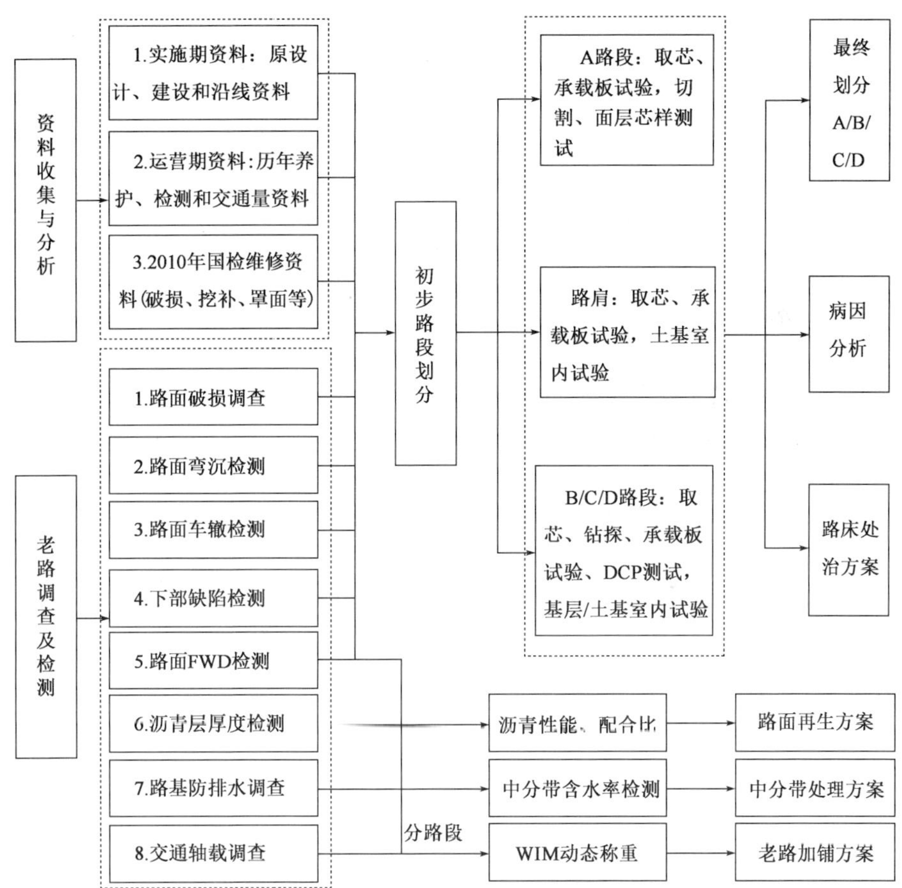

图4-1　昌樟高速公路改扩建旧路路基路面检测及评定思路

③水文气候条件:a. 沿线水文气候特点;b. 降雨量;c. 气温;d. 气候分区。

④排水系统:a. 路侧排水(如边沟、排水沟、截水沟等);b. 中央分隔带排水;c. 超高路段排水;d. 路面内部排水;e. 路表面排水等;f. 桥面排水。

⑤材料:面层基层混合料配合比资料(材质、级配、油石比等)。

⑥原设计采用的交通量:a. 预测的交通量增长率;b. 设计年限末累计标准轴载次数。

⑦施工标段情况:a. 标段划分;b. 各标段设计、施工情况差异。

⑧长大纵坡、超高、小半径曲线、高填挖路段。

⑨特殊构造物:a. 大桥;b. 隧道;c. 其他。

(2)从原设计施工角度分析道路的先天不足

①受到当时经济和技术水平的制约,预见原路面结构设计缺陷不足,查找现有研究成果,分析该种路面结构容易发生的病害及防治措施;

②从施工、使用期限和养护等角度,分析原设计排水系统存在的不足及修复改进措施;

③从材料级配、材质、施工时间、施工进度、质量数据波动等方面,分析原施工质量控制、材料质量控制存在的问题,为现有路面病害分析提供依据。

2)运营期间资料

(1)历年养护、检测资料收集与分析

①收集历年检测、养护资料

历年检测资料主要收集路面强度、破损、车辙三个指标;路面养护资料主要包括养护时间、养护方案、病害情况等资料。

②分析养护效果

对不同路幅的不同车道,统计各路段养护次数和方式及病害情况,分析养护效果。

③分析历年检测数据发展趋势,并与现有资料进行比较

结合养护历史、路面平纵面资料,分析检测数据发展趋势,并与现有资料进行比较,为制定合理处治方案提供依据。

(2)历年交通量资料收集与分析

分析路段交通量组成、数量及发展趋势,根据交通组成,换算成标准累计轴载次数,评判当前路面结构厚度是否满足要求。

路况普查为老路检测及评定工作的初步阶段,主要通过无损检测对老路路况有初步的认识,以指导下一阶段详细检测工作。

路况普查主要对全路段进行大范围的检测,检测精度和频率不宜过高,目标在于初步查明路况的整体分布状态,按照规范评定要求划分路段等级,区分出问题路段。

一般而言,高速公路沥青路面改扩建老路路况普查阶段主要检测和评定工

作包括：

①路面强度检测和评定。采用自动弯沉检测车或贝克曼梁法检测双向四车道和硬路肩弯沉值，由于改扩建后老路硬路肩为重车行驶的第三车道，因此硬路肩强度检测不可忽视，按照《公路技术状况评定标准》（JTG H20—2007）要求进行全线路面强度评定。

②路面破损调查和评定。采用人工调查法或自动破损检测车检测双向四车道路面病害，查明路面病害类型、轻重程度和出现的范围或密度三项属性表征。除按照规范要求计算 PCI 指标外，还应增加额外的破损评价指标，例如裂缝率、翻浆率、修补率等，同时对病害进行归类，根据典型病害划分路段。

③路面车辙检测。采用激光断面仪检测双向四车道路面车辙，要求每 10m 记录一组数据，按照规范要求以车辙深度（RD）和车辙指数（RDI）进行评定，结合车辙病害的严重程度划分路段。

④路面下部缺陷扫描。采用探地雷达对路面下部缺陷进行无损检测，根据雷达图像，初步判别基层和路基材料的均匀性，定位严重缺陷的位置，克服以路表病害主观判断下部缺陷的经验方法。

⑤路面结构层模量检测及评定。采用 FWD 动态弯沉法检测老路面层、基层、底基层和土基模量。由于结构层模量和路面病害有着较好的对应关系，通过模量的分布情况，了解结构层尤其是下部结构层的强度衰减状况。

⑥沥青层厚度检测。结合前期对养护资料的分析，采用探地雷达车进行沥青层厚度检测，查明全线沥青层厚度纵横向分布状况，以指导沥青冷再生铣刨料的计算和场站的布置。

⑦防排水调查：采用人工徒步法调查原有防排水设施状况，初步查明存在的各类问题，以便下一阶段针对问题路段进行详细检测。

⑧轴载调查：采用动态称重（WIM）调查路段轴载谱，作为路面结构设计的重要基础数据。

路况详查为老路检测及评定工作的详细阶段，主要是在普查的基础上，对典型路段通过有损检测和室内材料试验等方法对老路路况进行深入调查和数据分析，建立路面病害处治原则，查明病害形成原因，分析路面结构层性能、问题路床分布范围、水害分布范围及旧沥青性能等，直接作为制定方案的依据。

高速公路沥青路面改扩建老路路况详查阶段主要检测工作包括：

①路面处治标准。老路改建的核心问题在于制定路面病害处治原则，即老路处治深入的层位，除了结合路面破损指标、养护维修历史，还需探求强度阀值作为定量指标，可通过贝克曼梁测定路表弯沉和对点取芯，建立路表弯沉和下部

基层病害的联系。

②路面病因。采取对典型病害处钻芯取样、切割等,通过芯样外观判断和室内试验分析病害发展层位和产生原因。

③结构层性能试验。路面结构保留与否,除了路用性能要满足要求以外,材料本身的物理和力学性能同样需满足规范要求。因此,对保留路段(A 方案)需通过取芯或切割,测定面层各沥青结构层孔隙率、压实度、油石比、冻融劈裂强度比、级配分析、层间抗剪强度、高温稳定性能,基层无侧限抗压强度等,剔除不合格路段。

④旧沥青性能试验。钻取不同年份的老沥青结构层芯样,抽提测定旧沥青性能,指导厂拌冷再生配合比设计。

3)检测及评定结论

制定方案为老路检测及评定工作的"开药方"阶段,针对检测和评定结果反映出的各类问题制定相应的处治方案和建议,本次昌樟高速公路改扩建检测及评定主要结论如下:

(1)行、超车道处治方案

昌樟高速公路改扩建工程将老路行、超车道处治划分为以下四种方案:

方案 A:原路结构基本保留利用,对老路局部病害进行处治后直接加铺新结构层。

方案 B:铣刨原沥青面层,处理局部破坏的基层,处理完的基层上再铺厂拌冷再生沥青混凝土,其上再铺筑加铺结构层。

方案 C:铣刨原沥青面层和基层,挖除局部松散的底基层,处理完的底基层上铺筑水稳碎石,然后铺厂拌冷再生沥青混凝土,其上再铺筑加铺结构层。

方案 D:铣刨原沥青面层、基层、底基层(必要时处理至路基),处理完后回补级配碎石底基层和水稳碎石基层,然后铺厂拌冷再生沥青混凝土,其上再铺筑加铺结构层。

在本次检测之前,昌樟高速公路进行了 2010 年迎国检维修,路面破损指标达"优"。因此,划分处治方案时难于将路表破损作为一个重要指标,更多地需考虑养护历史和强度两个指标,并通过钻芯取样进一步准确判定细化。

具体处治方案划分原则如下:

①第一级指标:通过路表弯沉划分基层处理与否。路表弯沉值小于 24(0.01mm),保留基层,划入 A、B 方案;路表弯沉值大于或等于 24(0.01mm),铣刨基层,划入 C、D 方案;

②第二级指标：通过路面破损、养护历史、芯样分析指标划分面层处理与否。首先通过如下原则确定 A 方案路段，其余划入 B 方案路段。

按如下顺序进行 A 方案路段的确定：

a. 仅考虑 2010 年与 2011 年迎国检维修期间罩面的路段。

b. 根据路面加铺厚度反算 A 方案需要的弯沉值，对不满足弯沉要求路段进行剔除。

c. 对层间黏结不好，2009 年车辙深度大于 15mm，推挤严重及重复维修 3 次以上路段进行剔除。

d. 对满足上述要求的路段，分析结构层的材料性能，剔除路面结构层内部存在缺陷的路段。

e. 对剩余路段进行后续跟踪评定，最终确定 A 方案路段。

③由于 D 方案相对较少，C、D 方案的区分可考虑在施工阶段 C 方案基层铣刨后现场确定。

(2)硬路肩处治方案

根据昌樟高速改扩建路面分车道设计理念，老路改造后现有的硬路肩将是重车行驶的第三车道，应对硬路肩进行重点检测和评定。

由于昌樟段硬路肩路面厚度明显不足，因此对昌樟段硬路肩老路路面结构层全部挖除处理；胡傅段检测强度发现硬路肩弯沉大于 24(0.01mm)的路段为 68.3%，且此部分路段分布非常离散。另外，对胡傅段共取芯 43 个，统计表明面层芯样不合格率为 51%，且大部分芯样存在不密实的情况，孔隙率较大。基层芯样不合格率为 65%，采用弯沉等于 24(0.01mm)确定的不合格路段为68.3%，两者非常接近，两个指标进行了较好的验证。因此，建议对胡傅段硬路肩路面结构层进行挖除处理。

3. 路面再生方案

结合养护历史和划分的处治路段，对典型路段取样，采用阿布森回收法(T 0726—1993)对取芯得到的沥青进行性能检测，结果见表 4-1。

旧沥青性能试验结果　　表 4-1

桩号	针入度(0.1mm)	软化点(℃)	延度(10℃，cm)
K7 +600 ~ K7 +700(行车道)	50	49	12
K760 +400 ~ K760 +500(行车道)	56	55	16
K782 +600 ~ K782 +700(硬路肩)	25	61	5

可以看出，经过多年的运营，老路旧沥青存在不同程度的老化，特别是未养护过的硬路肩旧沥青老化更为严重。为此，针对不同的养护路段铣刨沥青层材料进行室内配合比试验。

对2005—2010年期间进行过沥青面层的挖补处理的路段，试验结果表明，在掺加2.6%～4.1%乳化沥青条件下，再生混合料的强度均能达到设计要求，并在掺加3.1%乳化沥青时劈裂强度达到最大值0.64MPa，相应马歇尔稳定度为20.5kN。

对从未进行过维修处理的路段，试验结果表明，在变换乳化沥青条件下，再生混合料的强度均能达到设计要求，并在掺加3.5%乳化沥青时劈裂强度达到最大值0.67MPa，相应马歇尔稳定度为22.36kN。

上述检测和试验结果表明，昌樟高速公路老路沥青面层可以采用厂拌冷再生进行再生利用。

4. 设计参数

为服务于老路加铺设计，检测和评定的关键在于：①老路结构层设计参数，如回弹模量等；②老路交通轴载分布；③历年交通量数据，作为交通轴载预测的基础。

老路结构设计参数通过FWD检测换算得出，代替传统的承载板试验，快速且对既有交通干扰小，检测结果见表4-2。

路面结构当量模量值 表4-2

结构层	当量回弹模量值(MPa)		
	昌西南—厚田	厚田—胡家坊	胡家坊—昌傅
面层顶面	524	556	518
基层顶面	185	195	177
底基层顶面	41.4	42.6	39.2

交通设计参数可以采用准确可靠的WIM(动态称重)设备、合理的车型分类方法和轴载谱调查方法进行调查获取，同时结合收集的历年交通量数据，经统计分析可得到交通量(年平均日交通量AADT和有效AADT)、轴载谱(尤其是重载车辆轴载谱)、胎压谱等数据，调查现场布置及结果如图4-2、图4-3和表4-3所示。

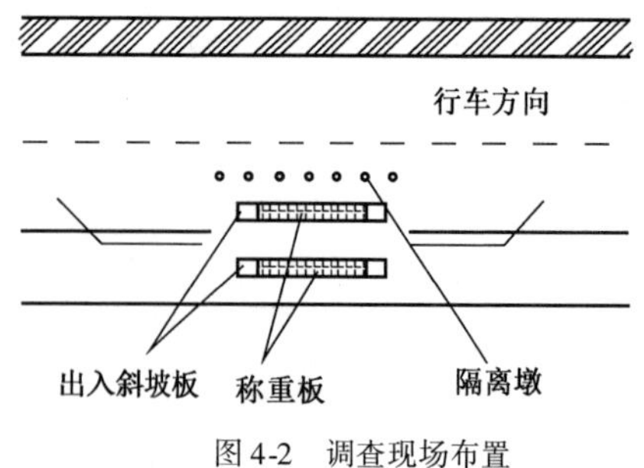

图4-2 调查现场布置

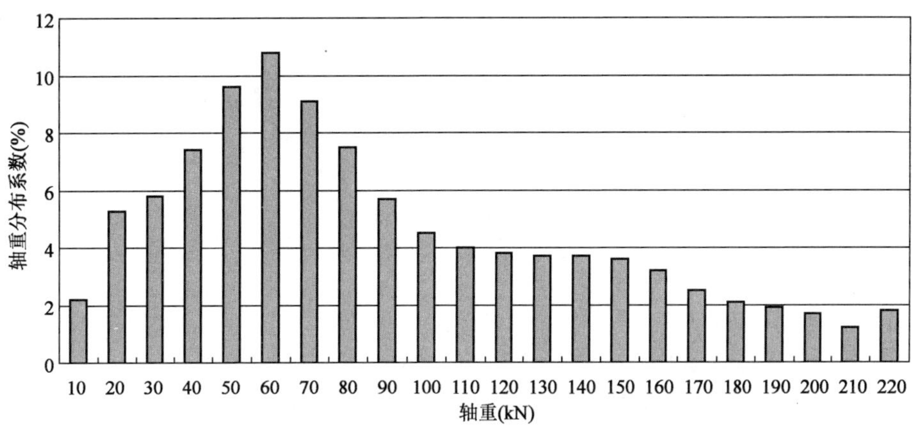

图 4-3　昌樟高速公路交通轴载谱

昌樟高速公路断面交通量统计表　　表 4-3

区　　间	年平均日交通量 AADT	大客车及中型以上的各种或货车交通量[辆/(d·车道)]
临江互通—胡家坊	25598	3274
胡家坊—泉港互通	27716	3495
泉港互通—梅林互通	27440	3486
梅林互通—厚田枢纽	28447	3622
厚田枢纽—生米互通	16117	1657
生米互通—昌西南	16672	1663

二、半刚性基层无损检测评价

目前沥青路面性能评价方法依旧局限于道路表面与整体性能评价，针对沥青路面半刚性基层损坏状况评价方法的研究尚不成熟，无法高效科学判断基层损坏状况。因为沥青路面半刚性基层的"隐蔽性"，导致道路专业人员无法直接观察其损坏情况。目前判断半刚性基层损坏状况的方法主要分为两类：①经验法，即综合道路表面检测数据（弯沉与表面损坏这两项指标为主）与道路结构芯样的损坏情况，凭借专家经验做出基层损坏状况判断。此类方法需要决策者具备扎实的专业素养及丰富的实践经验，且带有强烈的主观性。②铣刨开挖法，即铣刨沥青面层后，利用人工观测法直接判断半刚性基层损坏程度。此类方法虽然可以准确判断基层的损坏状况，但是判断流程复杂，检测工作量庞大，极大延长项目周期，增加项目经济成本。

本书对此进行了详细深入研究，采集了大量数据：道路表面损坏状况指数PCI、基层表面损坏状况指数PCIB、道路表面弯沉、基层表面弯沉。最终发现，基层表面弯沉与基层损坏具有很好的相关性，为了使其具有通用性，建立了半刚性基层剩余模量与基层损坏的关系。至此，可以通过测试路表FWD弯沉盆反算基层模量，根据建立剩余模量与损坏的对应关系，即可推断基层损坏，达到“无破损”检测基层损坏状况的目的。

1. 结构层检测指标相关性分析

(1)面层表面弯沉和PCI与半刚性基层损坏状况指数相关性分析

在分析PCI与基层损伤状况指数PCI_B相关性时，应保证其在空间上垂直对应，因此数据采集难度较大。最终，共获得16组有效数据，如图4-4所示。从图中可以看出，面层PCI与基层PCI_B没有很好的对应关系，这可能是因为路面损坏并不是单纯的自下而上发生和面层经过多次养护造成的。

面层表面百米平均弯沉值与基层损坏状况指数的关系如图4-5所示。从图中可以看出，当PCI_B值在90分以上时，即半刚性基层状况为优，基本无损坏时，其对应的路段面层百米平均弯沉值变异性却很大(如图中箭头标志的区域)。表明无法通过道路表面弯沉代表值推断对应路段基层损坏状况。

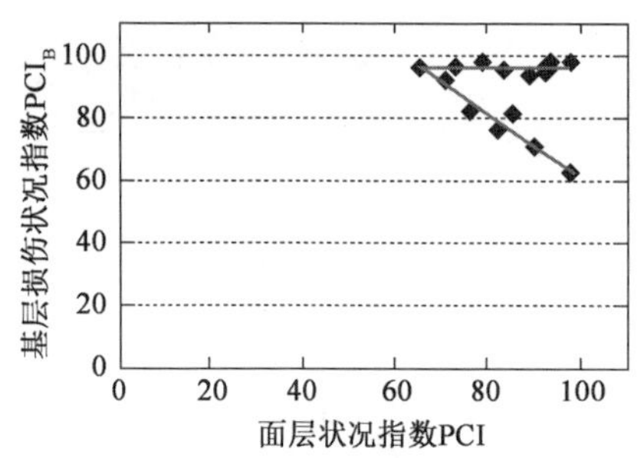

图4-4　PCI与PCI_B相关性分析

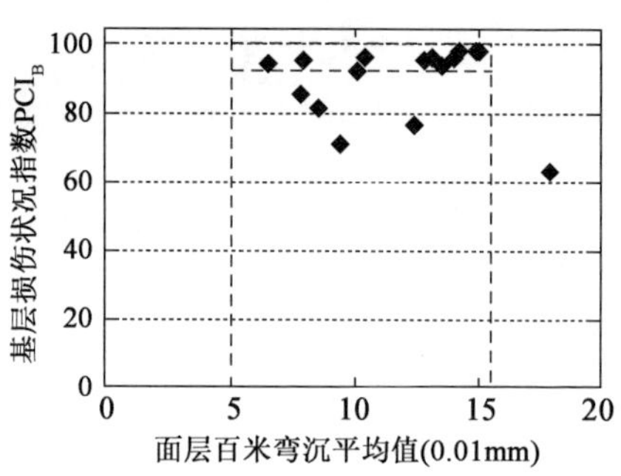

图4-5　面层表面百米平均弯沉值与基层损坏状况指数关系图

(2)半刚性基层表面弯沉与其损坏状况指数PCI_B相关性分析

半刚性基层表面百米弯沉平均值与其损坏状况指数之间联系如图4-6所示，可以看出，两者之间具有显著相关性，相关系数较高。基层损坏状况指数PCI_B随路段弯沉平均值的增大而减小，具有良好的变化趋势。虽然两者之间无一一对应关系，但是可以通过有效分级建立两者之间区间的对应关系，即可以根据半刚性基层弯沉推断出其损坏状况指数PCI_B取值范围，进一步通过PCI_B取值范围确定半刚性基层损坏状况。因此可以通过基层表面弯沉来确定基层损坏状况，如表4-4和图4-7所示。

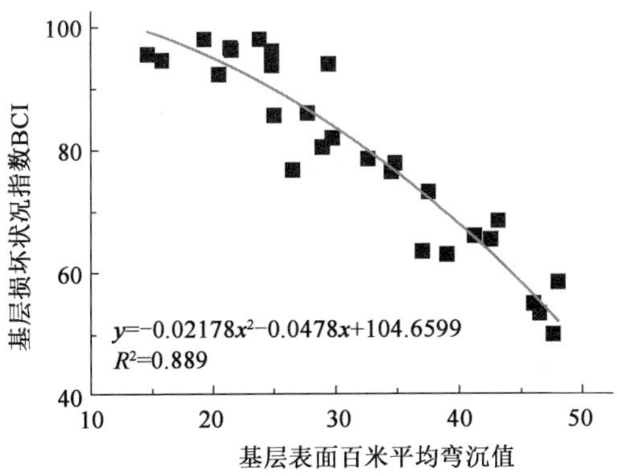

图4-6 半刚性基层表面百米平均弯沉与其损坏状况指数 PCI_B 关系图

基层损坏状况分类 表4-4

损坏类别	损 坏 程 度	基层弯沉(0.01mm)	基层 PCI_B
A	基层基本完好，少量裂缝	(0,25)	[90,100)
B	基层损坏以横向裂缝为主	[25,35)	[75,90)
C	基层有大量块裂	[35,45)	[60,75)
D	大量块裂的同时，开始龟裂	[45,+∞)	(0,60)

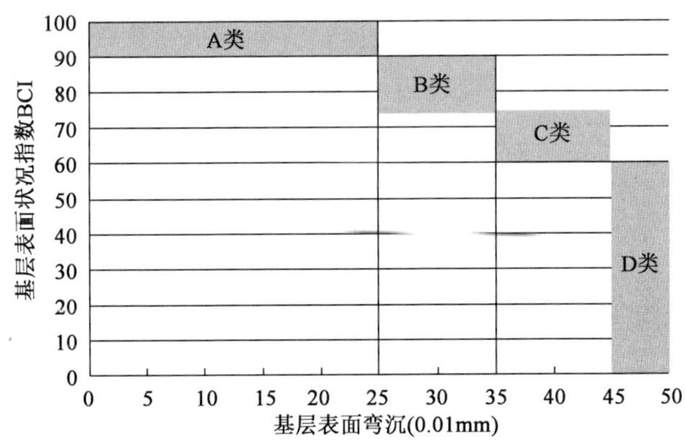

图4-7 不同类别破损状况的半刚性基层 PCI_B

(3)道路表面弯沉与基层表面弯沉相关性分析

分别根据FWD及贝克曼梁采集的结构层弯沉数据，分析道路表面弯沉与基层表面弯沉之间的相关性,如图 4-8 和图 4-9 所示。可以发现,基层表面弯沉随道路表面弯沉的增大而增大,且宏观趋势较好。但是因为数据变异性较大的缘故,无法有效建立两者之间的对应关系。

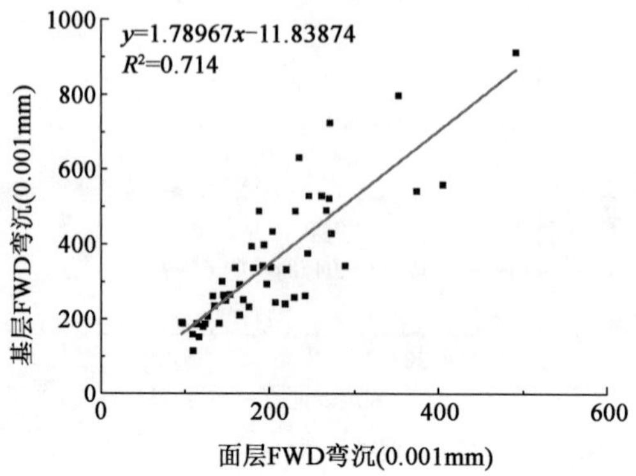

图 4-8　道路表面弯沉与基层表面弯沉关系图(FWD)

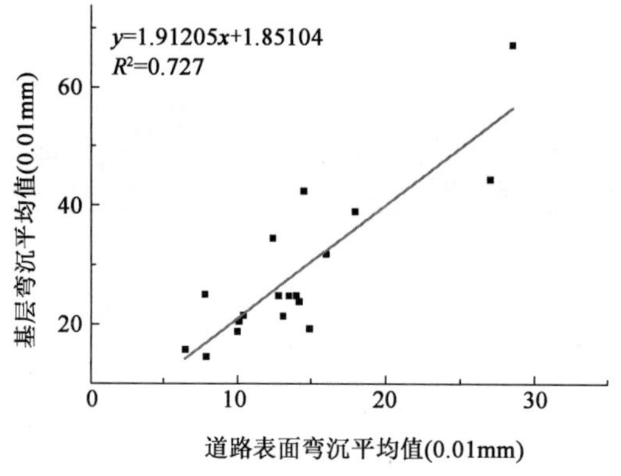

图 4-9　道路表面弯沉与基层表面弯沉关系图(贝克曼梁)

2. 基于基层模量比的基层损伤状况判别

(1)土基模量空间变异性

采用上述建立的沥青路面多层结构模量高精度反算方法反演各测点土基模量,计算土基反演模量的空间变异性,见表 4-5。从中可以看出,在检测长度 1km 中,昌樟高速公路的土基模量的变异系数为 34.3%,充分说明土基模量的空间变异性很大。因此为了减少土基模量空间变异性对基层反演模量精度的影响,本书取土基反演模量的平均值作为各点土基模量的反演值,即昌樟高速公路的土基模量分别取值为 124MPa,然后再用沥青路面多层结构模量高精度反算方法反演基层和面层模量。值得注意的是,FWD 施加于路面的荷载为动荷载,因此基于 FWD 检测弯沉盆反演得到的土基模量为动模量,其值约为静态模量的 3 倍。

土基模量空间变异性分析结果　表 4-5

分析区域	检测长度(km)	样本数	土基模量变异性指标(MPa)							
			平均值	标准差	变异系数	最小值	最大值	四分位数		
								$E_{subgrade}^{25\%}$	$E_{subgrade}^{50\%}$	$E_{subgrade}^{75\%}$
昌樟	1	50	124	42.7	34.3%	62.8	259	96.3	108.6	148.0

注:$E_{subgrade}^{25\%}$、$E_{subgrade}^{50\%}$、$E_{subgrade}^{75\%}$ 分别为土基模量的第 1 个、第 2 个、第 3 个四分位数。

(2)反演基层模量

图 4-10 为基层反演模量 E 与基层开裂状况 PCI_B 在双对数坐标系下的散点图及回归分析结果。下式分别是昌樟高速公路和昌泰高速公路的回归公式。从相关系数 R^2 可以看出,基层模量 E 与 PCI_B 在双对数坐标系下具有良好的线性相关关系,表明基于基层反演模量可以准确地判别半刚性基层开裂状况。然而,昌樟高速公路和昌泰高速公路的回归公式的斜率较为接近,而截距相差较大,这是由两条高速公路所用基层材料的强度不同所致。因此,为了建立具有通用性的基层开裂状况评价模型,应当将基层模量进行归一化处理,以消除基层模量绝对值对回归模型的影响,即建立基层模量衰减量与基层开裂状况的统一回归公式。

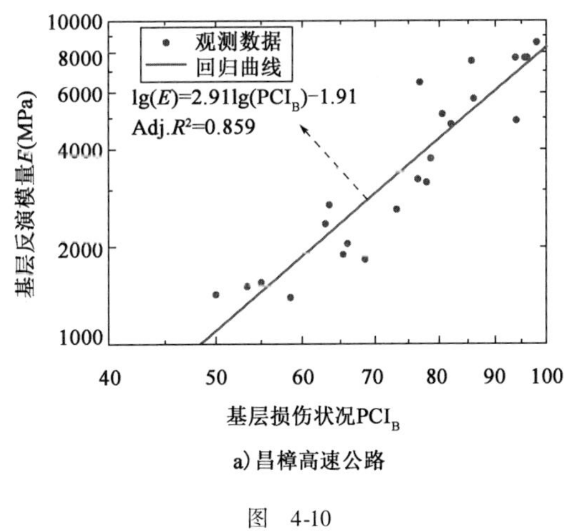

a)昌樟高速公路

图　4-10

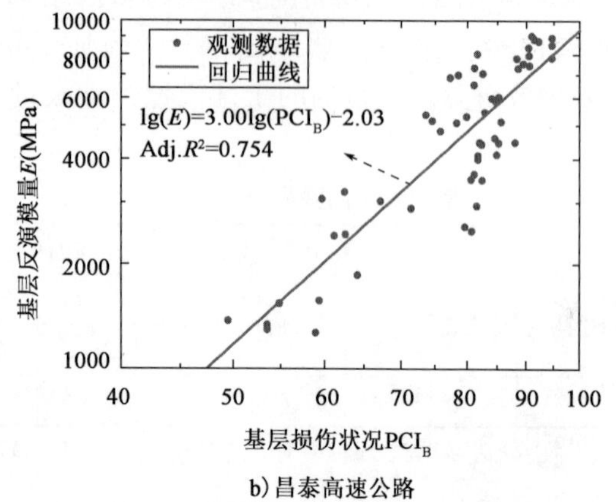

b)昌泰高速公路

图4-10　基层反演模量 E 与 PCI_B 的散点图及回归分析结果

$$\lg(E) = 2.91\lg(PCI_B) - 1.91 \qquad (R^2 = 0.859)$$

$$\lg(E) = 3.00\lg(PCI_B) - 2.03 \qquad (R^2 = 0.754)$$

式中：E——基层反演模量(MPa)；

PCI_B——基层开裂状况。

(3)基于基层模量比评价基层损伤状况

基层模量衰减量即基层当前反演模量与基层初始模量之比，记为BMR(Base Modulus Reduction)。基层初始模量对应的基层状况为完好状态，即 $PCI_B=100$。可利用基层模量与 PCI_B 的回归公式外延得到基层初始模量。计算得到昌樟高速公路和昌泰高速公路的基层初始模量分别为8128.3MPa和9332.5MPa，表明两条高速公路的基层强度具有较大差异，也说明采用基层模量判别基层损伤状况不具有通用性。分别将两条高速公路的基层模量进行归一化，如图4-11所示。从图中可以看出，两者在双对数坐标系下具有一致的线性变化趋势。此外，可以看出，在基层完好时，基层模量并未开始衰减，即 $PCI_B=100$ 时，BMR=1。最终，回归分析得到BMR与基层损伤状况的双对数模型如下式所示，相关系数 $R^2=0.792$。

可以看出，BMR与 PCI_B 在双对数坐标系下具有良好的线性相关关系，表明基层模量衰减值BMR可以准确判别基层损伤状况。

$$\lg(BMR) = 2.97\lg(PCI_B/100) \qquad (R^2 = 0.792)$$

(4)基层损伤状况分类评价标准

《公路技术状况评定标准》将道路表面状况指数PCI分为4个等级，每个等级对应一个PCI取值范围。为此，本书也将基层损伤状况分为4类，见表4-6。

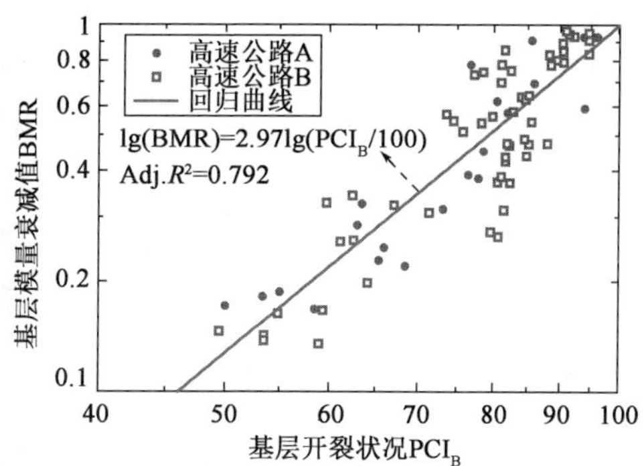

图 4-11　BMR 与 PCI_B 散点图及回归结果

半刚性基层损伤程度分类描述　　表 4-6

基层损伤状况等级	损 坏 程 度
A	基层基本完好，少量裂缝
B	基层损伤以横向裂缝为主
C	基层有大量块裂
D	大量块裂的同时，开始龟裂

参照沥青路面结构行为学，确定基层损伤状况 PCI_B 的各类分界值。依据上述建立的 BMR 与基层损伤状况指数 PCI_B 的回归关系式，计算各类基层损伤状况 PCI_B 对应的 BMR 分界值，见表 4-7 所示。至此，建立了基于基层模量比的沥青路面基层损伤状况评价方法和评价标准：

基层损伤状况分类　　表 4-7

损 坏 类 别	基层损伤状况指数 PCI_B	基层模量比 BMR
A	[90,100]	[0.73,1.00]
B	[75,90)	[0.43,0.73)
C	[60,75)	[0.22,0.43)
D	(0,60)	(0.00,0.22)

A 类：半刚性基层模量与初始模量比值 $E/E_i \in (0.73,1]$，基层损伤状况指数 PCI_B 取值[90,100)，基层基本无损坏，只有少许横向裂缝，且间距大于 20m。

B 类：半刚性基层模量与初始模量比值 $E/E_i \in (0.43,0.73]$，基层损伤状况指数 PCI_B 取值[75,90)，基层损伤以横向裂缝为主，且裂缝间距在 5 ~20m 之间。

C 类：半刚性基层模量与初始模量比值 $E/E_i \in (0.22,0.43]$，基层损伤状况指数 PCI_B 取值[60,75)，基层开始出现块裂，块裂尺度在 5 ×5m 左右。

D 类:半刚性基层模量与初始模量比值 $E/E_i \in (0,0.22]$,基层损伤状况指数 PCI_B 取值(0,60),基层大量出现 3×5m 尺寸块裂,且出现较多龟裂。

为便于运用,将各分类区间取整且使其包含整个取值范围,如图 4-12 所示。四类半刚性基层损伤状况见图 4-13。

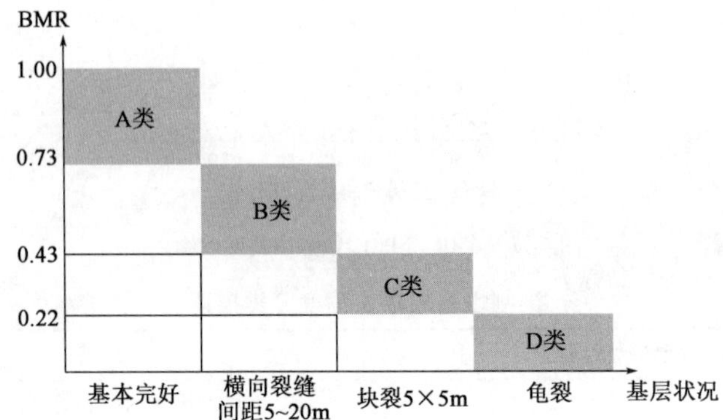

图 4-12 半刚性基层模量比 BMR 与其损伤状况对应关系

a)A类基层损伤状况

b)B类基层损伤状况

c)C类基层损伤状况

d)D类基层损伤状况

图 4-13 四类半刚性基层损伤状况示意图

第二节　加宽路面结构方案设计

在满足规范要求的情况下，为降低造价，针对八车道高速公路行驶车辆分布特点采用分车道路面设计，同时根据现有老路路面检测结果，并结合老路路面病害类型、路面代表弯沉值、交通组织、路面调坡后纵断面的标高差和利于施工等综合分析论证，确定老路路面的铣刨、加铺、新老路面拼接以及路面铣刨旧料利用等路面结构设计方案。

一、改扩建路面设计原则

1. 设计原则

(1)路面结构设计按新建路面、老路面改建两种方式考虑，根据八车道交通荷载分布特点分别进行路面结构强度验算，引入多车道高速公路分车道进行路面结构设计的理念，尽可能对老路面结构加以充分利用，合理降低工程造价。

(2)在详细分析老路路基、路面现状检测、评价资料的基础上，结合路面综合评价指标及老路面改建方案，充分考虑老路铣刨废旧料的再生利用价值，注重体现环保设计理念。

(3)进行独立的纵断面设计。为了提高纵断面设计与老路面的精度，路面设计前按左、右两条线进行纵面设计，以现场实测罩面后的标高为基准。

2. 路面结构设计

1)累计标准轴载计算及设计弯沉

(1)八车道交通车型分布

扩建后昌樟高速公路为双向八车道，扩建后半幅路面的车道划分为：从中央带向外分别为第一车道、第二车道、第三车道、第四车道、硬路肩。其中一、二车道为老路路面，三、四车道为新建路面，综合沪宁、合宁、京沈、沈大等多条高速公路改扩建后的不同车道车辆分布特点的调研结果，考虑本项目交通量情况，计算时将第一、二车道与第三、四车道分开计算，改扩建后第一、二车道主要行驶小客车、小型货车、中型货车、大客车及少量大型货车；第三、四车道主要行驶拖挂车、大型货车及少量中型货车、大客车。

(2)超载情况

根据昌樟高速公路收费分中心计重车辆交通流量年报表(分轴组)统计资

料，昌樟高速公路交通量大，货车比例大，且存在较为明显的超载现象，超载比例如表4-8所示。

各类车辆超载比例　　表4-8

各类车辆超载比例	小型货车(%)	中型货车(%)	大型货车(%)	拖挂车(%)
超限0%	47.99	42.76	50.68	64.64
超限0%～10%	12.79	14.19	16.46	9.26
超限10%～30%	33.76	33.48	20.19	17.63
超限30%～50%	3.08	5.10	9.32	5.63
超限50%～100%	1.73	4.32	3.33	2.63
超限100%～200%	0.65	0.15	0.03	0.20
超限200%	0.00	0.00	0.00	0.00

在进行轴载换算时，考虑到部分车型超载后轴载超过130kN的设计限值，设计中进行轴载换算时，轴载换算指数按表4-9取值。

轴 载 换 算 指 数　　表4-9

P(kN)	弯 沉 计 算	弯 拉 验 算
≤130	4.35	8.0
>130	5.0	9.0

(3)累计轴次及设计弯沉

在考虑超载作用条件下，第一、二车道累计轴次数为1.697×10^7次，设计弯沉为0.322mm；第三、四车道累计轴次数为6.734×10^7次，设计弯沉为0.244mm。

2)新建路面结构(第三、四车道及硬路肩)

根据路面结构计算，结合交通组织，考虑到路面材料的再生利用，新建路面结构组合及厚度见表4-10。

新建路面(第三、四车道及硬路肩)结构组合及厚度　　表4-10

结 构 层	混合料厚度及类型
上面层	4cm细粒式沥青玛蹄脂碎石(SMA-13)
中面层	6～10cm中粒式沥青混凝土(AC-20C)
下面层	8cm密级配沥青稳定碎石(ATB－25)
上基层	11cm密级配沥青稳定碎石(ATB－25)/铣刨旧料再生层
封层	沥青封层
下基层	18cm水泥稳定碎石(4%～5%)
底基层	17cm水泥稳定碎石(3%～4%)
垫层	20cm级配碎石

3. 老路面改建

(1)老路路面病害的改建措施

根据老路路面检测评定结果,老路路面分以下四种:

类型 A:路面面层和基层基本完好,路面结构强度大的路段;类型 B:面层出现大面积病害,基层较为完好,路面结构强度中等的路段;类型 C:路面面层和基层均出现大面积病害,路面结构强度较差的路段;类型 D:路面面层、基层和底基层均出现大面积病害,路面结构强度特别差的路段。在综合考虑老路路面及分车道设计原则的基础上提出了充分利用、补强的概念,即对老路病害进行处理后,全线老路面在原有上面层顶面加铺两层沥青面层,即 4cm SMA-13 面层和 6cm AC-20C 中面层,加大老路面沥青面层厚度。原老路面铣刨及路面补强具体措施见表 4-11。

原老路面铣刨及路面补强措施　　表 4-11

病害类型	老路面铣刨及路面补强措施
A	直接加铺 4cm SMA-13 上面层、6～10cm AC-20C 中面层
B	铣刨原沥青面层,其上铺筑 4cm SMA-13 上面层、6～10cm AC-20C 中面层、8cm ATB-25 下面层、11 cm 沥青再生层
C	铣刨原沥青面层和基层,其上铺筑水稳碎石基层和 4cm SMA-13 上面层、6cm AC-20C 中面层、8cm ATB－25 下面层、11 cm 沥青再生层
D	铣刨原有路面,铺筑路面同新建路面

(2)路面纵坡调整的改建措施

本工程项目纵坡调整按加铺两层,面层的总厚度 10cm 控制,大部分路段能满足要求,仅局部路段由于老路纵坡不满足要求等原因,存在 10cm 控制高度有偏差的情况,考虑到本工程项目交通量大,改扩建施工时需要保证四车道通行,为保证行车安全和交通转换,因此扩建幅路面需要先期拼接柔性基层至与老路基本平齐,后期老路改造完成后,统一半幅铺筑沥青面层。同时,考虑到改建幅的沥青结构层的匹配,因此,老路改建的路面加铺层主要受老路顶面标高和纵坡调整后的标高差值控制。老路面纵坡调整后的改建具体措施见表 4-12。

老路面纵坡调整后的改建措施　　表 4-12

填挖高(cm)	老路面纵坡调整后的改建措施
$-10 < h < 5$	铣刨原有路面,铺筑路面同新建路面
$5 \leqslant h < 10$	铣刨原有路面至底基层,其上铺筑水稳碎石基层、基层再生底基层、4cm SMA-13 上面层、6cm AC-20C 中面层、8cm ATB-25 下面层、11 cm 沥青再生层

续上表

填挖高(cm)	老路面纵坡调整后的改建措施
10≤h<14	直接加铺4cm SMA-13上面层、6~10cm AC-20C中面层
14≤h<18	直接铺筑4cm SMA-13上面层、6~8cm AC-20C中面层、8~10cm ATB-25下面层
18≤h<26	直接铺筑4cm SMA-13上面层、6~10cm AC-20C中面层、8~12cm ATB-25下面层

注:h为改建后路面设计标高与老路面标高之差。

二、新型高速公路沥青面层结构组合设计

目前,我国高速公路的沥青面层一般分为三层,中上面层多采用4cm上面层+6cm中面层结构组合,经过多年工程应用,这种面层结构组合技术成熟,性能稳定。但近年来,沥青路面的维修养护,大都采用铣刨上面层然后加罩的方式,对于这种传统的面层结构组合,维修成本较高。超薄磨耗层作为一种新型铺面技术,应用于新建路面表面层,具有抗滑、抗车辙、抗磨耗、耐久等性能。由于超薄磨耗层设计厚度较薄,性能优越,替代传统厚度上面层既可以使路面获得优良的使用性能,降低新建工程费用,损坏后又可减少铣刨厚度,节约维修成本。因此,本研究对比分析2.5cm超薄磨耗层+7.5cm中面层新型面层结构组合(以下简称新型面层结构组合)与4cm上面层+6cm中面层传统面层结构组合(以下简称传统面层结构组合)材料、施工及经济性等特性指标,旨在为耐久性沥青路面提供一种可选的新型面层结构组合形式。

1.面层结构组合材料设计

(1)原材料

本研究新型面层结构组合超薄磨耗层设计厚度2.5cm,中面层设计厚度7.5cm。根据《公路沥青路面施工技术规范》(JTG F40—2004)规定,“对于热拌热铺密级配沥青混合料,沥青层一层的压实厚度不宜小于集料最大粒径的2.5~3.0倍,对SMA和OGFC等嵌挤型混合料不宜小于公称最大粒径的2~2.5倍”,因此中面层推荐采用AC-20、SUP-20等混合料,超薄磨耗层推荐采用SMA-10/AC-10等混合料。根据依托工程情况,本研究新型面层结构组合采用AC-20和SMA-10混合料,传统面层结构组合采用AC-20和SMA-13混合料。为增强沥青混合料抗车辙性能,混合料均采用SBS改性沥青,SMA混合料集料采用10~15mm、5~10mm、3~5mm辉绿岩碎石,0~3mm石灰岩及石灰岩矿粉。辉绿岩粗集料压碎值10.7%,磨耗值13.1%。AC-20集料采用石灰岩。SMA混合料采

用路用木质素纤维，密度0.45±0.05g/cm³。原材料各项指标均符合《公路沥青路面施工技术规范》(JTG F40—2004)要求，详见表4-13、表4-14。

SBS改性沥青主要技术指标　　表4-13

性能指标		测试值	技术要求
针入度(25℃)(mm)		53	40～60
延度(5℃)(cm)		24.5	≥20
软化点(℃)		78	≥76
相对密度(25℃)		1.035	实测
RTFOT	质量损失(%)	-0.073	≤±1.0
	残留针入度比(%)	87	≥65

矿料主要技术指标　　表4-14

矿　　料	毛体积相对密度	表观相对密度	吸水率(%)	砂当量(%)
10～20mm石灰岩	2.693	2.749	0.76	—
5～10mm辉绿岩	2.681	2.741	0.82	—
10～15mm辉绿岩	2.748	2.768	0.27	—
5～10mm辉绿岩	2.737	2.788	0.26	—
3～5mm辉绿岩	2.707	2.728	0.27	—
0～3mm石灰岩	—	2.736	0.3	72
矿粉	—	2.642	—	—

(2)配合比设计

AC-20和SMA-13混合料配合比设计方法较为成熟，依据《沥青路面施工技术规范》(JTG F40—2004)，设计配合比如图4-14、图4-15所示，AC-20和SMA-13最佳油石比分别为4.4%和6.2%。较其他粒径混合料，SMA-10关键筛孔为2.36mm，而非4.75mm。南雪峰认为，2.36～4.75 mm集料含量对SMA-10的空隙率、矿料间隙率等有显著影响。而目前我国SMA-10的级配范围中，2.36～4.75mm的集料含量范围为0～40%，宽泛的选择范围增加了SMA-10设计难度。研究发现，当2.36～4.75mm集料含量为0～8%和20%～28%时体积参数更易满足要求。本研究SMA-10级配设计在规范推荐的范围内，根据大档集料的筛分结果，控制2.36～4.75mm集料含量在20%～28%附近，确定SMA-10设计级配，见图4-16。考虑到目前国内高速公路多为重载交通，将马歇尔击实次数从50次提高到75次，通过马歇尔试验确定超薄磨耗层SMA-10最佳沥青用量及各项体积参数，见表4-15，并进行谢伦堡析漏和肯塔堡飞散试验，试验结果分别为0.02%和5.5%。

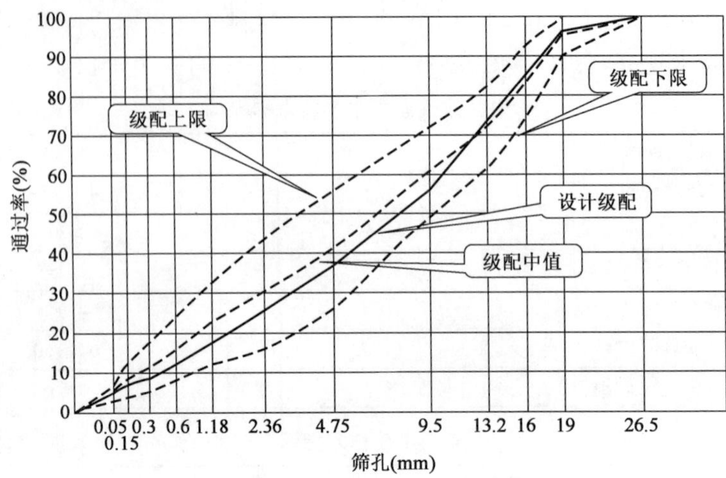

图 4-14　中面层 AC-20 设计级配图

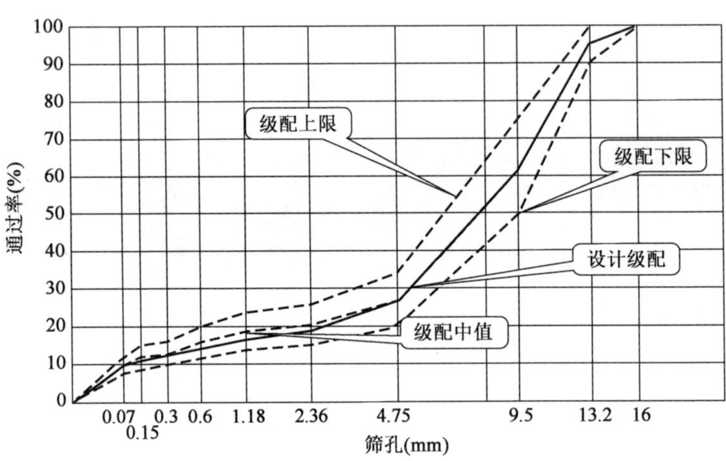

图 4-15　上面层 SMA-13 设计级配图

混合料各项技术指标　　　　表 4-15

级配类型	最佳油石比（%）	最大理论相对密度	毛体积相对密度	空隙率（%）	矿料间隙率（%）	沥青饱和度（%）
SMA-10	6.6	2.494	2.408	3.4	17.2	80.0
SMA-13	6.0	2.512	2.416	3.8	17.0	77.6
技术要求	—	—	—	3～4	≥17.0	75～85
AC-20	4.4	2.528	2.432	3.8	13.4	71.8
技术要求	—	—	—	3～5	≥13.0	65～75

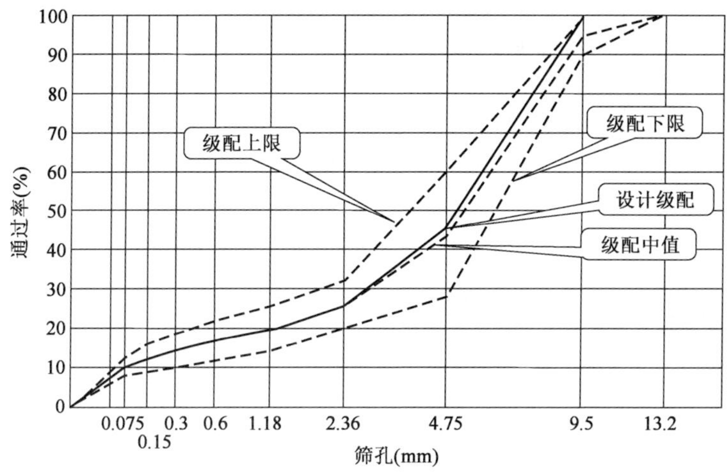

图 4-16　超薄磨耗层 SMA-10 设计级配图

(3)室内路用性能试验汇总

超薄磨耗层 SMA-10 替代传统厚度上面层,要求其具有像传统上面层沥青混合料(SMA-13)一样良好的力学特性和使用特性。本研究采用低温弯曲试验、冻融劈裂试验分别评价 SMA-10 和 SMA-13 混合料的低温抗裂性和水稳定性,采用摆值试验和构造深度试验评价其抗滑性能,而高温性能则采用同济大学孙立军教授提出的单轴贯入试验方法评价混合料抗剪切性能,见表 4-16。表 4-16 表明,SMA-10 各项性能不亚于 SMA-13。

SMA-10 和 SMA-13 路用性能试验　　　表 4-16

级配类型	单轴贯入抗剪强度(MPa)	冻融劈裂强度比(%)	低温弯曲破坏应变(με)	摆值(BNP)	构造深度(mm)
SMA-10	1.02	89.7	4080	61	1.02
SMA-13	0.94	87.8	3342	64	1.07
技术要求	—	≥80	≥2500	≥42	>0.55

2. 面层结构组合性能测试

路面性能不仅与沥青混合料配合比设计相关,而且与路面结构设计也相关。研究表明,在面层结构中,3 ~8cm 范围内剪应力值最大,最易产生车辙。这些车辙产生的地方恰是路面的中上面层位置,故中上面层结构的整体性能对沥青路面的抗车辙具有重要意义。本研究根据此前的材料设计,选用车辙试验、单轴贯入试验等方法研究面层结构组合的高温抗车辙性能。

(1)面层结构组合车辙试验

本试验采用沥青混合料轮碾振动成型机,通过马歇尔标准密度乘以体积计算各结构层混合料质量,选用控制高度的模式,首先成型中面层,然后成型上面层。因成型工艺复杂,材料用量大,仅分别成型 2.5cm SMA-10 + 7.5cm AC-20 新型面层结构组合和 4cm SMA-13 + 6cm AC-20 传统面层结构组合复合板各一块,如图 4-17、图 4-18 所示。将复合板切成长 300mm × 宽 300mm × 高 100mm 试件,进行车辙试验,试验结果见表 4-17。结果显示,新型面层结构组合动稳定度高于传统面层结构组合,具有良好的抗车辙性能。

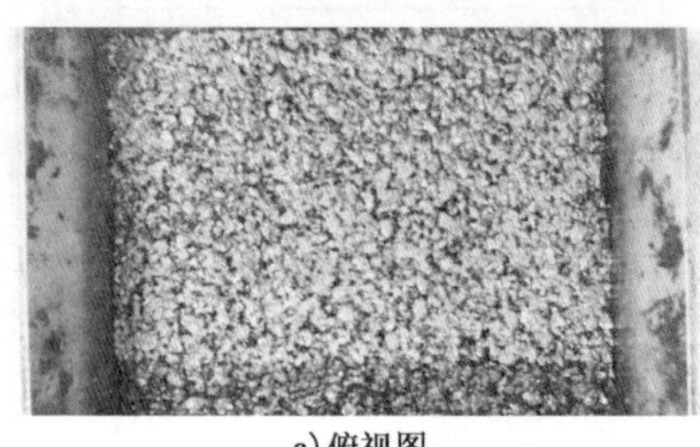

a)俯视图

b)正视图

图 4-17　传统面层结构组合复合板

a)俯视图

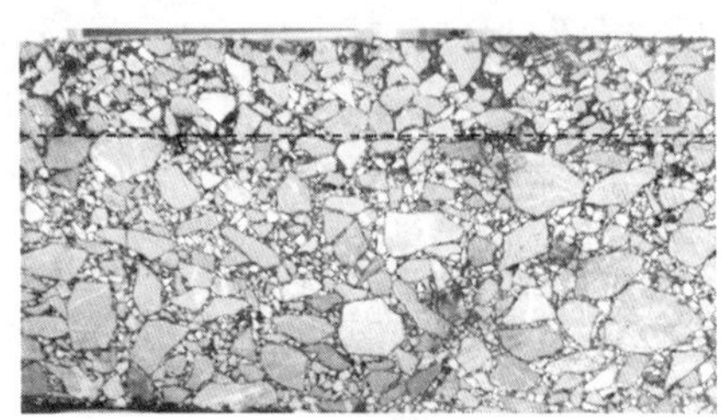

b)正视图

图 4-18　新型面层结构组合复合板

不同面层结构组合车辙试验结果　表 4-17

结构组合	动稳定度(次/mm)	最终变形(mm)
新型面层结构组合	3600	2.383
传统面层结构组合	3298	2.798

(2)面层结构组合抗剪强度试验

采用单轴贯入试验评价不同面层结构组合的抗剪性能,压头直径 28.5mm,加载速率 1mm/min,试验温度 60℃,通过最大贯入压力值 F,计算沥青混合料的抗剪强度。同时,再进行一组无侧限抗压强度试验。利用这两组数据,结合莫尔圆,解出黏聚力 c 值和内摩擦角 φ 值。现根据此前成型复合板的方式分别成型两种面层结构组合的复合板,用钻芯法钻取高 100mm、直径 100mm 的圆柱体试件,每组试验 5 个平行试件,进行单轴贯入试验和单轴压缩试验,计算不同面层结构组合的空隙率、抗剪强度、黏聚力 c 和内摩擦角 φ。不同面层结构组合芯样如图 4-19 所示,各指标计算平均值见表 4-18。

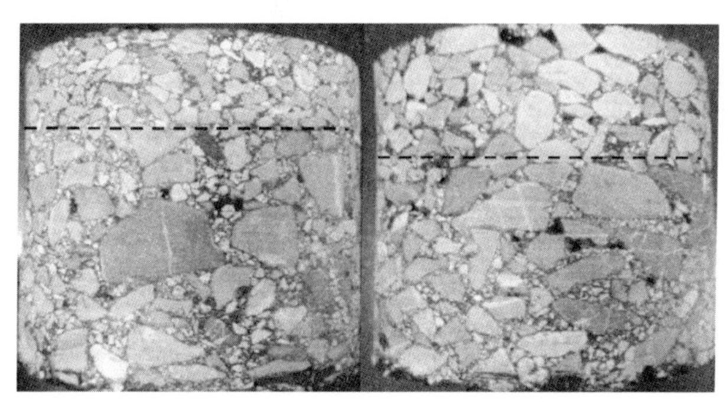

图 4-19　不同面层结构组合芯样

抗剪强度试验结果　　表 4-18

结构组合	上面层空隙率(%)	中面层空隙率(%)	抗剪强度(MPa)	黏聚力(MPa)	内摩擦角(°)
新型面层结构组合	3.5	3.9	0.852	0.162	43.2
传统面层结构组合	3.8	3.9	0.758	0.153	42.5

由表 4-18 得出,新型面层结构组合抗剪强度高于传统面层结构组合,与车辙试验得到的动稳定度一致,新型面层结构组合的黏聚力和内摩擦角也均高于传统面层结构组合。因此,相对于传统面层结构组合,新型面层结构组合具有更好的抗剪切性能。

3. 新型面层结构组合试验路

依托江西省昌樟高速公路改扩建工程,在 AP5 标 K19 + 600 ~ K20 + 879 段(左幅)铺筑了 2.5 + 7.5 新型面层结构组合试验路[超薄磨耗层(SMA-10)设计厚度 2.5cm,中面层(AC-20)设计厚度 7.5cm],全长 1279m,设计宽度 18.75m。

1)施工配合比设计

(1)试验路目标配合比设计

对中面层AC-20和超薄磨耗层SMA-10所用沥青,矿料等原材料进行现场试验,优选矿料级配,确定各档集料比例,确定最佳沥青用量,见表4-19、表4-20,并做路用性能检测。由于原材料和级配设计与此前面层结构组合材料设计相同,因此目标配合比设计各项参数此处不再赘述。

SMA-10 各档集料比例 表4-19

混合料类型	各档集料比例(%)				油石比(%)
	1号(5~10mm)	2号(3~5mm)	3号(0~3mm)	矿粉	
SMA-10	68	3	19	10	6.6

AC-20 各档集料比例 表4-20

混合料类型	各档集料比例(%)					油石比(%)
	1号(10~20mm)	2号(5~10mm)	3号(3~5mm)	4号(0~3mm)	矿粉	
AC-20	41	21	8	28	2	4.4

(2)试验路生产配合比设计

根据目标配合比设计结果,取样测试各热料仓的材料级配和密度,确定各热料仓的配合比,并取目标配合比设计的最佳沥青用量OAC、OAC±0.3%,通过室内试验及从拌和机取样试验综合确定生产配合比的最佳沥青用量,如图4-20、图4-21、表4-21所示。

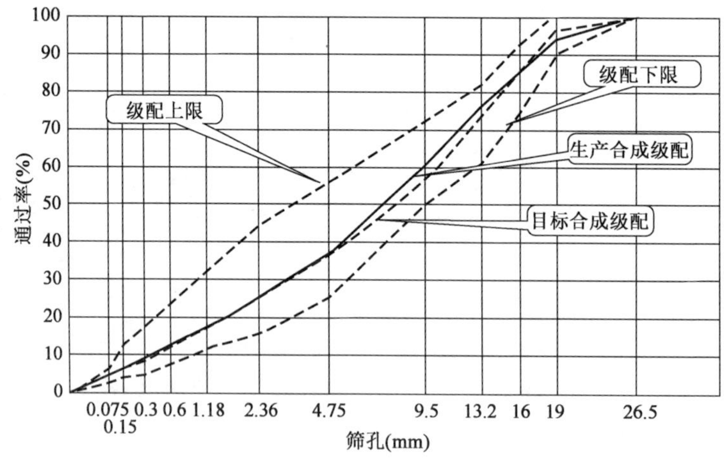

图4-20 AC-20合成级配图

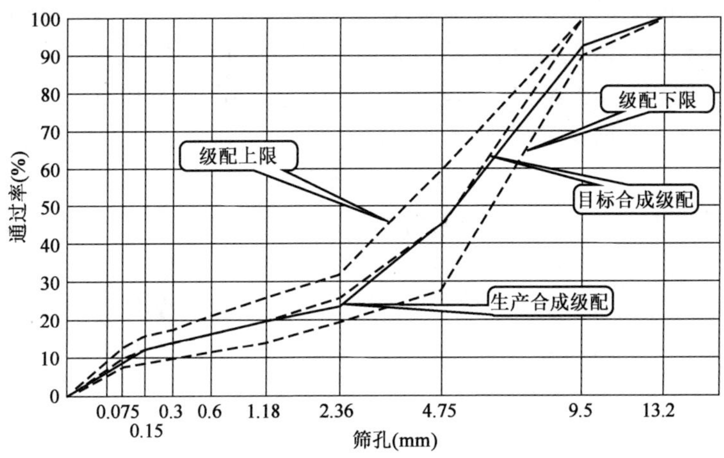

图 4-21　SMA-10 合成级配图

生产配合比技术指标　　表 4-21

混合料类型	最佳油石比（%）	最大理论相对密度	毛体积相对密度	空隙率（%）	矿料间隙率（%）	沥青饱和度（%）
SMA-10	6.4	2.493	2.400	3.7	17.3	78.4
技术要求	—	—	—	3 ~ 4	≥17.0	75 ~ 85
AC-20	4.3	2.548	2.457	3.6	13.0	72.3
技术要求	—	—	—	3 ~ 5	≥13.0	65 ~ 75

2）试验段铺筑注意事项

相对于传统面层结构组合，新型面层结构组合的施工难点在于保证超薄磨耗层施工。因此，超薄磨耗层施工过程中必须加强“四个度”的过程控制，即沥青混凝土各环节的温度（混合料生产温度、运输温度、摊铺温度和碾压温度）、油面层的厚度、压实度和平整度。其中，由于超薄磨耗层设计厚度薄，铺筑时，沥青混合料降温速度快，温度的降低会影响现场压实，温度的控制尤其重要。

拌和阶段，考虑到 SMA-10 混合料其他阶段降温速度较快，建议出料温度接近规范上限。运输阶段，严格限制运输距离，并采取在运料车顶部加盖油布和双层棉被等严格保温措施。摊铺阶段，在中面层（AC-20）压实度、平整度和厚度均达到质量要求，且作业面清洁的基础上，均匀撒布粘层油后，方可进行 SMA-10 摊铺。由于 SMA-10 摊铺厚度较薄，混合料温度受下卧层和外界环境影响大，因此 SMA-10 混合料的摊铺温度较普通大粒径 SMA 有所提高，应在 170℃以上，当路表温度低于 15℃时，不宜摊铺改性沥青 SMA-10 混合料。碾压阶段，SMA-10

施工坚持“紧跟、慢压、高频、低幅”的碾压原则。由于SMA-10是断级配，要求压路机紧跟摊铺机，在沥青混合料温度较高时进行压实。碾压分初压（1遍）、复压（3～4遍）、终压（1～2遍）三阶段进行。超薄磨耗层SMA-10设计厚度2.5cm，初压宜用10t以上钢轮压路机，不宜直接开振动，以避免集料破损。复压推荐采用刚性碾静压，压路机吨位不宜小于12t，碾压速度不得超过5km/h。终压宜紧接在复压后进行。同时，为防止超薄磨耗层温度下降太快，尽量减少钢轮压路机喷水量。碾压阶段必须在有效压实温度范围内尽快使SMA-10混合料达到设计的压实度。现场判断SMA-10混合料骨架密实级配是否形成的现象就是在高温碾压下无推移；完工后的SMA-10表面层应具有足够的构造深度而不渗水。

3）试验路施工检测

施工期间，重点检测了超薄磨耗层施工日间各阶段温度，温度平均值见表4-22。通过适当提高出料温度和摊铺温度，采取紧跟的压实原则，可以保证碾压过程中各阶段温度均达到要求。同时，随机抽取现场混合料做燃烧试验，级配及油石比与生产配合比接近，差值在规范允许的范围内，且成型的马歇尔试件空隙率与目标空隙率一致。

超薄磨耗层SMA-10现场施工温度检测 表4-22

	环境温度（℃）	路表温度（℃）	出厂温度（℃）	到场温度（℃）	摊铺温度（℃）	初压温度（℃）	复压温度（℃）	终压温度（℃）
温度检测	32	45	180	176	172	165	143	107
技术要求	—	—	170～180	—	≥170	≥160	≥130	≥90

试验路施工完成后，现场取芯空隙率平均值5.8%，压实度平均值96%，渗水系数98mL/min，试件平均厚度2.5cm。路面抗滑摩擦系数、构造深度、平整度三指标分别为69BPN、0.94mm、0.66mm。施工验收各项指标均符合规范要求，超薄磨耗层试验段施工状况良好。因此，在超薄磨耗层施工中适当提高各阶段温度，选择合理的碾压工艺，可以有效保证超薄磨耗层的施工质量。

4）试验路新型面层结构组合取芯试件抗剪强度分析

在昌樟高速公路改扩建工程施工现场不同位置取8个新型面层结构组合芯样和4个传统面层结构组合芯样，切成直径100mm，高度100mm的标准圆柱体试件，进行单轴贯入试验，对比新型面层结构与传统面层结构抗剪强度，如图4-22、表4-23所示。

图 4-22　现场不同面层结构组合芯样

不同面层结构单轴贯入试验结果　　表 4-23

结构类型	芯样桩号	距分隔带距离(m)	上面层空隙率平均值(%)	中面层空隙率平均值(%)	抗剪强度(MPa)	抗剪强度平均值(MPa)
新型面层结构组合	K20 +860	4.5	5.8	6.7	0.837	0.816
		11			0.859	
	K20 +780	9.5			0.768	
		14			0.686	
	K20 +360	3.6			0.839	
		15.5			0.893	
	K20 +100	6.5			0.769	
		12.5			0.889	
传统面层结构组合	K19 +280	4.5	6.5	6.9	0.482	0.515
		12.5			0.610	
	K19 +340	3			0.484	
		8.3			0.466	

结果显示，在60℃环境下，不同位置处，芯样抗剪强度存在较大差异，推测主要由于不同位置施工质量差异造成。同时，试验路新型面层结构组合芯样抗剪强度普遍高于传统面层结构组合，与室内试验结果一致。因此，良好施工条件下，采用新型面层结构组合有望获得优良的抗车辙性能，减少沥青路面变形类早期损害，提高沥青路面的耐久性。

5)试验路经济性分析

两种不同面层结构组合工程造价分别为超薄磨耗层(SMA-10)1780 元/m^3,上面层(SMA-13)1600 元/m^3,中面层(AC-20)1069 元/m^3。虽然超薄磨耗层(SMA-10)单位体积工程造价高于传统上面层(SMA-13),但是由于超薄磨耗层设计厚度较薄,新型面层结构组合工程造价低于传统面层结构组合工程造价,见表4-24。此外,随着道路的使用,沥青路面表面会出现纵横向裂缝、拥包、车辙等路面病害。当病害发生深度较浅,中下面层及基层状况良好的情况下,国内多采用铣刨填补加铺法,恢复路面性能。本研究的新型面层结构组合较传统面层结构组合上面层设计厚度更薄,铣刨填补加铺时,消耗材料等更少。从寿命周期成本考虑,若分析期采用20年,假设5年内,路面病害仅发生在上面层,每5年对上面层铣刨填补加铺,即寿命周期内共进行4次上面层铣刨加铺。新型面层结构组合和传统面层结构组合铣刨和填补厚度分别为2.5cm和4cm,寿命周期内,不考虑时间成本的情况下,重铺费用见表4-24。

不同面层结构组合费用计算表　　表4-24

面层结构	初期修建费(万元)	分析期内铣刨加铺费(万元)	总计(万元)
新型面层结构组合	233.7	333.8	567.5
传统面层结构组合	240.3	480	720.3

由表4-24费用对比得出,相对于传统面层结构组合,新型面层结构组合初期修建费用更低,分析期内,因铣刨厚度薄,维修成本更低。因此,从寿命周期考虑,新型面层结构组合具有成本优越性。

第三节　新老路面横向拼接设计

一、硬路肩处理

昌樟段老路硬路肩与行车道路面结构不一致,胡傅段老路硬路肩与行车道虽然一致,但路面结构大部分强度不足、压实度较低。全线硬路肩路床含水率大,压实度、回弹模量较低。考虑硬路肩为扩建后的第三车道,为保证扩建后的路面结构能满足三车道重车行驶要求,对全线硬路肩老路路面结构层采取铣刨处理,如图4-23和图4-24所示。

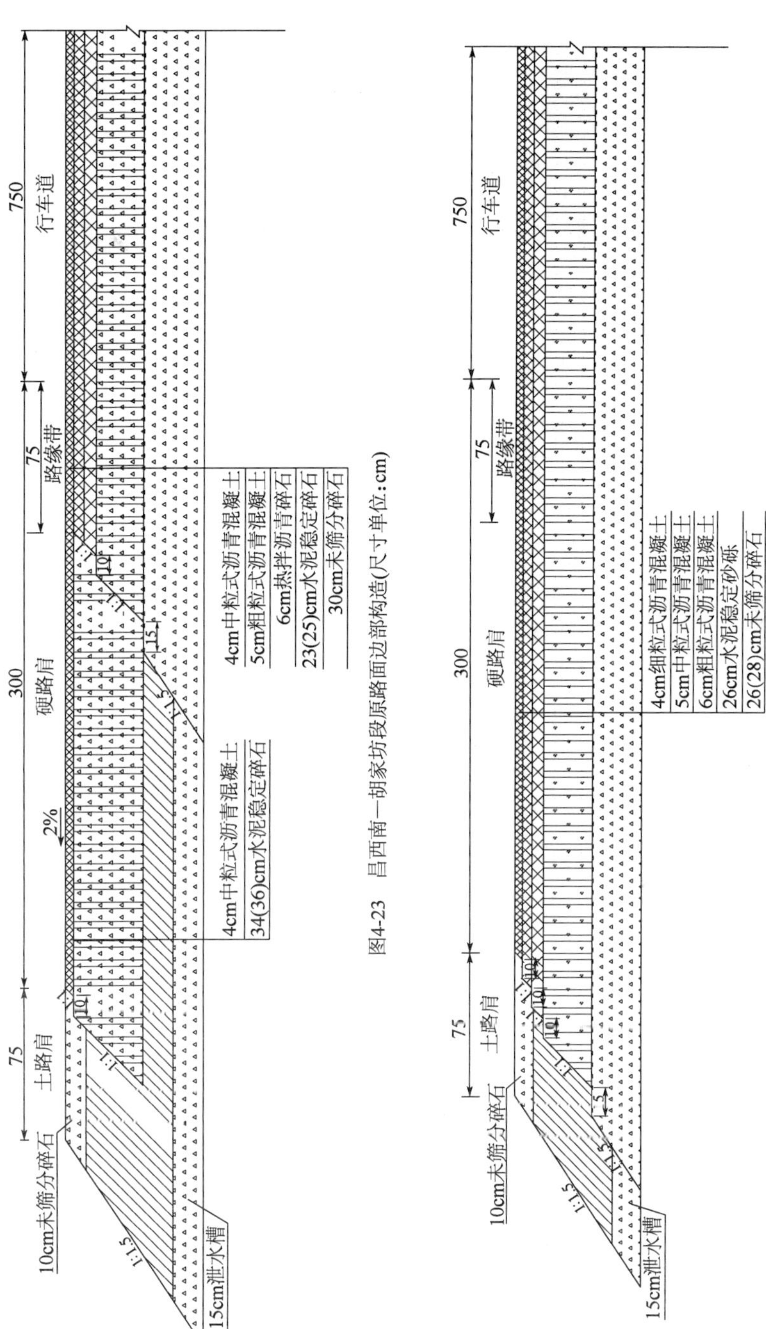

图4-23　昌西南—胡家坊段原路面边部构造(尺寸单位:cm)

图4-24　胡家坊-樟树枢纽段原路面边部构造(尺寸单位:cm)

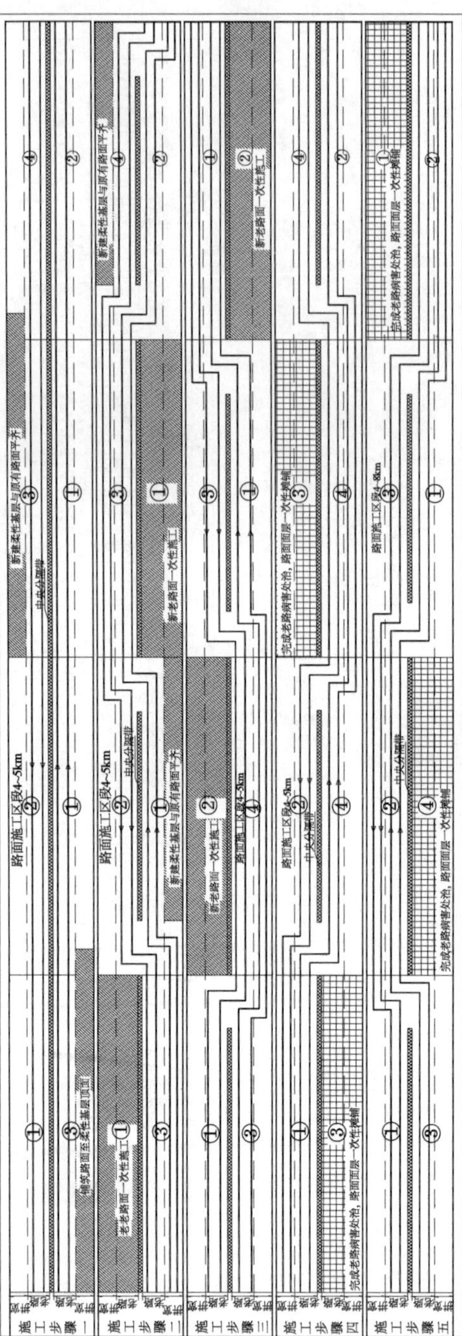

图4-25　交通组织平面示意图

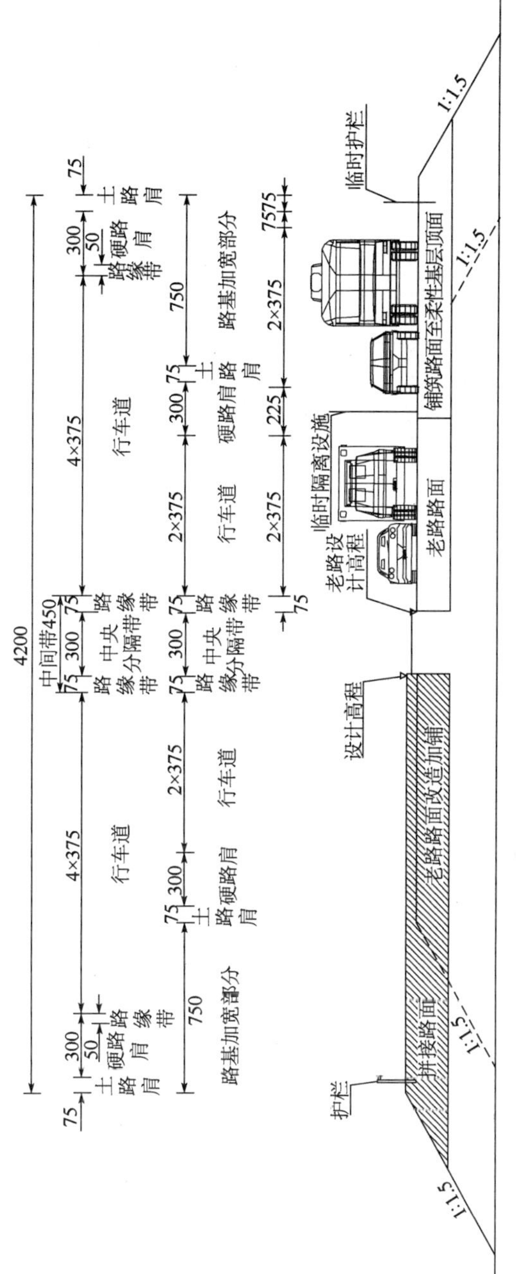

图4-26　新老路一次性施工（1、2施工区段）（尺寸单位：cm）

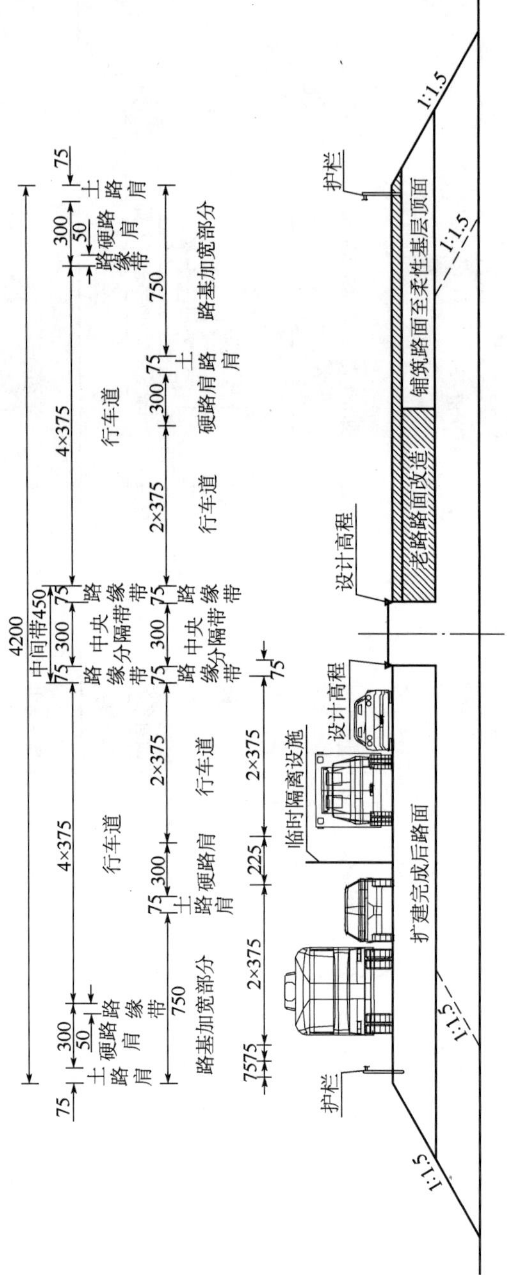

图4-27 新老路分期施工（3、4施工区段）（尺寸单位：cm）

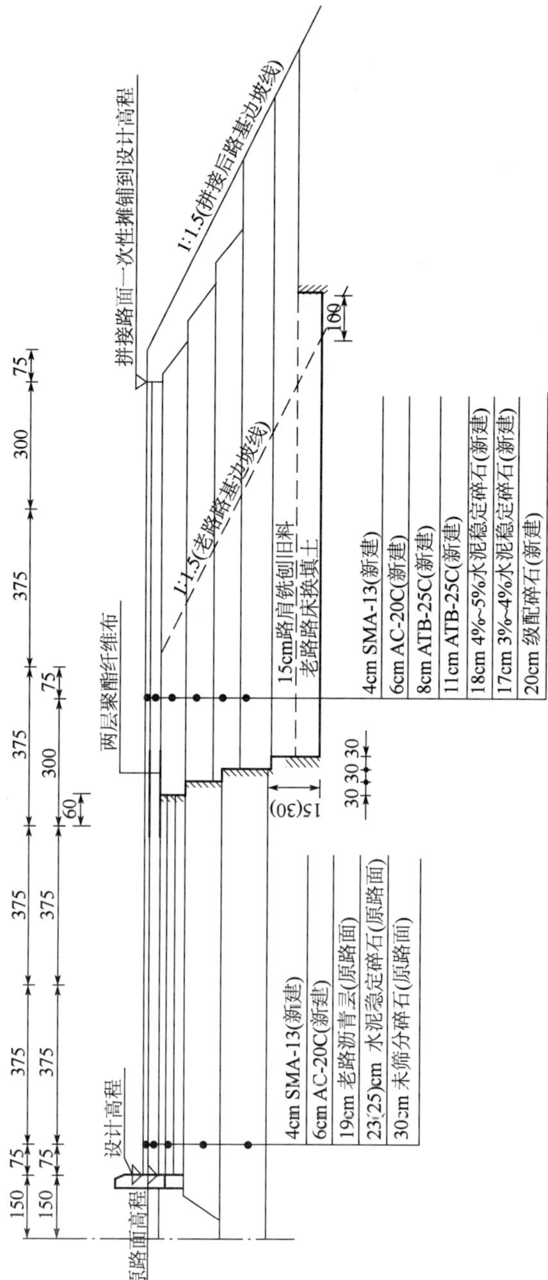

图4-28　新老路路面横向拼接(尺寸单位：cm)

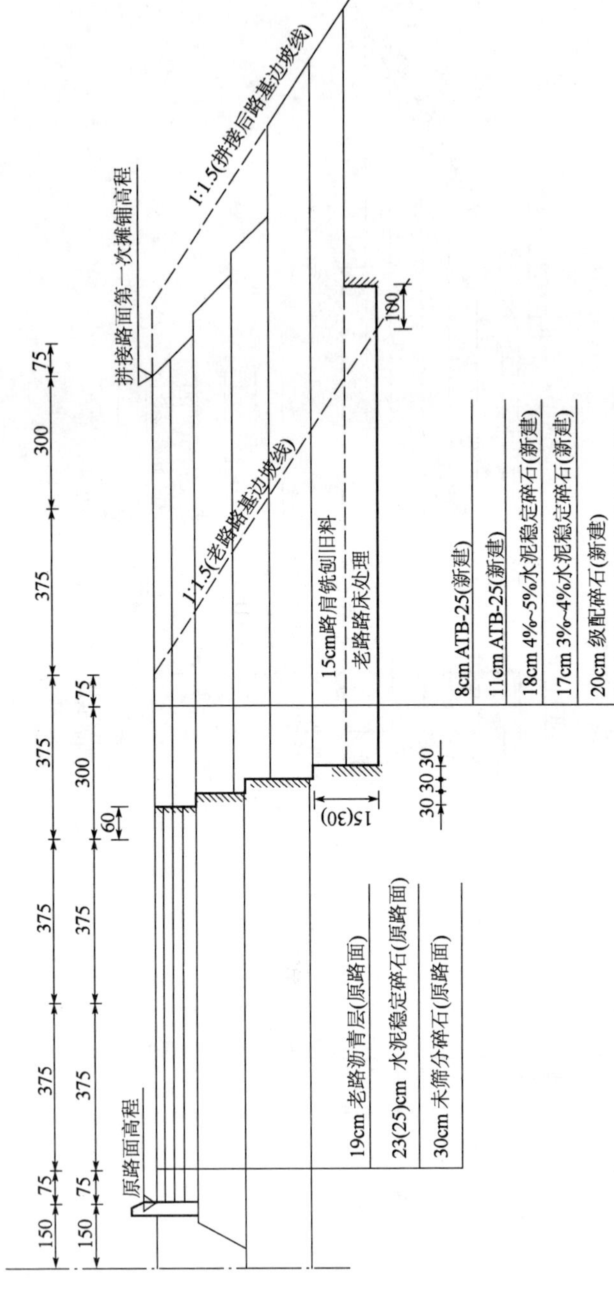

图4-29　拼接扩建部分至柔性基层顶面（尺寸单位：cm）

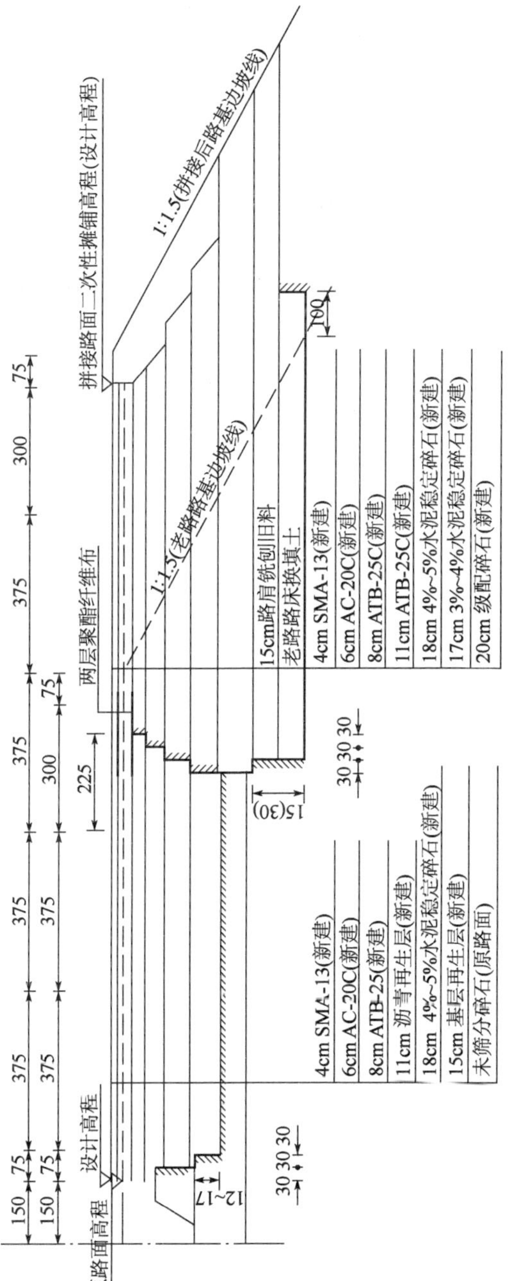

图4-30 结合老路铣刨情况反开挖处理(尺寸单位：cm)

二、新老路面横向拼接

1. 路面施工交通组织

昌樟高速公路改扩建工程路面施工交通组织总体思路为分幅分区段施工，即对每个路面标段内每隔4～5km划分一个施工作业区，一个路面标段左、右幅共划分八个施工区，如图4-25所示。施工步骤大致如下：对左、右幅的第3、4施工作业区段的硬路肩部分进行铣刨，并与拼宽部分路面同时施工至柔性基层顶面，与老路标高齐平。转移交通至第3、4施工作业区段，对第1、2施工作业区段老路病害改造后与扩建部分同时施工至面层顶面，然后转移交通至第1、2施工作业区段，对第3、4施工作业区段进行老路病害改造后与扩建部分同时路面统一摊铺面层，如图4-26和图4-27所示。

2. 路面横向拼接

根据交通组织，结合路面病害情况的对新老路面拼接采取如下措施：

(1)新老路一次性施工路段拼接(第1、2施工区段)

拼接前，先根据老路病害情况对老路进行铣刨，对保留的老路路面结构，按30cm宽开挖台阶，台阶高度为老路面各层厚度，然后扩建部分和老路部分路面一次性完成路面施工，如图4-28所示。

(2)新老路分期施工路段(第3、4施工区段)

在老路行车道至硬路肩60cm处的路缘带内开挖台阶，台阶宽0.30m，高度为老路面各层厚度。铺筑扩建路面至与老路面顶面齐平，交通转移至本幅路段，待对向第1、2施工区一次性施工完成并交通转移后，结合老路铣刨层位进行反向开挖台阶处理，最后新老路统一罩面，如图4-29和图4-30所示。

第四节　乳化沥青冷再生上基层施工关键技术

乳化沥青冷再生沥青混合料技术作为一种旧沥青路面铣刨料的回收再利用方式，目前越来越多地被应用于改(扩)建工程中。乳化沥青冷再生混合料的拌和、运输、碾压都是在常温下进行的，这是乳化沥青冷再生混合料的最大优点。

乳化沥青冷再生混合料常被用于上基层，其压实过程分为常温压实和二次温压实2个阶段。常温压实即乳化沥青冷再生混合料在常温条件下用不同类型的压路机进行碾压。二次温压实是指在冷再生上覆热拌层摊铺碾压过程中，由于冷再生混合料内部温度升高，沥青软化，冷再生层被进一步压密的现象。

本书结合昌樟高速公路改扩建工程，对冷再生的施工碾压工艺进行了相关研究。

一、试验研究方案

1. 常温压实工艺研究

常温压实是乳化沥青冷再生施工质量的基础和保证。通过变换碾压次数，采用了 5 种不同压路机组合方式进行乳化沥青冷再生上基层的碾压工艺研究。其中，双钢轮压路机最大吨位为 14t，单钢轮压路机最大吨位为 18t，轮胎式压路机最大吨位为 28t。回收沥青铣刨料经筛分后分为 3 档：细 RAP（0 ~ 5mm），中 RAP（5 ~ 10mm）和粗 RAP（10 ~ 30mm）。细、中、粗、新集料及矿粉的掺配比例分别为 28%、24%、36%、10% 和 2%，水泥用量为 1.5%，乳化沥青含水用量为 3.5%，其中乳化沥青中沥青的含量为 65%。

本次试验冷再生层设计厚度 12cm，根据施工单位的碾压机械配备情况，冷再生层不同碾压工艺见表 4-25。工艺一是施工单位常用施工工艺；工艺二撤掉了单钢轮压路机；工艺三、工艺四和工艺五则是在工艺二的基础上适当增加了双钢轮压路机的碾压次数。每种工艺对应的试验段长度约 100m。

冷再生层不同碾压工艺对照表　　表 4-25

压路机类型			工艺一	工艺二	工艺三	工艺四	工艺五	工艺六
初压	双钢轮振动式压路机	静压（遍）	1	1	1	1	1	1
		振压（遍）	1	1	3	5	7	1
复压	单钢轮振动式压路机	振压（遍）	2	—	—	—	—	4
	轮胎式压路机	揉压（遍）	8	8	8	8	8	10
终压	双钢轮振动式压路机	静压（遍）	2	2	2	2	2	2

2. 单层最大厚度压实研究

乳化沥青冷再生上基层常用厚度为 10 ~ 12cm，因为这个厚度比较容易压实。我国再生技术规范指出单层最大压实厚度不超过 16cm，若单层压实厚度大于 16cm 是否容易压实？各项指标是否符合规范要求？对此，本书进行了 16cm 厚度的冷再生上基层试验研究。

本次大厚度试验段考虑压实度、现有设备情况以及碾压效率等因素，采用碾压工艺一和碾压工艺六（适当增加碾压次数）进行对比，每种工艺对应长度 100m。

3. 上覆热拌层碾压工艺研究

目前很多文献都提及了冷再生"二次压实"现象,但"二次压实"会不会对上覆热拌层的压实效果产生影响,产生影响的程度有多少,却很少有资料提及。本书结合昌樟高速公路改扩建工程,初步探究了冷再生层的二次压实对上覆热拌层的压实效果影响。

当前,面层的施工碾压多采用双钢轮压路机配胶轮压路机的方式。本次试验上覆热拌层 ATB-25 摊铺碾压时采用的压路机组合工艺见表 4-26。

上覆热拌层 ATB-25 摊铺碾压工艺表 表 4-26

碾压工序	压路机类型	常规工艺	改进工艺	速度(km/h)
初压	轮胎式压路机	静压 2 遍	静压 2 遍	1.5 ~ 3
复压	双钢轮振动式压路机	振压 6 遍	振压 10 ~ 12 遍 遍	2 ~ 4
终压	双钢轮振动式压路机	静压 2 遍	静压 2 遍	3 ~ 4

首先在常规施工路段取芯测试,然后选取了 300m 的路段,对碾压工艺进行改进,将双钢轮压路机振压次数增加了 4 ~ 6 次,再次取芯。

冷再生层中温度的上升是导致二次温压实的最重要因素。为了进一步弄清二次温压实过程,在冷再生层中不同深度处埋设温度传感器,对摊铺上覆热拌层时冷再生层的温度变化进行监测。

二、试验结果分析

1. 常温碾压工艺研究

(1) 直观观察分析

对碾压后的冷再生基层进行直观观察,采用碾压工艺一的路段处,产生了拥包现象,分析认为该现象是单钢轮的推移作用所致。

在采用工艺一的碾压过程中,发现单钢轮压路机碾压过后,基层表现出明显的拉裂现象。分析认为该现象产生的原因是单钢轮压路机振动和轮胎的碾压产生的拉裂作用所致。在没有使用单钢轮压路机的路段,没有发现类似现象。

(2) 压实度、空隙率分析

常规厚度冷再生层的压实度和空隙率见表 4-27。

常规厚度冷再生层压实度及空隙率 表 4-27

项目类别	工艺一	工艺二	工艺三	工艺四	工艺五
压实度(%)	95.3	93.3	94.4	95.0	95.9
空隙率(%)	13.05	14.38	13.66	13.25	12.90

从表4-27可以看出,比较5种工艺压实度,工艺一的压实度高于工艺二和工艺三的压实度,略高于工艺四的压实度,略低于工艺五的压实度。

比较工艺一、工艺二、工艺三的空隙率,工艺一的空隙率最小。值得注意的是,本次芯样都是在第一次常温压实后取芯,没有经过上覆热拌层的二次碾压,因此3种工艺碾压后的空隙率都偏大。

可见,适当地增加双钢轮的碾压次数,可以达到或接近单钢轮压路机的压实效果。但是,本次双钢轮压路机吨位较小,要经过多次碾压才能达到单钢轮压路机的碾压效果,这样增加了碾压时间,容易造成与摊铺机施工脱节。

由此,建议冷再生混合料碾压时可用双钢轮压路机取代单钢轮压路机,同时压路机吨位应增大,建议双钢轮18t以上,胶轮压路机30t以上。

2. 单层最大厚度压实研究

(1)压实度、空隙率分析

大厚度冷再生层的压实度和空隙率见表4-28。

大厚度冷再生层(16cm)压实度及空隙率　　表4-28

项目类别	工艺一			工艺六		
	1	2	3	1	2	3
压实度(%)	94.9	94.6	94.6	95.6	96.0	96.1
空隙率(%)	14.1	14.4	14.2	13.5	13.7	14.0

从表4-28可以看出,适当增加碾压次数可以提高大厚度冷再生层的压实度。但是,对于本次施工采用的压路机吨位而言,增加碾压次数,压实度增大的效果不明显,仍然没有达到100%。这说明压路机的吨位不够,仅仅增加压实次数对压实度的提高有限。

工艺六碾压过后的空隙率比工艺一碾压后的空隙率小,这与现场压实度的结果相符。相同碾压工艺下,大厚度16cm的芯样(实际取出来的厚度14~16cm不等)的空隙率明显比常规厚度12cm的空隙率偏大。原因是16cm的冷再生基层厚度大,吸收相同的压实功后,压实效果没有常规厚度的冷再生基层的压实效果好。

(2)分层切割测试分析

对冷再生大厚度试验段的芯样进行分层切割,如图4-31所示。切割后,进行不同深度范围内的空隙率测试(切割时的刀片大约4mm厚,切割时试件厚度损失大约5mm。在进行高度范围计算时,需要将损失的厚度考虑到厚度范围中)。

图 4-31　试件分层切割

从图 4-31 可以看出，现场路面取回来的冷再生芯样在不同深度范围内的压实度(空隙率)是不同的，深度越深处压实度越小，空隙率越大。因为实际工程的碾压与室内成型存在很大差异。室内试验时，采用马歇尔击实成型方法，双面击实，上下垂直做功。而实际工程中的碾压则是由压路机碾压揉搓做功。当压实功传递到更深的位置处，会有很大程度的折减，因此，越靠近表层的部位，压实度越大。

不同厚度范围分层空隙率和不同厚度范围整体空隙率分别如图 4-32、图 4-33 所示。从图 4-32、图 4-33 可以看出，碾压工艺六比碾压工艺一的压实度更高，再一次说明了适当增加碾压次数有助于提高压实度。经过上覆热拌层的二次碾压后，冷再生层的空隙率明显减小。

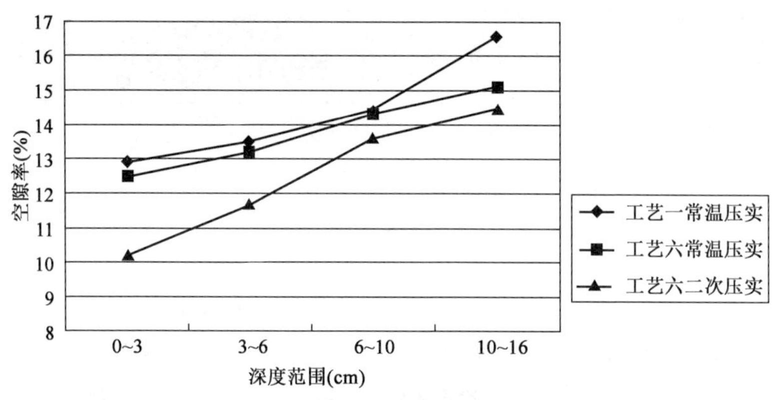

图 4-32　不同厚度范围分层空隙率

二次压实的作用效果随着冷再生层深度范围而变化：深度越浅处(0～3cm)，空隙率变化越大，二次压实的效果越明显；深度越深处(10～16cm)，空隙率变化越小，二次压实的效果越来越不明显。图 4-32 中，在 0～10cm 的厚度范围内，二次压实后冷再生层的空隙率可以达到 12% 以下，说明 10cm 的厚度比较适宜，压实比较容易。图 4-33 中，在 10～16cm 范围内的冷再生层，二次压实后空隙率仍在 14% 以上，说明 16cm 厚的冷再生层不易压实。

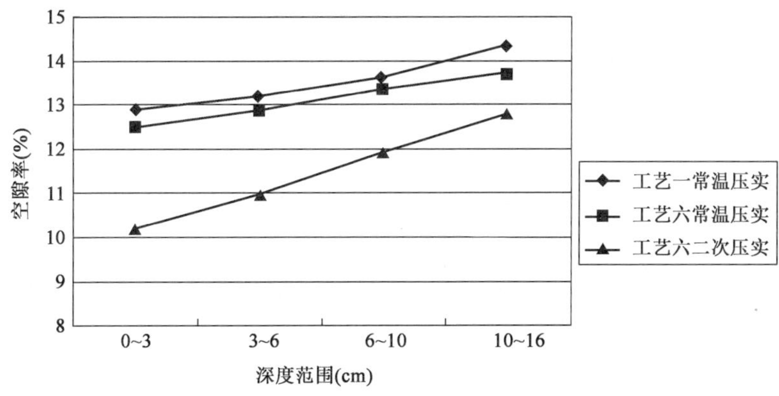

图 4-33　不同厚度范围整体空隙率

比较图 4-31 中两种工艺常温压实后 10～16cm 范围的空隙率，可以发现：增加压实功对该深度范围的作用效果更明显。因此，对于 10～16cm 范围内空隙率过低的现象，建议增大压路机吨位或者适当增加碾压次数，使大厚度再生层的整体空隙率进一步减小。

综上，本次施工条件（压实机械吨位偏小）为：单层 10～12cm 的冷再生层厚度比较适宜。如果冷再生层的设计厚度超过 12cm，通过增加压实功，提高压实度也是可行的。建议增加 18t 以上的单钢轮压路机，同时确保轮胎压路机达到 35t 以上。

3. 上覆热拌层碾压工艺研究

（1）冷再生层碾压效果

将双层连取得到的芯样进行切割，对冷再生部分进行空隙率测试，与没有摊铺上覆热拌层的冷再生层芯样对比，观察上覆热拌层对冷再生基层的二次温压实作用，冷再生碾压效果见表 4-29。二次压实前空隙率的平均值为 13.10%，二次压实后空隙率的平均值为 11.88%。

冷再生碾压效果　　表 4-29

编号	空隙率（%）	
	二次压实前	二次压实后
1	12.9	11.8
2	13.2	12.2
3	13.1	11.6
4	13.2	11.9

从表4-29可以看出，经过上覆热拌层的二次热压实后，冷再生层进一步被压实，空隙率平均值低于12%，符合规范要求。

(2)冷再生层二次温压实过程中的温度变化

将覆热拌层摊铺至温度传感器所在断面的时刻记为时间零点，记录零点时的冷再生层各深度处的初始温度。之后，每5min记录一次温度数据。实测温度数据随时间的变化曲线如图4-34所示。

从图4-34可以看出，12cm厚的冷再生层的最高温度可以上升到45℃，9cm范围内的最高温度可以达到53℃以上。在较高温度下，“二次温压实”就很容易发生。

从图4-34还可以看出，深度越深，由于热传递的衰减，所能达到的最高温度越低；深度越深，由于热传递的延迟，达到最高温度的时间越慢。

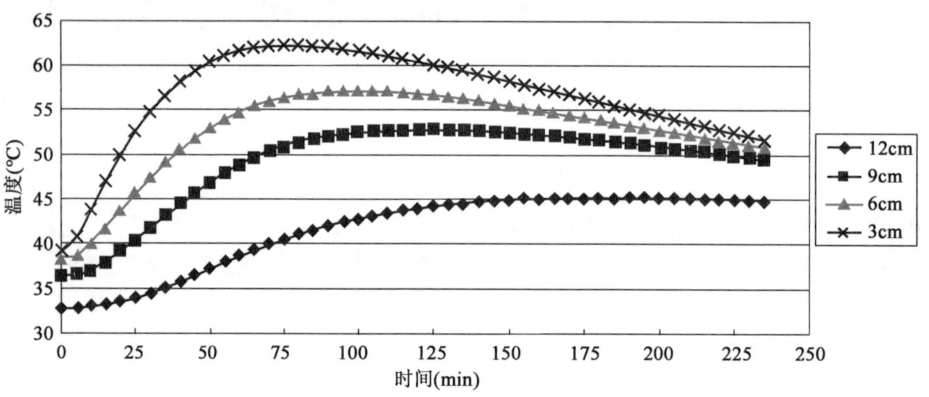

图4-34　冷再生层温度随时间的变化曲线

由于冷再生层越深处，上覆热拌层的压实功传递越少，加之，温度上升后也较低，综合来看越深处的冷再生层受“二次温压实”的影响越小。

上覆热拌层摊铺后1h左右，冷再生层各深度处的温度开始达到最高值，此时更容易产生二次压实。因此，建议增加上覆热拌层的碾压次数，延长碾压时间，从而提高二次压实效果和上覆热拌层的压实度。

(3)上覆热拌层碾压效果

上覆热拌层对冷再生层有热传递和进一步的压密作用，说明上覆热拌层的一部分压实功传递给了冷再生层，其压实度势必会受到影响。鉴于此，又选取了300m的路段，对碾压工艺进行了改进，将双缸轮压路机振压次数增加了4～6次，碾压时间延长至1h，再次取芯。常规工艺和改进后的工艺碾压效果见表4-30。

ATB-25 碾压效果　　　表 4-30

基层类型	常规工艺		改进工艺	
	空隙率(%)	平均值	空隙率(%)	平均值
冷再生	6.3	6.53	6.0	5.98
冷再生	6.8		6.1	
冷再生	6.5		5.8	
ATB	6.1	5.90	5.6	5.67
ATB	5.8		5.6	
ATB	5.8		5.8	

昌樟高速公路改扩建工程采取了两侧加宽的方式,老路基层改建采用的是冷再生基层,新路基层扩建采用的是 ATB 基层。本次试验路段旧路的水稳底基层也是铣刨后重新回填新水泥稳定碎石底基层,冷再生基层和 ATB 基层的下卧层的材料一致,本研究同时也对比了冷再生基层和 ATB 基层对上覆热拌层碾压效果的影响。试验路段路面结构如图 4-35 所示。

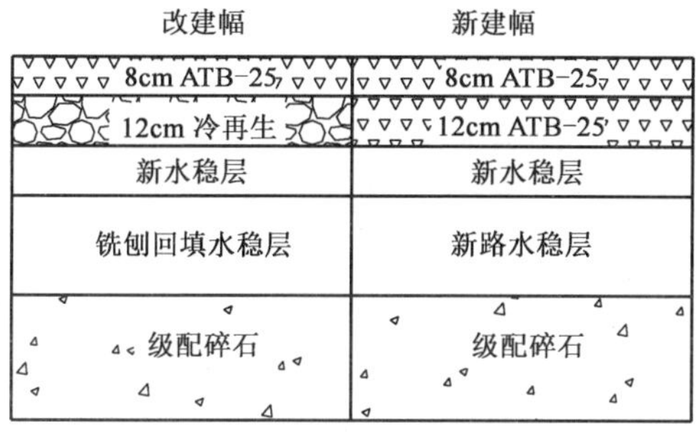

图 4-35　试验路段路面结构图

由表 4-30 可知,基层为 ATB-25 材料的上覆热拌层的空隙率更小,压实效果更好。适当增加上覆热拌层的碾压次数,延长碾压时间至 1h,对上覆 ATB-25 的压实度有一定的提升,尤其是对冷再生基层的上覆 ATB-25 的压实度的提高较为明显。分析原因,冷再生基层的二次温压实过程,吸收了上覆热拌层的部分压实功,从而导致上覆热拌层压实功不足。实际施工中,可以通过增加上覆热拌层的碾压次数,来弥补压实功的不足。

通过对常温压实工艺、单层最大厚度压实及上覆热拌层碾压工艺的研究,可得出以下结论:

(1)冷再生层单层适宜厚度约为 10 ~ 12cm,碾压时,一定要采用大吨位压路机(如30t以上胶轮压路机),否则难以保证压实度。

(2)14~16cm对于冷再生层来说偏厚,不宜采纳。当因调整标高等原因采纳超过12cm的大厚度冷再生层时,宜进一步增加压路机吨位或碾压遍数。

(3)上覆热拌层的摊铺碾压会使冷再生层空隙率进一步降低,但同时也会对热拌层的压实产生影响。建议延长上覆热拌层的碾压时间,增加压实功以保证压实度。

第五节　稳定型橡胶改性沥青混合料在昌樟高速公路改扩建工程中的应用

稳定型橡胶改性沥青混合料是一种新型复合材料,克服了废橡胶粉与沥青难相容、易分离、易沉降的缺点;在保持橡胶沥青优点的同时,有效降低了沥青的高温黏度,具有良好的施工和易性,存储稳定性也得到了有效改善,为橡胶沥青在我国道路工程中的进一步推广应用起到良好的促进作用。

在道路石油沥青中加入18%~20%的橡胶轮胎粉和少量添加剂,通过特定的生产工艺,使胶粉在沥青体系中发生硫键断裂→混炼→再交联等一系列物理和化学反应,形成稳定的胶体体系,即成为稳定型橡胶沥青产品。

近年来,稳定型橡胶改性沥青在我国已经得到了一定的应用,且一些学者对其进行了研究,大部分的研究采用AC类级配进行稳定型橡胶改性沥青混合料的设计。尚培东针对AC类稳定型橡胶改性沥青混凝土提出了高温性能、低温性能和水稳定性的技术指标要求;常友功等人在《公路沥青路面施工技术规范》推荐的AC-13级配范围的基础上,优选出两个级配作为稳定型橡胶改性沥青混合料AC-13的级配上下限。荆靖等人研究了稳定型橡胶改性沥青混合料在京台高速公路曲阜段养护维修工程中的应用,研究采用了SMA-13级配,经研究发现,与常用的SBS改性沥青混合料相比,稳定型橡胶改性沥青混合料的动稳定度和破坏应变分别提高了18.5%和12.8%,在高、低温性能方面均具有优势。

随着稳定型橡胶改性沥青技术的推广,该技术也得到了不断发展。目前一种新型稳定型橡胶改性沥青采用18%~23%的胶粉用量和3%的塑料高聚物用量,其成品具有良好的高温储存稳定性且黏度相对较低,易于热摊铺施工。本研究选用此种稳定型橡胶改性沥青探讨了稳定型橡胶沥青混合料的级配设计、性能评价和实体工程应用。

一、混合料目标配合比设计

1. 原材料

稳定型橡胶改性沥青具有高温黏度低、储存稳定性好等特点。试验选用江西九江生产的成品稳定型橡胶改性沥青，具体的试验检测结果与技术指标要求见表4-31。

稳定型橡胶改性沥青混合料基本指标试验结果　　表4-31

试验项目	单　位	试验结果	技术指标
针入度(25℃,100g,5s)	0.1mm	60.7	55~80
软化点(R&B)	℃	66.9	≥60
5℃延度(5±0.25cm/min)	cm	21.8	≥15
密度(15℃)	g/cm^3	1.033	实测

试验用石料粒径组成为13.2~9.5mm、9.5~4.75mm、4.75~2.36mm和2.36~0.075mm四档。对4.75mm以上粗集料，使用产地江西德安的辉绿岩，对2.36mm以下细集料使用产地江西德安的石灰岩。具体的集料试验检测结果见表4-32。

集料试验　　表4-32

规格(mm)	9.5~13.2	4.75~9.5	2.36~4.75	0~2.36	技术指标
表观相对密度	2.759	2.764	2.738	2.758	≥2.60
毛体积相对密度	2.735	2.739	2.738	2.758	—
吸水率(%)	0.26	0.23	0.37	0.43	≤2.0
砂当量(%)	—	—	—	75	≥60
压碎值(%)	12.7		—		≤26
磨耗值(%)	14.2		—		≤28
粘附性(级)	5		—		5

试验结果显示，各矿料的技术性质满足规范要求。

2. 混合料目标配合比级配设计

沥青玛蹄脂碎石(SMA)混合料具有骨架间嵌挤强、沥青膜厚、空隙率小、表面粗糙等特点，因而具有良好的高温抗车辙能力、低温抗裂能力、耐疲劳性、水稳性及抗滑性能。本研究的工程目标是将稳定型橡胶沥青混合料应用于高速公路的上面层，因此，采用SMA级配进行稳定型橡胶沥青混合料的级配设计，将粗集料的用量定为70%及以上,矿粉用量定为10%左右。试验设计的各组稳定型橡胶改性沥青SMA-13混合料级配见表4-33所示。

稳定型橡胶改性沥青SMA-13混合料设计级配表 表4-33

级配编号	通过下列筛孔(mm)的质量百分率(%)									
	16	13.2	9.5	4.75	2.36	1.18	0.6	0.3	0.15	0.075
SMA-13-A	100	90.4	57.8	23	16.6	14.2	12.2	11.6	10.2	9.0
SMA-13-B	100	93.4	59.7	27.8	20.9	16.8	14.7	12.4	10.7	9.0
SMA-13-C	100	94.3	60.3	28.6	22.3	17.3	15.1	13.2	11.3	9.0
上限	100	100	75	34	26	24	20	16	15	12
下限	100	90	50	20	15	14	12	10	9	8

混合料中添加占矿料总质量0.3%的木质素纤维。对于0.075mm以下的粉料,选用占矿料总质量1%的水泥替代相同质量的矿粉。

初定三组设计级配混合料的试验油石比为6.3%。按照试验油石比和矿料级配制作三组马歇尔试件,混合料拌和温度为175℃,双面击实次数为75次。用计算法求得三组设计级配混合料的最大理论密度,毛体积密度则采用表干法测定。三组设计级配混合料的试验结果见表4-34。

马歇尔试验结果 表4-34

级配编号	4.75mm筛孔通过质量百分率(%)	最大理论相对密度	毛体积相对密度	空隙率VV(%)	矿料间隙率VMA(%)	沥青饱和度VFA(%)	稳定度(kN)
SMA-13-A	23	2.498	2.323	7.0	19.4	64.2	8.5
SMA-13-B	27.8	2.502	2.384	4.7	17.6	73.2	9.4
SMA-13-C	29.5	2.505	2.404	4.0	17.2	76.5	9.8
规范要求	20~34	—	实测	3~4	≥17	≥75	≥6

结合稳定型橡胶沥青SMA-13混合料级配设计方案和马歇尔试验的结果可以看出,对于级配编号为SMA-13-A、SMA-13-B和SMA-13-C的三种稳定型橡胶沥青混合料,随着4.75mm筛孔通过质量百分率的增加,混合料的矿料间隙率不断降低,表明集料间的嵌挤作用得到了增强;同时,混合料的空隙率不断减小。试验结果表明,4.75mm筛孔通过质量百分率对稳定型橡胶沥青SMA-13混合料的体积参数有较大影响。

同时可以看出,在6.3%的油石比下,级配为SMA-13-C的稳定型橡胶沥青混合料的体积指标能够满足《公路工程沥青及沥青混合料试验规程》(JTG

E20—2011)对 SMA-13 混合料的相关要求。因此选择 SMA-13－C 级配作为稳定型橡胶沥青混合料的初选级配。

在初选级配 SMA-13-C 中,测定 4.75mm 以上粗集料在捣实状态下粗集料骨架间隙率 VCA_{DRC},做三组平行试验,测试结果见表 4-35。

SMA-13-C 级配骨架间隙率试验结果　　表 4-35

试验编号	VCA_{DRC}(%)	VCA_{mix}(%)
1	41.1	37.5
2	41.4	37.5
3	41.3	37.5

由表 4-35 可见,级配 SMA-13-C 三组平行试验均满足 VCA_{DRC}大于 VCA_{mix}的要求,表明该级配形成良好的石－石接触的骨架嵌挤结构,确定级配 SMA-13-C 作为混合料目标配合比设计级配。根据矿料筛分结果确定的稳定型橡胶沥青混合料目标配合比级配见表 4-36。

稳定型橡胶沥青混合料目标配合比设计级配表　　表 4-36

矿料	配合比(%)	16	13.2	9.5	4.75	2.36	1.18	0.6	0.3	0.15	0.075
1 号	45	100	87.4	16.2	0.2	0.0	0.0	0.0	0.0	0.0	0.0
2 号	31	100	100	93.6	14.7	0.2	0.2	0.1	0.1	0.1	0.1
3 号	13	100	100	100	100	86.8	48	31.5	16.8	5.3	2.8
矿粉	10	100	100	100	100	100	100	100	100	95.3	76.7
水泥	1	100	100	100	100	100	100	100	100	100	96.2
设计级配(%)		100	94.3	60.3	28.6	22.3	17.3	15.1	13.2	11.3	9.0
上限		100	100	75	34	26	24	20	16	15	12
下限		100	90	50	20	15	14	12	10	9	8

3. 路用性能对比研究

根据稳定型橡胶沥青 SMA-13 混合料级配设计研究的结果可以看出,在 6.3% 的油石比下,级配 SMA-13-C 可以作为稳定型橡胶沥青 SMA-13 混合料目标配合比的设计级配。故选用油石比为 6.3% 的 SMA-13－C 级配稳定型橡胶沥青混合料进行路用性能的研究。

同时,选取级配 SMA-13-C 成型 SBS 改性沥青混合料,以 4% 作为设计空隙率,确定最佳油石比,进行稳定型橡胶沥青 SMA-13 混合料与 SBS 改性沥青

SMA-13 混合料路用性能的对比研究。采用马歇尔试验得到 SBS 改性沥青 SMA-13 混合料的油石比验证结果，见表 4-37。

马歇尔试验结果 表 4-37

沥青类型	油石比(%)	最大理论相对密度	毛体积相对密度	空隙率 VV(%)	矿料间隙率 VMA(%)	沥青饱和度 VFA(%)	稳定度(kN)
SBS	6.1	2.511	2.410	4.0	17.0	76.2	9.7
规范要求	—	—	实测	3~4	≥17	≥75	≥6

针对设计的稳定型橡胶沥青混合料和 SBS 改性沥青混合料，通过车辙试验、低温弯曲梁试验和冻融劈裂试验进行路用性能评价，各项试验的具体结果见表 4-38。

路用性能试验结果 表 4-38

混合料类型	动稳定度(次/mm)	低温弯曲破坏应变(με)	冻融劈裂强度比(%)
稳定型橡胶沥青混合料	5478	3875.4	86.5
SBS 改性沥青混合料	4504	3342.6	87.8
SMA 混合料路用性能要求	≥3000	≥2500	≥80

根据表 4-38 可以看出，基于目标配合比设计级配的稳定型橡胶沥青混合料和 SBS 改性沥青混合料的高温稳定性、低温抗裂性和水稳定性均满足规范要求。

稳定型橡胶沥青混合料的动稳定度和低温弯曲破坏应变比 SBS 改性沥青混合料更大，表明稳定型橡胶沥青混合料具有相比 SBS 改性沥青混合料更加优良的高温抗变形性能和低温抗裂性能。此外，稳定型橡胶沥青混合料和 SBS 改性沥青混合料的冻融劈裂强度比非常接近，表明两种混合料的水稳定性相当。

二、混合料生产配合比设计

1. 混合料生产配合比级配设计

参考稳定型橡胶沥青混合料目标配合比设计级配，采用热仓料进行稳定型橡胶沥青混合料生产配合比的级配设计。根据热仓料筛分结果设计的稳定型橡胶沥青混合料的生产配合比设计级配见表 4-39 和图 4-36。

稳定型橡胶沥青混合料的生产配合比设计级配表　　表4-39

矿料	配合比(%)	16	13.2	9.5	4.75	2.36	1.18	0.6	0.3	0.15	0.075
1号	35	100	87.3	13.3	0.0	0.0	0.0	0.0	0.0	0.0	0.0
2号	40	100	100	88.9	11.8	0.2	0.1	0.1	0.1	0.1	0.1
3号	1	100	100	100	100	8.3	1.1	1.0	1.0	1.0	1.0
4号	14	100	100	100	100	88.2	51.6	33.8	19.6	7.8	3.1
矿粉	10	100	100	100	100	100	100	100	100	95.3	82.7
设计级配(%)		100	95.5	65.2	29.7	22.5	17.3	14.8	12.8	10.7	8.8
上限(%)		100	100	75	34	26	24	20	16	15	12
下限(%)		100	90	50	20	15	14	12	10	9	8

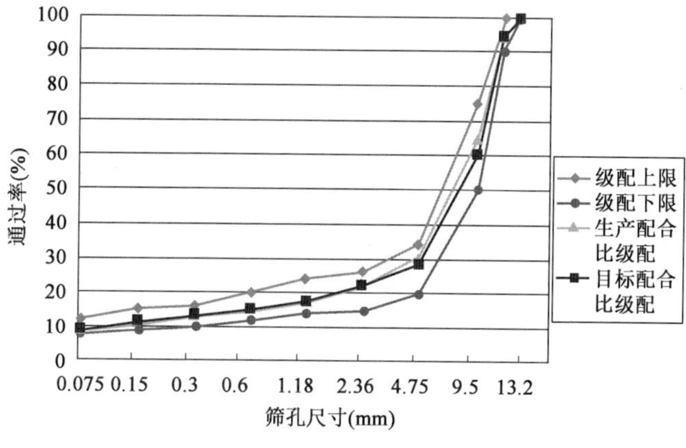

图4-36　稳定型橡胶沥青混合料的生产配合比设计级配图

由于施工单位现场生产条件限制，设计中未能采用水泥替代部分矿粉。

对比稳定型橡胶沥青混合料生产配合比级配与目标配合比级配可以看出，生产配合比级配的4.75mm通过率相对更大，但由于没有选用相对于矿粉更细的水泥替代部分矿粉，生产配合比级配的0.075mm的通过率相对较小。

2. 混合料试验结果

采用马歇尔试验方法确定稳定型橡胶沥青生产配合比混合料的油石比，并进行混合料路用性能的验证，试验结果见表4-40。由表4-40可以看出，稳定型橡胶沥青SMA-13生产配合比混合料的各项路用性能均满足规范对SMA混合料的要求，具有良好的高温性能、低温性能和水稳定性。

稳定型橡胶沥青生产配合比混合料试验数据　　表 4-40

指标分类	试验项目	试验结果	规范要求
SMA 混合料马歇尔试验配合比设计参数	油石比(%)	6.3	—
	空隙率(%)	4.0	3~4
	矿料间隙率(%)	17.0	≥17
	沥青饱和度(%)	76.4	75~85
	稳定度(kN)	9.2	≥6
	流值(mm)	3.02	-
	析漏损失(%)	0.03	≤0.1
	飞散损失(%)	2.9	≤15
SMA 混合料路用性能	动稳定度(次/mm)	6456	≥3000
	低温弯曲破坏应变(με)	3719	≥2500
	冻融劈裂强度比(%)	85.3	≥80

三、试验路施工

昌樟高速公路改扩建工程在上面层施工过程中,铺筑了全长约 3km 的稳定型橡胶沥青混合料试验段,起点桩号为 K25 +840,终点桩号为 K29 +280。按照稳定型橡胶沥青混合料生产配合比进行混合料生产,试验段压实厚度为 4cm。

1. 稳定型橡胶沥青混合料的拌和与运输

采用检验结果满足技术指标要求的成品稳定型橡胶沥青,在沥青罐中加热至不低于 175℃,矿料加热温度为 185~195℃,混合料出料温度为 170~180℃。混合料拌和时间以混合料拌和均匀、所有矿料颗粒全部裹覆沥青胶结料为度。

采用大吨位自卸车进行混合料运输,运料车用篷布覆盖,卸料过程中继续覆盖直到卸料结束取走篷布,以保温或避免污染环境。每辆车到现场均测量混合料温度,低于摊铺温度时混合料不得卸车。

2. 稳定型橡胶沥青混合料的摊铺与碾压

采用两台 ABG423 摊铺机进行摊铺。松铺系数定为 1.25,上面层层厚 4cm,虚铺厚度为 5cm。为保证路面平整度和高程标准,上面层施工使用非接触式浮动梁控制厚度。

碾压分为初压、复压和终压三个阶段进行,本着先轻后重、由低向高、紧跟慢压、高频低振的原则进行。初压目的是对摊铺面进行稳定,复压的目的是提高压实度,终压的目的是消除轮迹,使表面平整。施工碾压方案见表 4-41。

施工碾压方案　　表4-41

碾压阶段	压路机类型	碾压遍数	碾压速度(km/h)
初压	XD130 双钢轮(2 台)	各振动碾压 2 遍, 共计 4 遍	2
复压	DD138 双钢轮 CC722 双钢轮	高频低幅各振动 3 遍,共计 6 遍	4
终压	DD110 双钢轮	静压 2 遍	4

3. 现场检测

施工结束后对路面各项指标进行了现场检测,见表4-42。采用稳定型橡胶沥青技术所铺筑的路段的压实度、渗水系数、构造深度、摩阻系数和厚度等性能及现场施工质量均满足《公路沥青路面施工技术规范》(JTG F40—2004)与施工指南中对热拌沥青混合料的规范要求。

试验路现场检测结果　　表4-42

技术参数	压实度(%)	渗水系数(mL/min)	构造深度(mm)	摩阻系数 BPN	厚度(mm)
测定值	98.4	68	1.09	72	40.3
规范要求	≥97.0	≤200mL/min	≥0.55	≥45	设计值的 -10%

4. 取芯检测

施工结束后在稳定型橡胶沥青混凝土试验路上取芯进行抗剪强度的评价。由于现场施工工期紧,试验路的铺筑采用24h连续生产的方式进行,故对日间施工与夜间施工两种工况分别钻取6个芯样。同时,在常规日间施工的SBS改性沥青混凝土路段上也钻取6个芯样。对各芯样的上面层进行切割制备试件,通过单轴贯入试验评价混合料的抗剪强度,试验结果见表4-43。

现场路面芯样单轴贯入试验结果　　表4-43

混合料类型	施工工况	芯样空隙率(%)	抗剪强度(MPa)
稳定型橡胶沥青混合料	日间施工	5.6	0.782
	夜间施工	5.8	0.757
SBS 改性沥青混合料	常规日间施工	5.7	0.724

根据表4-43可以看出,稳定型橡胶沥青混凝土芯样相对于SBS改性沥青混凝土芯样具有更高的抗剪强度,验证了其高温性能更好。同时对于稳定型橡胶沥青混凝土路段芯样,夜间施工路段芯样相比日间施工路段芯样的空隙率更大

且抗剪强度更低,故建议应尽量避免在夜间进行施工。

综上所述,稳定型橡胶沥青 SMA-13 混合料相比同级配 SBS 改性沥青混合料,具有更好的高温性能和低温性能,且水稳定性相当。室内试验结果和现场施工及检测结果均表明,稳定型橡胶沥青混合料的各项指标均满足规范对热拌沥青混合料的要求。

第五章　高速公路旧桥梁维修加固及桥梁拼接关键技术

随着国民经济的快速发展,公路客货运输快速增长,高速公路通行能力已不能满足现有交通要求。此外,伴随着自然环境的侵蚀、车辆的超载等因素,造成高速公路桥梁病害日益严重。在桥梁拓宽拼接前,首先需对原有桥梁进行检测,根据检测结果对原结构的病害采用相应的维修加固措施。本书依托昌樟高速公路改扩建工程,对高速公路桥梁维修加固及拓宽拼接等关键技术问题进行探讨。

第一节　PC 宽幅空心板结构性病害

预应力宽幅空心板因其具有较好的经济性能及其构造特点在我国公路桥梁中运用较为广泛。由于服役时间长,该类桥梁发生了诸多病害。原昌樟高速公路也大量采用了该类空心板结构,其中最具代表性的为药湖特大桥,本书以该桥为例对宽幅空心板结构性病害进行研究。

一、工程概况

药湖特大桥起讫桩号为 K29 +987 ~ K39 +087,全长 9100m,桥面横向布置为:0.5m 护栏 +11.5m 行车道 +0.5m 护栏 +2m 中央分隔带 +0.5m 护栏 +11.5m 行车道 +0.5m 护栏(共 27m),如图 5-1 所示。大桥设计荷载:汽车—超20 级;挂车—120;人群,3.5kN/m^2。

大桥上部构造均为 20m 后张法预应力混凝土宽幅空心板。每跨各设有 16 片空心板,每块空心板预制宽 155cm、高 90cm,顶、底板厚 10cm,腹板厚 11cm,如图 5-2 所示。每块板各设有 15 根 ASTM A416 -90a 270 级(直径 0.6 英寸)钢绞线(采用先张法张拉)。全桥空心板均为简支结构,在有伸缩缝桥梁墩台上设 $GJZF_4$ 四氟板式橡胶支座($\phi150 \times 28$mm),其余桥墩均为 GJZ 板式橡胶支座($\phi150 \times 42$mm)。

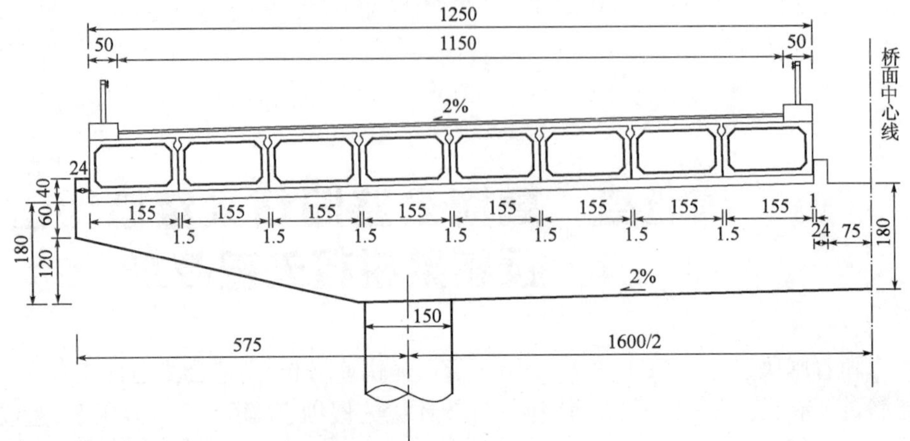

图 5-1　正常段(非开口段)半立面图(尺寸单位:cm)

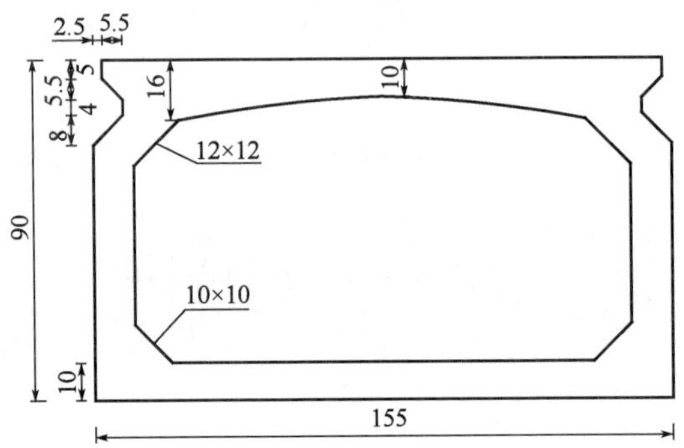

图 5-2　空心板断面尺寸(尺寸单位:cm)

桥梁下部构造均为钢筋混凝土钻孔灌注桩配双柱式桥墩与肋形埋置式桥台。其中,桥墩桩基础 ϕ150cm(桥台桩基础直径为 ϕ180cm),盖梁截面为矩形截面,宽 170cm,墩柱间盖梁高 180cm,悬臂端盖梁高在 60 ~ 180cm 逐渐变化,盖梁全长 2750cm,墩柱中心距 1600cm。盖梁设计为部分预应力混凝土结构,每根盖梁内设 45 根 ASTM A416 - 90a 270 级预应力钢绞线,钢绞线标准抗拉强度 R_y^b 为 1860MPa,张拉控制应力 σ_{con} 为 1400MPa。

桥面每 9 ~ 10 跨一联,结构形式为:10cm 厚 C40 防水混凝土 + 4cm 厚沥青混凝土。

二、上部结构主要病害形式

湖特大桥上部结构主要存在以下病害:

(1)空心板:空心板的外观损坏主要为局部混凝土脱落与露筋,比例很小,这些普遍是由于施工因素产生的损坏,对结构受力影响较小。梁板上发现的裂缝主要为两类:一类为板跨中底面出现的横向裂缝,根据普查原始记录,全桥只发现1处;另一类为梁板端头出现的纵向裂缝,共发现有605片,占检查总数7048片的8.6%,虽然数量相对较多,但是绝大多数(超过98%)发现的裂缝宽度小于0.2mm,且长度普遍在15~30cm。

(2)桥面连续破损严重:在药湖高架桥全桥总计约800处桥面连续处,共发现745处由于桥面连续破损形成贯通桥面的横向裂缝,破损率达93.1%。

(3)发现32处由于横向连接破裂反射到路面结构层上的纵向裂缝(图5-3),并有部分在雨天时存在漏水现象。

(4)药湖高架桥桥面排水系统在设计上未设置纵坡,仅考虑横坡排水,桥面部分区段排水不畅,排水管道容易堵塞,全桥共发现113处管道堵塞的情况,这样导致结构容易受水侵蚀。

(5)由于桥面连续处断裂严重与桥面排水不畅等原因,在盖梁及盖梁上部的梁板纵向连接处普遍存在渗水现象,这样加速了支座等构件的损坏,支座的损坏变形又导致桥面连续构造断裂的进一步加剧,并形成恶性循环。

(6)梁底支座大面积损坏。

在所有检测的28192个支座中,存在外观破损、变形、老化与开裂的支座数量达到了24170个、支座脱空数量为119个(图5-4),总的破损比例达到了86.15%。

图5-3　桥面纵向裂缝

图5-4　支座脱空

三、病害产生原因分析

经检测可知药湖大桥上部结构受力病害可分为两种,一是桥面连续附近拉应力过大产生较多的横桥向裂缝;二是空心板间横向连接较弱,荷载在主梁间不能有效传递。其中,空心板间横向连接较弱是此类桥梁的典型病害。根据药湖特大桥的实际情况并结合相关文献研究成果,产生此病害主要有以下几个方面原因:

1)内因

(1)起横向联结作用的企口缝剪切铰尺寸较小,而且容易破坏。装配式铰接空心板梁桥的横向连接能力薄弱是产生上述病害的根本原因。空心板梁桥通过空心板间的铰接构造传递板间的竖向剪力,并通过空心板间的铰接缝混凝土传递的剪力实现行车荷载的横向分布。板梁间的横向连接不足以抵抗行车荷载产生的横向弯矩,空心板间混凝土在行车荷载作用下就会开裂。此外,由于各空心板侧面竖向剪力产生的转矩作用,加剧了板间混凝土的开裂,最终导致板间的铰接构造混凝土发生损伤,从而削弱了板间的横向连接。从目前空心板梁桥的使用情况来看,使用浅铰的空心板梁桥比使用深铰的损坏得更加普遍,新设计的空心板梁桥多采用深铰的形式。

(2)反拱度过大,从实测情况上看,梁板上拱度较大,平均上拱达到7.8cm。这种挠度会由于混凝土徐变的作用而增加。反拱过大在施工张拉预应力阶段就很难控制,由此可能引起空心板高低不平,将直接影响桥面铺装层的厚度,从而引起空心板结构受力不均,最终导致横向联系的较早破坏。

(3)桥面混凝土铺装层钢筋配置偏弱。桥面混凝土铺装层是提供空心板横向联系的重要组成部分,原桥面混凝土铺装层仅配置了一层钢板网,这样的设计对空心板横向连接能力的作用很小,尤其在渠化交通和超载车辆增多的情况下,往往会因为一些施工缺陷,很快就会发生损坏。

2)外因

(1)超载车辆增多。近年来,昌樟高速公路的交通量尤其是超限超载车辆迅猛增加。桥梁结构长期且经常性受到超过设计标准(汽车—超20级、挂车—120)的重型车辆交通荷载的作用。随着交通量的增加,超过设计标准的重载运输客观存在。超重车辆由于载重太大,车速缓慢,形成了“重车集中、成串通行”的现象,对桥梁结构构成严重威胁。超重车辆的长期冲击、疲劳作用是造成该类桥梁结构病害的重要原因。

(2)桥梁日常养护不够。桥梁的损坏与其管理养护也有一定的关系,主要是桥面排水不畅,药湖高架桥桥面排水系统在设计上未设置纵坡,仅考虑横坡排水,桥面部分区段排水不畅,全桥共发现113处管道堵塞的情况,这样导致结构容易受水侵蚀。雨水沿桥面纵缝的侵入,也加快了企口缝混凝土损坏。

（3）支座损坏严重，使得上部结构受力不均。在药湖高架桥支座检测中，支座存在外观破损、变形、老化与开裂和脱空的现象极为普遍，总的破损比例达到86.15%。极有可能引起空心板三点受力，空心板底板不在一个平面，支座点高程不一致。空心板在车辆荷载作用下，出现松动不稳，导致铺装层和铰缝的破坏，从而削弱空心板间的横向连接。

四、PC宽幅空心板极限承载力

桥梁在长期运营过程中，经常受到环境侵蚀或超载重车的荷载作用，为了解和预测桥梁在超过设计荷载条件下的结构状态（特别是桥梁的极限状态），本书通过现场实桥破坏性试验研究桥梁的承载能力、极限状态、安全储备以及剩余寿命等。

1. 试验加载方案

从现场托运了6片原型梁至试验室内，选取了其中2片中板进行破坏试验。

每块空心板预制宽155cm，高90cm，顶、底板厚各10cm，腹板厚11cm（图5-5）。每块板各设有15根ASTM A416－90a 270级（直径0.6英寸）钢绞线，空心板采用C40碎石混凝土。

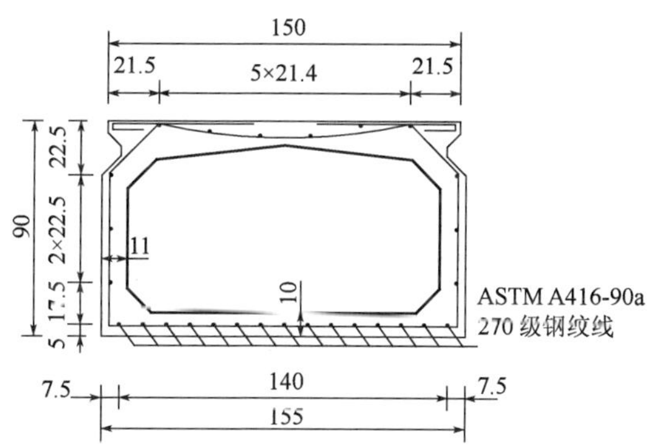

图5-5　PC宽幅空心板$L/2$截面（尺寸单位：cm）

试验采用千斤顶、枕木、反力架等构成加载体系，试验过程采用分级循环加载。试验加载装置如图5-6所示。

试验测试内容包括荷载实时观测、宽幅空心板变形观测、应变测量、裂缝观测，试验全过程利用摄像机记录。

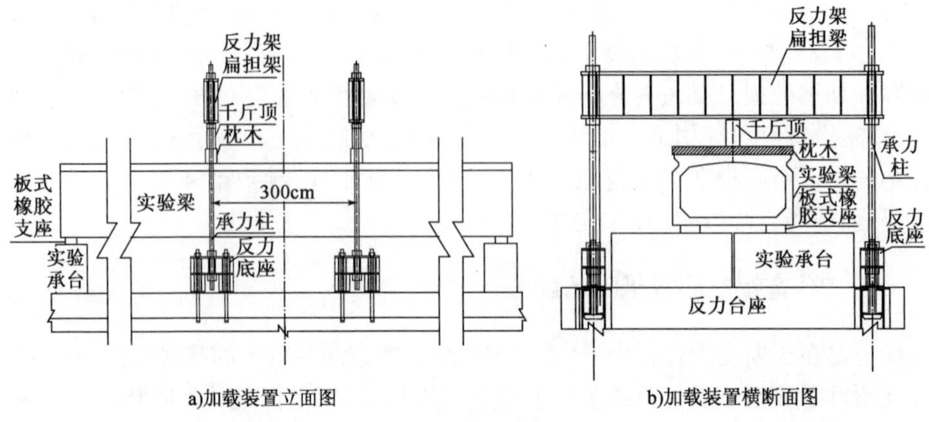

a)加载装置立面图　　b)加载装置横断面图

图 5-6　试验加载装置

2. 破坏现象与机理分析

试验之前分别对 1 号试验梁和 2 号试验梁进行外观检测,检测结果为:

(1)1 号梁梁端局部掉角(现场吊梁钻孔所致),梁体未发现裂缝,PC 空心板结构整体状况较好;

(2)2 号梁梁端腹板处发现斜向裂缝,共 6 条,最大裂缝宽度为 0.2mm。

试验结果表明,梁板整个受力过程分为 3 个阶段(以 1 号梁为例):

(1)加载初始阶段,结构处于弹性状态,结构变形随荷载增大呈线性变化;

(2)当荷载 P 为 360kN 时,结构纯弯段内出现弯曲裂缝;荷载 P 为 400kN 时,试验梁端头处出现剪切裂缝;伴随着裂缝的扩展,结构刚度逐渐降低,结构变形随荷载增大呈非线性变化;

(3)循环加载过程中,残余变形不断增大,最导致顶板混凝土压碎,跨中出现塑性铰,屈服现象明显;荷载 P 为 880kN 时,试验梁最终压溃垮塌,如图 5-7 所示。

a)试验梁顶板开裂

b)试验梁跨中断裂

图 5-7　试验梁破坏现象

3. 位移及应变结果分析

1 号试验梁、2 号试验梁的荷载挠度曲线分别如图 5-8、图 5-9 所示。由图 5-8和图 5-9 可以看出,试验梁跨中截面的荷载-挠度曲线包络线近似呈三折线形,弯折点分别是混凝土开裂(*A* 点)、顶板普通钢筋屈服(*B* 点)及空心板极限承载力(*C* 点),在 *C* 点处构件突然垮塌破坏。试验结果表明 1 号梁、2 号梁均具有非常好的变形能力,其跨中最大挠度分别为 556cm、549cm;1 号梁和 2 号梁的极限承载力分别为 880kN、800kN,对应的跨中极限弯矩值分别为 3696kN · m、3360 kN · m。

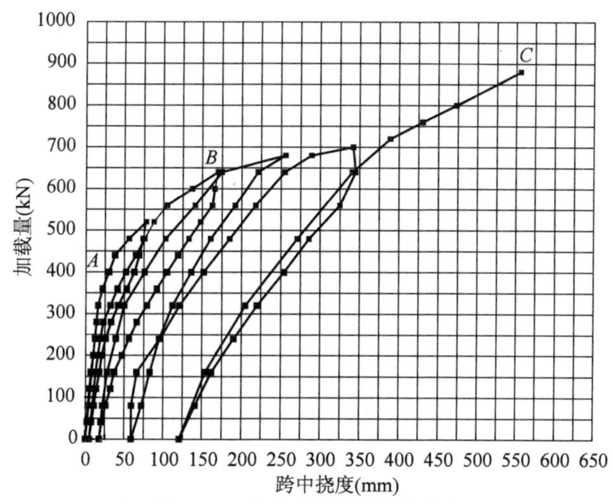

图 5-8　1 号试验梁荷载-挠度曲线

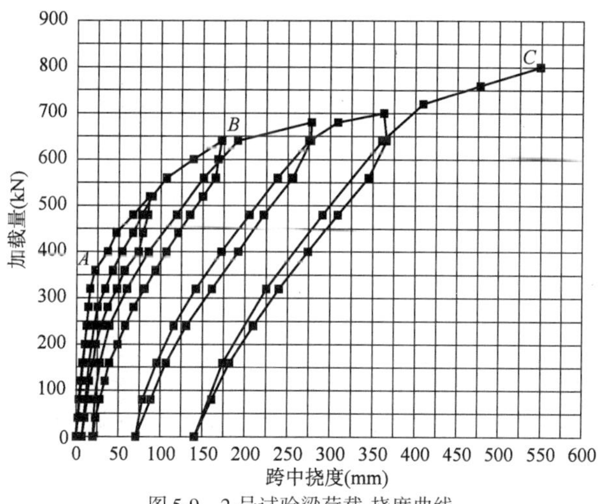

图 5-9　2 号试验梁荷载-挠度曲线

2 号梁跨中截面上缘荷载-应变曲线(图 5-10)。由图 5-10 中 A、B 两点可知,2 号梁临近破坏时顶板混凝土的应变增加很快。荷载为 640kN 和 680kN 时对应的应变分别为 1217με 和 1627με,应力值分别为 39.6MPa 和 52.9MPa,这也和顶板混凝土压溃的试验现象相吻合。

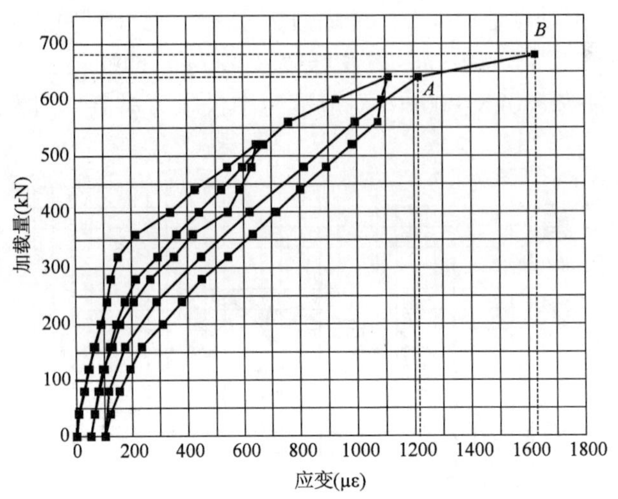

图 5-10 2 号试验梁荷载-应变曲线

4. 承载能力及安全储备分析

按《结构设计原理》计算第一类 T 形受弯构件的抗弯承载力 M_μ:

$$f_{cd}b_f'x = f_{pd}A_s \tag{5-1}$$

$$M_\mu = f_{cd}b_f'x\left(h_0 - \frac{x}{2}\right) \tag{5-2}$$

式中:f_{cd}——混凝土轴心抗压强度设计值;

f_{pd}——预应力钢绞线抗压强度设计值;

b_f'——I 形截面受压区翼缘厚度;

x——截面受压区高度;

h_0——截面有效高度。

按照上述公式求得试验梁的跨中理论抗弯承载力 $M_\mu = 2720\text{kN}\cdot\text{m}$,分别为 1 号、2 号梁极限弯矩试验值的 73.6%、81.0%。理论承载力小于结构实际的极限承载力,原因是现行的公路桥涵设计规范采用的是半概率极限状态设计法,根据其计算出的极限承载能力实为一种条件极限承载力。

为了反映桥梁的承载性能引入了活载因子 λ 并定义了桥梁的安全系数。

$$\eta = \frac{P_{恒载} + \lambda \cdot P_{活载}}{1.2P_{恒载} + 1.4P_{活载}} \tag{5-3}$$

式中：$P_{恒载}$——恒载作用效应值；

$P_{活载}$——活载作用下效应值。

根据这一理念，本书以试验梁跨中弯矩值 M 为控制指标，定义了受弯构件的安全系数 η：

$$\eta = \frac{M_{恒} + \lambda \cdot M_{活}}{1.2M_{恒} + 1.4M_{活}} \tag{5-4}$$

$$M_{恒} + \lambda \cdot M_{活} = M'_{\mu} \tag{5-5}$$

式中：$M_{恒}$——恒载作用跨中弯矩理论值；

$M_{活}$——车辆荷载最不利作用下的跨中弯矩理论值；

M'_{μ}——构件极限弯矩实测值。

$M_{恒}$和 $M_{活}$可按空心板的设计计算步骤求解得出，本书略去其求解过程。根据上述公式(5-4)和式(5-5)求得构件的安全系数 η 和活载因子 λ 见表 5-1 所述。由计算结果可知在 1 号、2 号空心板的安全系数 η 和活载因子 λ 均大于 1，表明空心板的承载性能较好，构件具有良好的安全储备。

试验梁安全系数及活载因子 表 5-1

编号	$M_{恒}$(kN·m)	$M_{活}$(kN·m)	M'_{μ}(kN·m)	η	λ
1 号	946.20	871.20	3696.00	1.57	3.16
2 号	946.20	871.20	3360.00	1.43	2.77

5. 试验结论

(1)预应力宽幅空心板结构试验破坏形式为顶板混凝土压碎，跨中截面形成塑性铰的典型受弯结构破坏，1 号、2 号试验梁表现出良好的变形能力和承载力；

(2)1 号、2 号空心板的安全系数 η 和活载因子 λ 均大于 1，表明试验空心板具有一定的安全储备；

(3)通过宽幅空心板的破坏性试验可知，就单块板而言，其承载力及安全储备是能够满足设计极限承载力及正常使用要求的。其开裂病害产生机理是否因其抗疲劳性能不足，亦或是铰缝开裂后形成的“单板受力”所引起，值得进一步研究。

五、PC 宽幅空心板铰缝受力性能试验

带浅铰构造的装配式空心板桥的使用始于 20 世纪 70 年代。从 90 年代起，

开始逐步摒弃浅铰缝构造,转而使用深铰缝构造。据统计,我国 20m 以下的中小跨径公路桥梁基本上采用装配式空心板结构。装配式空心板桥经过几十年的运营,由于铰缝构造设计及施工的先天不足,加之后期车辆超载、环境侵蚀等因素。现今大量的空心板桥特别是带有浅铰缝构造的空心板出现了铰缝开裂病害,并最终形成了"单板受力"现象。

铰缝病害已严重影响了装配式空心板桥梁使用的安全性以及该桥型的推广。针对车辆荷载作用下浅铰缝构造受力性能及破坏模式国内鲜有学者研究,且关于铰缝的破坏机理目前仍没有定论。虽然现在设计上已经不再采用带浅铰缝构造的空心板梁,但目前仍有大量的此类空心板桥在运营当中,浅铰缝构造的承载能力是否真的"不堪一击",值得进一步探索,并且对于该类结构的合理利用及加固改造亦是具有重要的工程实际意义。为此,本章以两片跨径为 20m 的预应力混凝土空心板(带浅铰缝构造)为试验对象,对浅铰缝构造在车辆荷载作用下的受力机理进行了分析。

1. 铰缝试验设计

浅铰缝尺寸如图 5-11a)所示。空心板内预埋了连接钢筋 N1,该钢筋沿纵桥向间距 10cm 布置,具体构造如图 5-11b)所示。铰缝钢筋构造共两种,分别为纵桥向间距 10cm 的剪刀钢筋 N2 和纵向钢筋 N3,具体如图 5-11c)所示。

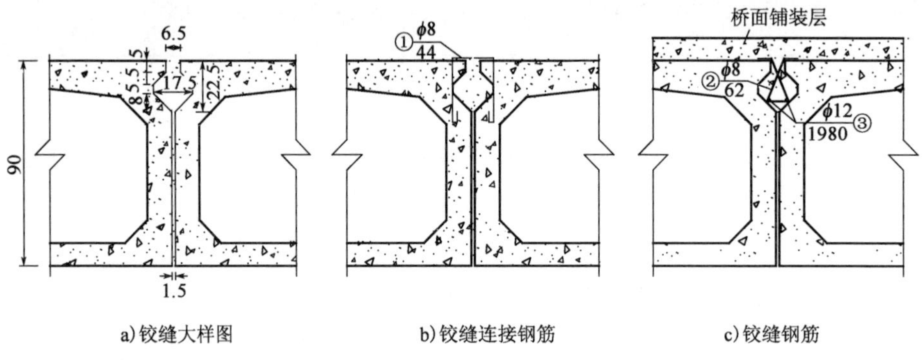

图 5-11 铰缝构造及配筋(尺寸单位:cm)

由于单块空心板从现场托运至试验室时铰缝已完全破坏。试验前将原铰缝混凝土彻底清,凿除部分桥面铺装层,而后分块吊装置于支座上,如图 5-12 所示。铰缝内布置钢筋后采用 C40 级混凝土重新浇筑铰缝及桥面铺装层,养护 28 天后,进行铰缝试验。完成试验后的试验梁如图 5-13 所示。

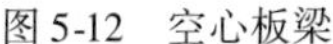

图 5-12　空心板梁

图 5-13　空心板原型试验

2. 试验加载和测点布置

本次试验研究主要对象为空心板的铰缝构造，根据《公路桥涵设计通用规范》(JTG D60—2004)第 4.3.1(2)中规定：桥梁结构的局部加载的计算采用车辆荷载。根据最不利布载原则，将标准车辆荷载后轴轴重转换为均布力作用在试验梁上，且将两个轮载作用在横向同一位置，标准车辆后轴轮胎的着地面积根据《公路桥涵设计通用规范》(JTG D60—2004)表 4.3.1-2 取值为 0.6m ×0.2m，具体加载位置如图 5-14 所示。

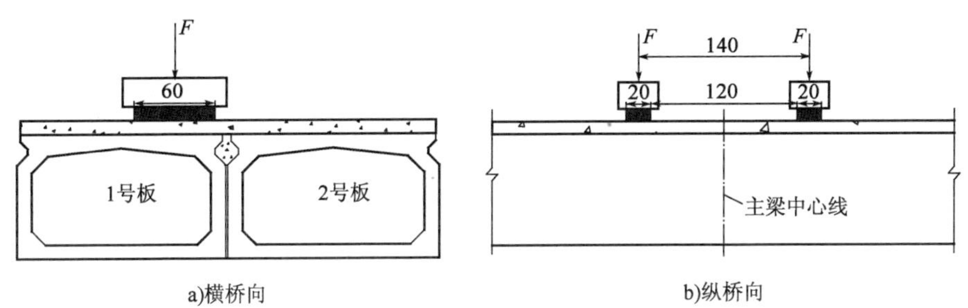

图 5-14　车辆荷载加载位置(尺寸单位：cm)

试验采用液压千斤顶进行两点同步加载，加载量与设计车辆荷载关系见表 5-2。在正式试验之前对空心板梁进行预加载至 140kN，检查各测点是否均已进入正常的工作状态后卸载至 0kN，之后再分级进行加载。

加载量及对应设计车辆荷载值　　表 5-2

加载值(kN)	车辆荷载(公路—I 级)	加载值(kN)	车辆荷载(公路—I 级)
70	0.25 倍	350	1.25 倍
140	0.50 倍	420	1.50 倍
210	0.75 倍	490	1.75 倍
280	1.00 倍	560	2.00 倍

为了解铰缝传递荷载的效果，空心板挠度测点布置如图5-15所示，纵桥向布置3个断面，即$L/4$截面、$L/2$截面和$3L/4$截面。1号板挠度测点编号依次为D1-1、D1-2、D1-3，2号板挠度测点编号依次为D2-1、D1-2、D1-3。

空心板应变片测点沿纵桥向布置于$L/4$截面，$L/2$截面和$3L/4$截面，如图5-16所示。1号空心板应变测点编号依次为S1-1、S1-2、S1-3、S1-4（跨中顶板），2号板应变测点编号依次为S2-1、S2-2、S2-3、S2-4（跨中顶板）。

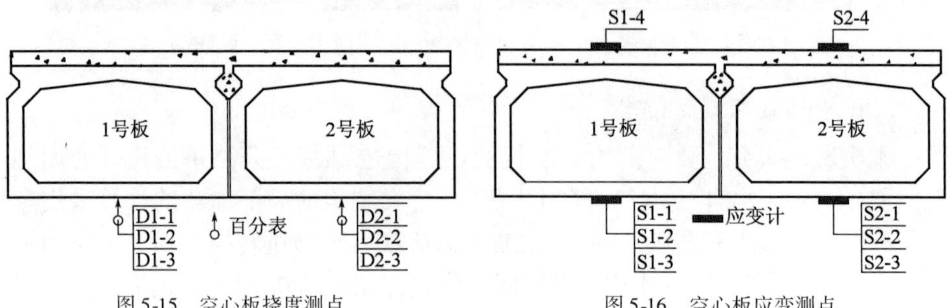

图5-15　空心板挠度测点

图5-16　空心板应变测点

相对位移差是评价铰缝损伤程度及其传力性能的重要指标。为了测量铰缝的相对位置变化，本次试验共布置了四个测点，其中JD1-1、JD1-2测量铰缝的竖向位移，JD2-1、JD2-2测量铰缝的横向位移，纵桥向布置于跨中断面，如图5-17所示。

在浇筑铰缝混凝土前预埋了铰缝的x方向应变测点，且沿纵桥向只布置于$L/2$截面，应变测点沿铰缝高度方向编号依次为JS-1、JS-2、JS-3、JS-4和JS-5，具体布置如图5-18所示。

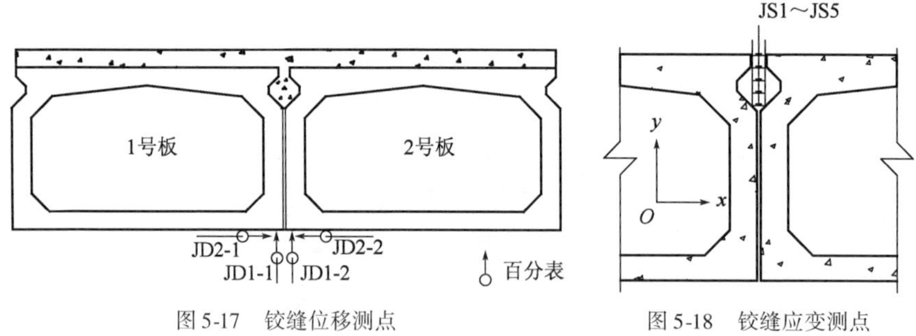

图5-17　铰缝位移测点

图5-18　铰缝应变测点

3. 试验全过程描述

试验加载各个阶段，空心板的荷载-挠度曲线及荷载-应变曲线分别如图5-19、图5-20所示。加载初期结构受力处于弹性阶段，两块板荷载-挠度曲线呈

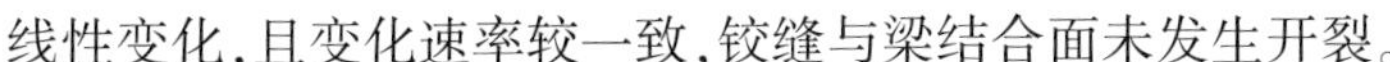

线性变化，且变化速率较一致，铰缝与梁结合面未发生开裂。

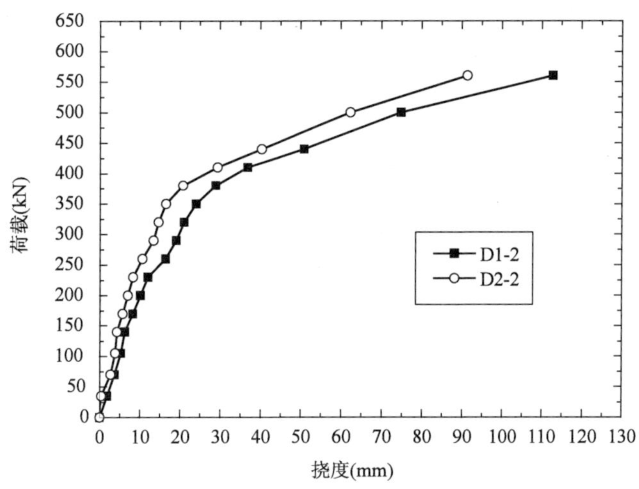

图 5-19　*L*/2 截面荷载-挠度曲线

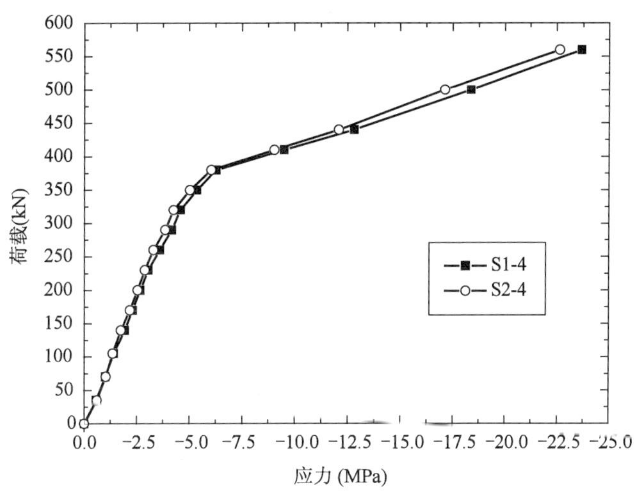

图 5-20　*L*/2 截面顶板荷载-应力曲线

当加载到约 365kN 时，即 1.3 倍设计车辆荷载(公路—I 级)，1 号和 2 号空心板跨中纯弯段出现弯曲裂缝，结构开始进入弹塑性状态，刚度逐渐降低。随着荷载进一步增加，各板荷载-挠度曲线呈非线性变化，直至加载到 560kN，即 2.0 倍设计车辆荷载(公路—I 级)，1 号和 2 号空心板顶板混凝土趋近压溃。整个试验过程中空心板裂缝不断发展，加载至 560kN 时跨中弯曲裂缝最大宽度达到 5mm，但铰缝和空心板梁结合面在试验全过程中未出现开裂。

4. 试验结果

L/2 截面铰缝横向张开量和竖向相对位移随加载量的变化分别如图 5-21、图 5-22 所示。由图 5-21 和图 5-22 可知,整个加载过程中铰缝的横向张开量曲线和竖向相对位移随荷载增加基本呈线性变化。加载至 560kN 时横向张开量为 0. 153mm,竖向相对位移为 0. 201mm。试验加载结束后未发现铰缝开裂的现象。

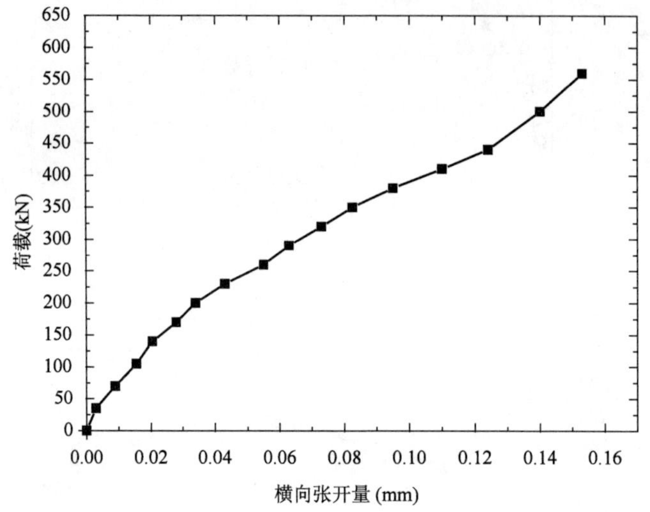

图 5-21　铰缝荷载-横向张开量曲线

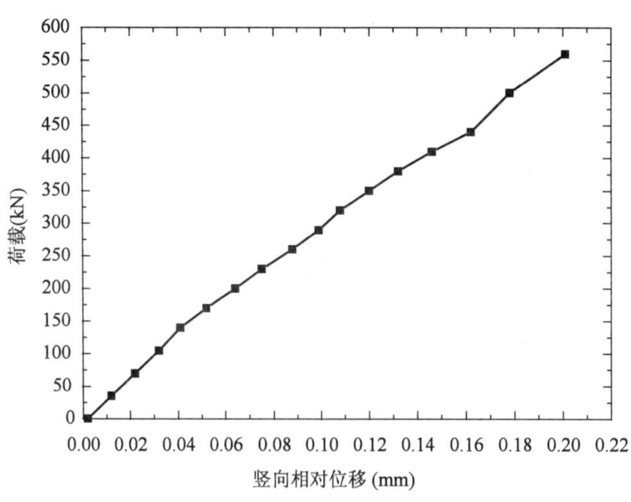

图 5-22　铰缝荷载-竖向相对位移曲线

跨中沿铰缝截面高度应变测点 JS1 ~ JS5 的横向应力值如图 5-23 所示。整个加载过程中，铰缝底部受拉（JS1 ~ JS4 测点），上部受压（JS5 测点）。随着荷载的增加，测点应力值基本呈线性变化，加载至 560kN 时铰缝最底部测点 JS1 拉应力为 0.56MPa。

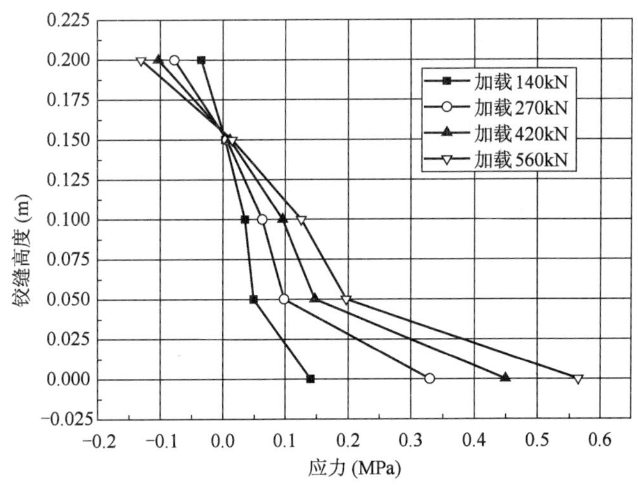

图 5-23　沿铰缝截面高度横向应力曲线

5. 铰缝抗剪承载力计算

目前，我国相关规范中还没有明确如何对铰缝进行抗剪计算。一般按混凝土结合面抗剪公式计算铰缝的抗剪承载力。以下列举北美国家和我国桥梁圬工规范的计算公式。

（1）美国《混凝土结构设计规范》（ACI 318-05）抗剪承载力计算公式

$$V_n = A_{vf} f_y \mu \tag{5-6}$$

式中：V_n——结合面抗剪承载力；

A_{vf}——摩擦抗剪钢筋面积；

f_y——抗剪钢筋屈服强度；

μ——摩擦系数，按以下规定取值：当混凝土整体浇注时，$\mu = 1.4\lambda$；当混凝土浇筑在已有硬化的混凝土表面上，经凿毛处理时，$\mu = 1.0\lambda$；当混凝土浇筑在已有硬化的混凝土表面上，未凿毛时，$\mu = 0.6\lambda$；当用凸键或钢筋将混凝土固定在型钢上时，$\mu = 0.7\lambda$；式中 λ 的取值规定为：当普通混凝土时，$\lambda = 1.0$；当砂制轻质混凝土时，$\lambda = 0.85$；当全轻质混凝土时，$\lambda = 0.75$。

（2）加拿大《公路桥涵设计规范》（CAN/CSA-S6-00）

加拿大《公路桥涵设计规范》中结合面抗剪强度计算公式为：

$$v = \phi_c(c + \mu\sigma) \tag{5-7}$$

式中：v——结合面抗剪强度，不大于 $0.25\varphi_c f'_c$ 或 6.5MPa；

ϕ_c——混凝土折减系数；

f'_c——规定的混凝土抗压强度。

式(5-7)中的 c 和 μ 按下列条件取值：

混凝土浇筑在已有硬化的混凝土表面上，未进行凿毛处理时，$c = 0.25$MPa，$\mu = 0.60\lambda_1$；混凝土浇筑在已有硬化的混凝土表面上，经凿毛处理时，$c = 0.50$MPa，$\mu = 1.00\lambda_1$；混凝土整体浇筑，$c = 1.00$MPa，$\mu = 1.40\lambda_1$。

当材料为普通混凝土 $\lambda_1 = 1.0$；砂制轻质混凝土 $\lambda_1 = 0.85$；全轻质混凝土 $\lambda_1 = 0.75$。

式(5-7)中的 σ 按下式取值：

$$\sigma = \rho_v f_y + \frac{N}{A_{cv}} \tag{5-8}$$

式中：f_y——抗剪钢筋的屈服强度；

ρ_v——抗剪截面配筋率，$\rho_v = \dfrac{A_{vf}}{A_{cv}}$；

N——抗剪截面侧压力；

A_{vf}——抗剪钢筋面积；

A_{cv}——抗剪混凝土截面面积。

(3)我国《公路圬工桥涵设计规范》(JTG D61—2005)

《公路圬工桥涵设计规范》的第 4.0.13 条构件正截面直接受剪时，按下式计算：

$$\gamma_0 V_d \leqslant A f_{vd} + \frac{1}{1.4}\mu_f N_k \tag{5-9}$$

式中：V_d——铰缝剪力设计值；

γ_0——结构重要性系数；

A——受剪截面积；

f_{vd}——混凝土抗剪强度设计值，其取值见表 5-3；

μ_f——摩擦系数，采用 $\mu_f = 0.7$；

N_k——与受剪截面垂直的压力标准值。

混凝土抗剪强度设计值 表 5-3

强度等级	C40	C35	C30	C25	C20	C15
f_{vd}(MPa)	2.48	2.28	2.09	1.85	1.59	1.32

以本次试验浅铰缝为例，分别按照上述三种规范求解铰缝的抗剪承载力及抗剪强度。基于铰接板法原理，计算 2.0 倍设计车辆荷载作用下的铰缝剪力值及剪应力。上述计算结果列于表 5-4 中。

浅铰缝抗剪承载力及强度计算　　表 5-4

规范标准	抗剪承载力、强度值	2.0 倍设计车辆荷载的铰缝剪(应)力
美国 ACI 318—5	$V_n = 88.4$kN	$V_d = 72.3$kN
加拿大 CAN/CSA-S6－00	$v = 0.52$MPa	$v_d = 0.32$MPa
中国 JTG D61—2005	$Af_{vd} = 558$kN	$V_d = 72.3$kN

由表 5-4 可知三种规范计算的铰缝抗剪承载力及抗剪强度均大于 2.0 倍车辆荷载(公路—Ⅰ级)作用下铰缝剪力计算值。其中，美国和加拿大规范计算结果值相接近，中国规范计算的抗剪承载力远大于铰缝设计剪力值。这是由于我国规范中混凝土直接抗剪强度设计值 f_{vd} 按表 5-3 取值，而实际铰缝混凝土的剪切破坏取决于铰缝与梁体间新老混凝土结合面的抗剪强度。

6. 结论

(1)以两片跨径为 20m 的预应力混凝土空心板(带浅铰缝构造)为试验对象，进行了浅铰缝构造在车辆荷载作用下的受力机理研究。偏载作用下浅铰缝受剪切为主，底部拉应力较小。铰缝横向应力、横向张开量及竖向相对位移的试验结果及试验现象均表明在加载至 2.0 倍的设计车辆荷载(公路—Ⅰ级)下未发生开裂。

(2)通过美国 ACI 318－05 规范、加拿大 CAN/CSA-S6－00 规范及我国 JTG D61—2005 规范的理论计算结果可知浅铰缝构造具有较好的抗剪承载力性能，由于北美两规范相比我国 JTG D61—2005 规范考虑结合面的粗糙程度、混凝土浇筑施工顺序和材料特性等因素更适用于铰缝抗剪承载力的计算。

(3)通过试验和理论计算结果可知铰缝构造发生剪切破坏模式的概率很小，可采用一些构造及配筋措施提高铰缝与空心板结合面的抗拉承载能力。

第二节　昌樟高速公路桥梁加固施工关键技术

根据昌樟高速公路改扩建工程的要求，对全段原有桥涵进行了检测、检算、荷载试验，在此基础上对全部桥涵的现状进行综合评定，并结合施工图设计阶段的改扩建措施，对原有桥涵提出相应的维修加固及改造措施，包括体外预应力加固法、增大截面法以及粘贴碳纤维法。本章将详细介绍这三种维修加固方法的施工工艺及流程。

一、昌樟高速公路桥梁加固施工工艺及流程

1. 横向体外预应力法

通过在构件体外增设预应力索(包括钢绞线、高强钢丝束和精轧螺纹钢筋)对原有结构构件进行主动加固的方法。其作用原理是通过预应力手段,改变原结构的内力分布,调整原结构应力水平,从而达到提高结构承载能力、改善结构抗裂和耐久性的目的。为了改善装配式空心板的横向受力性能并抑制铰缝开裂,昌樟高速公路桥梁加固工程中采用了此种方法,其关键施工工艺如下:

1)横向体外预应力钢绞线的张拉

简支空心板梁桥横向体外预应力束的施工是其改造加固工程的主要内容和加固体系的关键部分。体外横向预应力加固法选择了具有较好防腐性能的无黏结预应力钢绞线作为预应力束。

预应力束的施工(钢绞线的张拉)应当在空心板间灌缝达到设计强度及锚具衬板高强螺栓黏结材料完全固化后进行。预应力钢绞线施工主要包括:钢绞线放样下料、钢绞线端头处理、穿(挂)索、钢绞线锚固端锚固、张拉及锚头封闭处理等工序。其中,张拉控制是预应力钢绞线施工的关键环节。

无黏结预应力钢绞线的长度应根据简支空心板梁桥横向净宽度,以及锚固端、张拉端的工作长度进行计算、确定,留足张拉工作长度。钢绞线的切割可直接使用砂轮切割机切割,按计算长度下好料后,剥除两端锚具及张拉工作长度范围内的PE管外皮,并将钢绞线上的防腐油脂擦拭干净,每根一盘备用。无黏结钢绞线下料、切割、成盘及运输过程中,要保护其PE管外皮不受损伤。

无黏结预应力钢绞线的穿(挂)索施工。先用绳索将其锚固端牵引至空心板边板(块)锚具处,钢绞线穿过锚具衬板,并用锚固端锚具予以固定;在张拉端用绳索牵引钢绞线,穿过张拉端锚具衬板,用张拉端锚具固定,即完成预应力钢绞线的穿(挂)索施工。穿(挂)索施工过程中,应保护好钢绞线外套PE保护管;同时要清除掉钢绞线附近空心板板底用于封闭板间缝的模板,以保证横向预应力体系的建立。

横向体外预应力钢绞线的张拉,使用高压油泵和张拉千斤顶进行施工。高压油泵、张拉千斤顶和油泵油压表施工前要进行标定。钢绞线张拉施工要平稳、缓慢进行。开始张拉到$0.1P$时,量测千斤顶的伸出长度,进行钢绞线伸长量和张拉应力的双控制;张拉控制力按$0.3P$、$0.5P$、$0.7P$、$0.9P$、$1.0P$逐步实施,并且分别记录钢绞线的伸长量;钢绞线超张拉至$1.05P$张拉控制内力,并关闭油压

阀，稳定 10～15min，观察油压表的读数是否稳定，若读数保持不变时，即完成该根钢绞线的张拉施工；当发生油泵压力施加不上或油压表读数不稳定时，可能的原因是发生锚具衬板松动或螺栓拔出的异常，应停止钢绞线张拉施工、排查处理异常后再行张拉。钢绞线张拉结束后，可留足锚具端头长度，用手持砂轮切割机割去多余的钢绞线。钢绞线的张拉施工过程中应注意空心板的变化情况，以防意外事故的发生。

2）空心板边板预应力锚具衬板的安装

空心板边板预应力锚具衬板的安装是建立横向体外预应力体系的前提，因此其安装要求牢固、结构安全可靠。施工的工作内容：将预应力锚具衬板用植入边板（块）侧面上部与下部的高强螺栓，安装在板桥边板（块）侧壁上。主要工序包括：锚具衬板定位（包括高强螺栓孔的定位）、高强螺栓预埋孔钻孔、植入高强螺栓、安装橡胶衬垫及钢锚具衬板、旋（拧）紧螺帽等。

锚具衬板定位。锚具衬板的定位过程与方法为：

（1）根据加固施工图中的预应力束中心位置在边板（块）侧壁上定位放线。

（2）将拟安装的锚具衬板与待安装位置进行对应编号，以保证定位放线与安装时对应的构件保持一致。

（3）标出预应力锚具衬板的中心线，衬板中心线与边板侧壁的定位线对应，标出预埋高强螺栓孔的中心位置。定位时要将衬板范围内的空心板侧壁混凝土表面进行整平处理，清理混凝土表面浮浆等杂物；对于凹陷的部位，将其表面打毛后，用环氧树脂砂浆予以填平、修补。

高强度螺栓钻孔选用专用混凝土钻孔冲击钻，钻头选用直径比高强度螺栓大一号的专用钻头。钻孔施工要做到保证钻孔位置的准确，以及保证钻孔垂直于空心板侧壁，同时钻孔要达到设计要求的深度。

高强度螺栓植入。植入前应清理干净钻孔内的混凝土灰渣和已经松动的混凝土，可用小钢丝刷和高压气枪进行清理，同时要保证钻孔内混凝土的干燥。种植螺栓采用混凝土结构胶粘材料，按以下过程和方法进行施工：

（1）按所用胶粘材料的使用要求，配置所需用量的胶粘材料。在螺栓钻孔内注入 1/2 深度的胶粘材料。

（2）将根部清洁无油污的高强螺栓插入注胶的螺栓孔内至设计深度，挤压出多余的胶粘材料，当原注入的胶粘材料不能填满并溢出螺栓孔时，应拔出螺栓，重新加注胶粘材料，再插入螺栓。

（3）用抹刀压平螺栓孔口的胶粘材料，并清理干净空心板侧壁上、锚具衬板范围内附着的胶粘材料。

(4)高强度螺栓的定位要准确,可以在胶粘材料初凝前,先预安装有其他可靠措施固定的钢衬板,用来调整和固定高强度螺栓的位置。待高强度螺栓胶粘材料充分固化后,即可进行锚具衬板的安装。安装预应力索端部锚具的构造,顺续安装橡胶垫、钢衬(垫)板等锚具附属构件,并旋(拧)紧高强度螺栓螺帽即可。

3)预应力钢绞线及锚板的防腐与保护

(1)由于空心板桥横向张拉预应力钢绞线为体外预应力筋,因此,其防腐与保护成为重要环节。横向体外预应力钢绞线的防腐与保护包括钢绞线的防腐与保护、锚头防腐。

(2)钢绞线采用了环氧喷涂无黏结预应力钢绞线,同时外套 PE 防护套管,防止其划(刮)伤。钢绞线张拉结束后,将热缩套加热收缩并收紧在 PE 保护套管的两端头上,使整根体外索和外界空气隔绝,加强体外索的防腐与保护。

(3)锚头防腐只要采用内填满防腐油脂外包锚杯,将张拉完毕后的锚具及钢绞线密封于锚杯内,并拧上螺栓,对锚具及钢绞线进行可靠的防护。

2. 预应力盖梁增大截面法

增大截面加固方法其原理是在原有结构截面基础上,通过植筋等方法使新增加的截面和原有截面形成一体,增大构件的截面积,从而达到提高原来结构的抗弯和抗剪承载能力的目的。一般适用于钢筋混凝土受弯构件、钢筋混凝土受压构件的加固。由于它具有施工简单、受力性能明确、加固费用较低等优点,一直被广泛使用。缺点是:湿作业工作量大、养护期长、占用空间较多等。

常见的形式有如下几种:

(1)加厚桥面板法

即将原有桥面铺装全部凿除,在原桥面系上浇筑钢筋混凝土补强层使构件截面高度增大,以提高桥梁结构的抗弯刚度和承载能力,并加强桥梁横向整体受力性能,通常称为“加厚法”。此方法一般适用于多板梁体系或者梁体净空受限制时。这种方法由于加厚桥面使桥梁自重和恒载弯矩增加较多,一般只适用于跨径较小的空心板、T 形梁、工字形梁等。

(2)增大受拉区梁截面法

增大受拉区梁截面法主要通过将 T 梁、工字梁的下翼缘加宽加高,箱梁腹板和底板加厚等扩大梁的受拉面积,同时在新增断面中增设普通钢筋或者预应力钢筋。为了加强新旧混凝土接合面的可靠连接,增加整体受力,应在原有结构物表面植入钢筋和设置剪力槽。工程实际中,处治预应力梁底板横向开裂、支点腹板斜裂缝、盖梁负弯矩开裂等都可以采用此方法。

(3)增大受压构件截面法

采取增大原构件受压截面加固钢筋混凝土轴心受压构件；在原构件截面单侧、两侧和沿着周长加厚钢筋混凝土偏心受压构件截面。工程实际中，钢筋外露处理、桥墩防撞加固、墩身开裂维修等，常采用此方法。

昌樟高速公路桥梁加固工程中的预应力混凝土盖梁均采用增大截面法进行了维修加固，其施工工艺流程及要点如下所述：

（1）施工工艺流程

准备工作→搭设施工平台→盖梁表面处理→钻孔植筋、绑扎钢筋网、安装预应力管道→浇筑盖梁混凝土→张拉预应力钢束→拆模。

（2）施工操作要点

①准备工作

首先清理场地，搭设施工支架，准备施工材料进场。

②搭设支撑架

在墩帽处搭设施工平台及立模支撑，建议模板支撑在已加固的墩柱上。

③盖梁表面处理

表面处理施工要点详见新老混凝土界面处理。

④钢筋绑扎与安装进行钻孔植筋、绑扎钢筋网、安装预应力管道等工序。

⑤浇筑盖梁混凝土

盖梁混凝土可由桥面向下浇筑，浇筑混凝土时应封闭桥面交通。

⑥张拉预应力

待混凝土强度达到设计强度的90%且龄期不小于7d后张拉预应力钢束，张拉控制应力为1395MPa。

⑦拆模

（3）施工注意事项

①普通钢筋布设时，应采取妥当措施，满足设计混凝土净保护层要求，混凝土浇筑后不出现露筋等现象，并注意保证种植锚筋接长及钢筋搭接长度。

②普通钢筋和预应力钢束布设应协调进行，普通钢筋与钢束位置发生干扰时，应适当移动普通钢筋，保证钢束线形不变。钢束定位必须准确牢固，钢束位置容许偏差不得大于0.5cm。

③预应力钢束轴线与锚垫板垂直。

3.粘贴碳纤维布法

粘贴复合纤维片材具有轻质高强、操作简单、易于粘贴、不易锈蚀的优点，可用于抗弯、抗剪、受压（大偏心受压，对于小偏心受压构件，由于纵向受拉钢筋达不到屈服强度，采用粘贴纤维复合材料会造成材料的浪费）及抗震等多种形式的加固。该方法属于被动加固方法，适用于混凝土梁、板桥的抗弯加固，以提高抗弯承载力；特别适合混凝土受压墩柱补强，提高延性和耐久性。对于配筋率较低或钢筋锈蚀严重的旧桥，加固效果尤为显著。其施工工艺流程及要点如下所述：

1）施工工艺流程

粘贴碳纤维工艺的关键在于碳纤维粘贴的紧密、牢固性，保证与原结构形成整体，能够共同工作。同时，碳纤维粘贴及养护固化期内，桥面不宜行车。为满足上述要求，需正确的掌握施工工艺流程，每道工序都要有利于保证碳纤维粘贴紧密。

①贴片前应对混凝土构件表面进行必要的处理，仔细清除破损、劣化部分，修补裂缝、露筋除锈、削平凸出部位和棱角等，使碳纤维片粘贴后能与构件牢固紧密结合。

②在处理好的混凝土构件表面涂刷能渗透到混凝土内的底层涂料，然后填平表面凹陷部位，达到表面平整，使碳纤维片与构件粘贴紧密并避免粘贴后起鼓。

③严格掌握贴片的位置与搭接长度，注意进行脱泡和浸渗操作。

④掌握好每道工序施工的时间间隔，防止碳纤维片起鼓、脱离、错位。施工工艺流程：构件表面处理→贴片前基层处理→涂底层涂料→用环氧腻子对构件表面残缺修补→贴碳纤维片→养护→涂装。

2）施工操作要点

（1）混凝土底层处理

①将混凝土构件表面的残缺、破损部分清除干净达到结构密度部位。检查外露钢筋是否锈蚀，如锈蚀，进行必要除锈处理。对经剔凿、清除露筋的构件残缺部分，进行修补、复原，为保证碳纤维与构件的粘贴效果良好，施工时注意确保混凝土基面的平整性及强度，严禁采用有浮浆及蜂窝、麻面的混凝土面层作为基面。

a. 由于渗水等原因造成的梁体产生污垢时，应采用钢丝刷将表面松散浮渣刷去，然后用压缩空气清除粉尘，再用丙酮或酒精擦拭清洁表面。

b. 应先将梁（板）体混凝土的空洞、蜂窝、麻面、表面风化、剥落处的松散部分清除，用砂轮进行清除和打磨，用聚合物水泥基修补材料进行修补。

c. 梁（板）体基面若发现错位，突出等现象时，采用砂轮进行打磨平整，转角部位要做倒角处理。

②裂缝修补。裂缝宽度大于或等于 0.15mm，应采用压力注浆法注入裂缝

修补胶进行修补。

③棱角的部位，用磨光机磨成圆角。圆角半径须大于或等于30mm。

(2)涂底层胶

①把底层涂料的主剂和固化剂按产品说明中的规定比例称量准确后放入容器内，用搅拌器拌和均匀。注意一次调和量应在可使用时间内用完，超过时间的底胶不能使用。

②在底层涂料中严禁添加溶剂。含有溶剂的毛刷或用溶剂湿了的滚筒不得使用。

③用滚筒或刷子均匀地涂抹底层胶；用注意直横均匀涂抹，自然风干。冬季施工时底胶不能涂抹太厚。

④底胶干燥时间因气温差异而不同，一般在3小时到1天之间变化。

⑤底层涂料硬化后，在表面上有凸起部分时，要用砂纸磨光。

⑥根据施工时的温度、湿度选择适当的底层涂料。

(3)粘贴面的修补

①构件表面凹陷部位应用环氧树脂腻子进行填平，修复至表面平整。

②内角(段差、起拱等)要用环氧腻子填补，使之平顺。在残缺修补中使用环氧腻子时，要在相对湿度RH小于70%以下施工。腻子涂刮后，表面仍存在的凹凸糙纹，应用砂纸打磨平整。

(4)贴碳纤维片

①确认粘贴表面干燥。施工时应保证气温在5℃以上，相对湿度RH小于70%；而气温在5℃以下、相对湿度RH大于70%、雨天或可能结雾时，不得施工。

②防止碳纤维受损，碳纤维在运输、储存、裁切和粘贴过程中，严禁受到弯折。因此，贴片前应用钢直尺与壁纸刀按规定尺寸切断碳纤维片，每段长度一般以不超过6m为宜。要使用更长的片材时，除精心防止弯折外，对脱泡(即赶出气泡)、渗浸过程必须加倍谨慎操作。为防止片材在保管过程中损坏，片材的裁切数量应按当天的用量裁切。

③纤维顺长方向片材的接头必须搭接15cm以上。该部位应多涂树脂，脱泡、树脂操作按正常程序进行。在片材宽度方向不需要搭接。

④粘贴碳纤维时，应依据设计位置由上而下，由左至右有序粘贴，并用滚筒压挤贴面，使碳纤维布与浸渍树脂充分结合，同时以压板排除气泡。

⑤树脂的主剂和固化剂应按产品说明中的比例称量准确，装入容器用搅拌器均匀搅拌。一次调和量应在可使用时间内用完。

⑥贴片前用滚筒刷均匀地涂抹粘贴用环氧树脂,称为下涂。下涂的涂量标准为 500 ~ 600g/m^2。

⑦贴片时,在纤维片和树脂之间尽量不要有空气。可用罗拉(专用工具)沿着纤维方向在碳纤维片上滚压多次,使树脂渗浸进纤维中。

⑧纤维片施工 30 分钟后,用滚筒刷均匀涂抹粘贴用环氧树脂,称为上涂。上涂涂量为 300 ~ 200g/m^2。

⑨如碳纤维片施工不符合质量标准,则需进行相应处理。碳纤维片材与混凝土之间的黏结质量,可用小锤轻轻敲击或手压碳纤维片材表面的方法进行检查,总有效黏结面积不应低于 95%。当碳纤维布的空鼓面积不大于 10000mm^2 时,可采用针管注胶的方法进行修补;当空鼓面积大于 10000mm^2 时,宜将空鼓部位的碳纤维片材切除,重新搭接上等量碳纤维片材,搭接长度不小于 150mm。具体如下:

a. 注入环氧树脂法:在纤维上打开 2 个以上的孔,使用注射器注入粘贴用环氧树脂(或低黏度型树脂)。

b. 割刀切入填充树脂补修法:沿纤维方向切入 2 ~ 3 刀,用橡胶刮板、毛刷沾上适量粘贴用树脂,填进割开的缝内。

c. 补丁补修法:粘贴用环氧树脂已硬化,且无法用割刀切开或注入树脂时,应采用此法,割去不良部分,重新粘贴碳纤维片。当贴片完全硬化后,出现褶皱或松弛时,原则上应使用补丁修补。

(5)养护

粘贴碳纤维片后,需自然养护 24h 达到固化,且应保证固化期间不受干扰。

①在每道工序以后树脂硬化之前,宜用塑料薄膜遮挡以防止风沙或雨水侵袭。

②当树脂硬化期间存在气温降低到 5℃以下的可能时,可采用低温固化树脂,或采取有效的加温措施。

③碳纤维片粘贴后达到设计强度所需自然养护的时间:平均气温在 10℃以下时,需要 2 周;平均气温在 10℃以上 20℃以下时,需要 1 ~ 2 周;平均气温高于 20℃时,需要 1 周。在此期间应防止贴片部分受到硬性冲击。

二、药湖特大桥盖梁加固

1. 药湖特大桥盖梁加固措施

经对药湖特大桥承载力评估可知,预应力盖梁承载能力能够满足要求,但应力储备不足,且预应力盖梁全桥宽仅设置了两个桥墩,虽然计算能够满足要求

(除开口段盖梁应力不满足要求),但对超重车辆较为敏感,考虑施工质量,结构有一定安全隐患,基于以上考虑,并结合外观检测情况,对盖梁采用如下加固措施:

(1)该桥 20m 空心板桥跨盖梁应力安全储备小,对重车荷载较为敏感,普通钢筋配置弱。同时,承载能力评定表明:标准路宽段及加宽段预应力盖梁满足受力要求,开口段段预应力盖梁应力不满足要求。结合施工及建设条件,同时考虑极端情况的超重车因素,盖梁均存在较大安全隐患,故本次加固设计考虑将本桥未设置体外预应力的 20m 空心板桥跨的桥墩预应力盖梁采用增大截面 + 张拉预应力的方式进行加固补强。

(2)对部分墩柱出现裂缝的墩柱,采用粘贴碳纤维布方式加固。

(3)对于部分盖梁挡块破坏的,采用凿除后重新设置方式处理。

(4)对于面积小于 25cm×25cm,深度小于 5cm 时的混凝土表面缺损,凿除松动混凝土,外露集料,钢筋除锈,用聚合物水泥基修补材料进行修补。对于缺损面积大于 25cm×25cm、深度大于 5cm 时的混凝土结构表面缺损,凿除松动混凝土,外露集料,钢筋除锈,清除浮尘,喷涂阻锈剂及界面剂,浇筑环氧混凝土修补。对于浅层缺陷,凿除松动混凝土,外露集料,清除浮尘及污垢后,涂抹聚合物水泥基修补。

(5)裂缝处理措施:

①对于宽度大于或等于 0.15mm 的裂缝,采用压力注胶法封闭。

②对于宽度小于 0.15mm 的裂缝,采用表面封闭法封闭。

(6)钢筋外露、锈蚀处理

将钢筋锈迹清除,喷涂阻锈剂,并将松动混凝土凿除,外露集料,洗净,并保持混凝土表面干燥,同时采用聚合物水泥基修补材料进行修补。

2. 加固设计要点

从对盖梁的计算结果来看,桥墩盖梁在设计理想状态下是符合部分预应力混凝土 A 类构件使用要求的。对盖梁上缘与跨中截面附近下缘已出现沿桥梁纵向贯穿的结构受力裂缝的盖梁采用体外预应力法进行加固补强。

根据裂缝形状、深度分析其产生原因主要有以下三种可能:①施工步骤不当或施工工艺差,在施工过程中即产生裂缝;②盖梁混凝土实际强度等级未达到设计要求,其抗拉强度偏低无法承担过大的拉应力所致;③有效预应力偏低或使用过程中有效预应力损失过大,控制截面混凝土因承受过大拉应力而开裂。

根据结构计算结果可以看出,在设计荷载作用下盖梁上缘基本处于预压应力状态,但跨中下缘在最不利荷载作用下产生 1.90MPa 拉应力,因而分析盖梁上缘的裂缝主要是施工工艺不当所致,而跨中下缘沿桥梁纵向贯穿的裂缝因有效预应力偏低或混凝土强度偏低产生。

鉴于静载试验过程中发现裂缝在试验荷载作用下有进一步扩张的趋势,因而本次加固根据最不利原则,对盖梁跨中截面下缘已出现沿桥梁纵向贯穿裂缝的盖梁进行加固。

(1)体外预应力筋的选择

考虑本桥的特点、体外预应力的特性及耐久性要求,拟选择环氧喷涂且有双层 PE 护套的高强度低松弛无黏结筋作体外预应力筋(R_b^y = 1860MPa, σ_k = 1395MPa)。

(2)体外预应力筋用量及形式的确定

①体外预应力束的用量的控制值:若体外预应力设置较少,就不能起到很好的加固作用;若体外束设置过量,不仅增加了工程造价造成浪费,且盖梁局部压应力值过大而超过规范允许值。考虑到普查过程中虽然发现盖梁控制截面(支点与跨中)出现沿桥梁纵向贯穿结构受力裂缝,但其在恒载作用下仍属安全,因而本次加固增设的体外预应力值以能平衡汽车荷载产生的应力值为最佳预应力用量。经计算,本设计在盖梁上缘各设置 2 束体外预应力束(上缘每束为 5 ϕ_j15.24 、下缘每束为 7 ϕ_j15.24 高强度低松弛钢绞线,加固施工过程中可对加固效果采用应变仪进行实测)。

②预应束的设置形式:预应力束的设置形式需综合考虑加固效果、方便锚固块的设置、方便转向块的设置及节省预应力筋用量四个因素。体外预应力束的布置形式如图 5-24 所示。

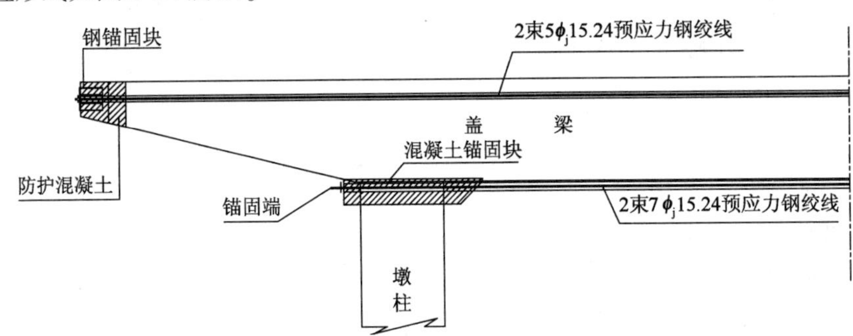

图 5-24　体外预应力束布置示意图

为使预应力筋尽量靠近盖梁,以减小新老混凝土结合面的拉应力,施工图设计中采用扁锚,并在每束预应力束上设置支承支架(起支承与减振作用)。

3. 加固设计计算

分析药湖高架桥下部构造在设计荷载作用下实际受力状况是否符合原交通

部颁布的《公路钢筋混凝土及预应力混凝土桥涵设计规范》(JTJ 023—1985)中部分预应力混凝土A类构件使用要求,为结构病害成因分析与维修施工图设计提供理论基础数据。

1)计算方法

(1)为便于计算分析,本次计算将钻孔灌注桩基础与墩柱按照等刚度原则换算为一端固结、一端自由的结构模式,换算后结构模型中基础周边土体对桩基不产生作用。经综合计算,桩柱等效高度为14.1m。

(2)根据《公路钢筋混凝土及预应力混凝土桥涵设计规范》(JTG 062—2004)第8.2.1条规定:墩台盖梁与墩柱按刚构计算(计算模型如图5-25所示)。

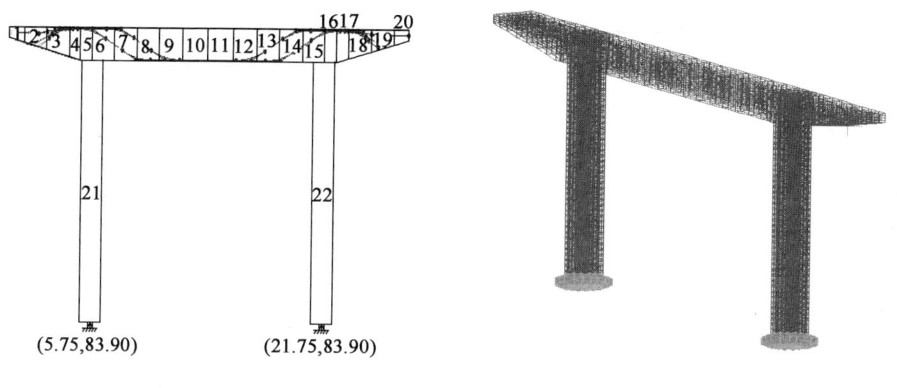

图5-25 结构计算模型图示

2)计算荷载的选择与布置

(1)计算荷载(与原设计荷载相同):汽车—超20级;挂车—120;人群,$3.5kN/m^2$。

(2)考虑到开口段与正常段盖梁的结构形式与预应力筋的布置完全一样,仅上部构造在中央分隔带处增设了两片空心板,即恒载较正常段大,且活载偏中心布载时,盖梁跨中正弯矩较正常段更为不利,因而计算过程中仅对开口段与加宽段进行计算分析。

(3)荷载对盖梁作用的计算。为使本次计算结果更趋精确,活载对盖梁的作用力采用空间有限元程序Ansys按照空心板实际刚度与连接方式模拟计算出每片空心板对盖梁的作用力。汽车活载按照4列汽车偏载布置(不考虑车道折减系数),挂车按照2辆进行布载计算(车辆布置如图5-26所示)。在活载作用下,各片空心板支座反力详见表5-5、表5-6。

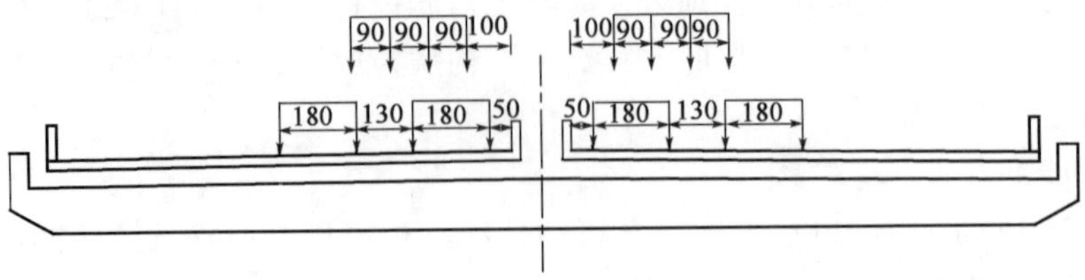

a)正常段与加宽段偏中心线布载车辆布置示意图(尺寸单位:cm)

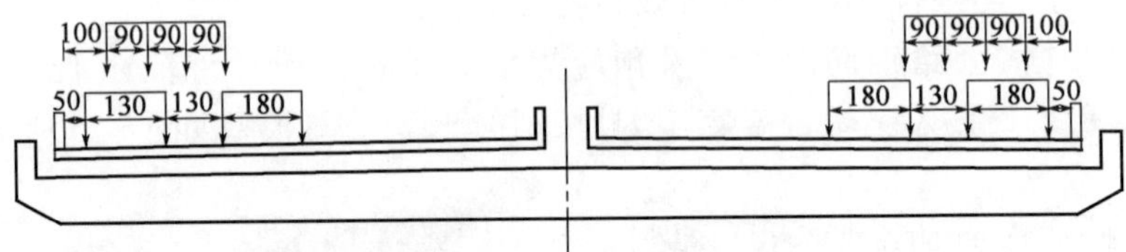

b)正常段与加宽段偏外侧布载车辆布置示意图(尺寸单位:cm)

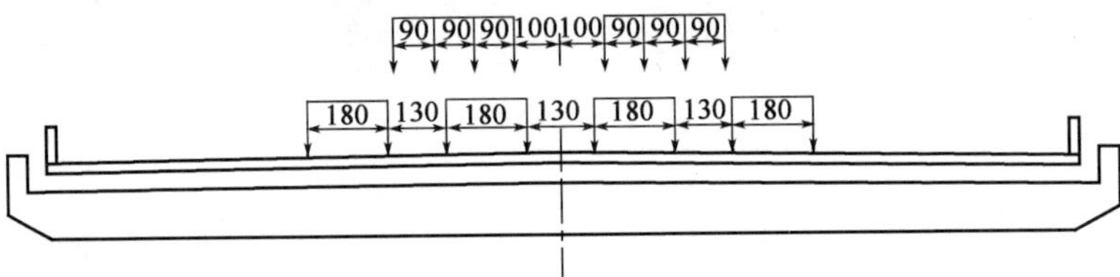

c) 开口段偏中心线布载车辆布置示意图(尺寸单位:cm)

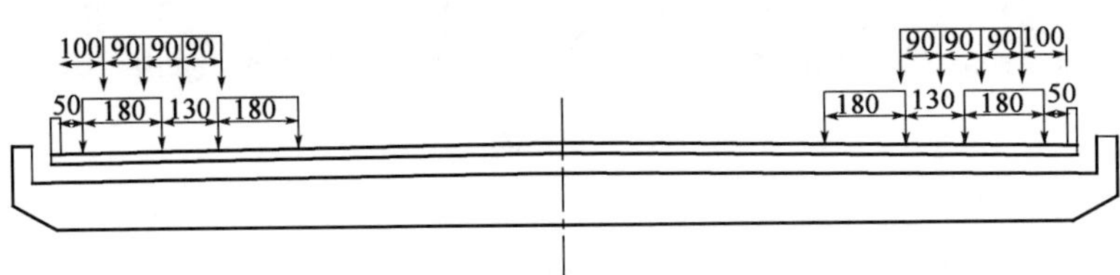

d)开口段偏外侧布载车辆布置示意图(尺寸单位:cm)

图 5-26　活载布置图

汽车荷载与恒载作用下板支点对盖梁的作用力一览表　　表 5-5

盖梁类型		支承力(kN)								
		1 号梁	2 号梁	3 号梁	4 号梁	5 号梁	6 号梁	7 号梁	8 号梁	9 号梁
开口段	偏外侧	256.79	248.54	247.35	247.22	246.84	246.45	246.46	245.41	169.31
		286.72	273.97	277.73	265.77	246.44	236.48	234.13	231.64	159.49
	偏中心	249.51	244.81	244.85	246.66	247.97	249.00	250.08	249.70	172.42
		230.04	230.03	234.08	239.72	256.13	271.01	282.78	271.32	197.28

续上表

盖梁类型		支承力（kN）								
		1号梁	2号梁	3号梁	4号梁	5号梁	6号梁	7号梁	8号梁	9号梁
加宽段	偏外侧	309.30	310.60	336.30	351.70	318.10	258.00	217.00	200.70	241.00
		268.50	279.10	272.10	304.20	272.20	211.90	183.50	183.10	231.60
	偏中心	216.00	194.90	200.80	217.60	259.80	320.00	355.30	343.50	384.80
		214.70	187.30	183.20	183.60	212.60	270.60	300.30	262.90	311.90

挂车荷载与恒载作用下板支点对盖梁的作用力一览表　　表5-6

盖梁类型		支承力（kN）								
		1号梁	2号梁	3号梁	4号梁	5号梁	6号梁	7号梁	8号梁	9号梁
开口段	偏外侧	317.74	289.41	274.75	259.71	246.10	234.67	226.44	220.40	150.88
		317.74	289.41	274.75	259.71	246.10	234.67	226.44	220.40	150.88
	偏中心	206.14	218.79	231.58	246.91	261.20	274.48	285.84	292.03	203.14
		206.14	218.79	231.58	246.91	261.20	274.48	285.84	292.03	203.14
加宽段	偏外侧	224.40	283.40	402.70	369.60	241.00	199.80	194.30	191.20	237.80
		224.40	283.40	402.70	369.60	241.00	199.80	194.30	191.20	237.80
	偏中心	217.40	189.90	192.20	194.50	200.10	242.10	370.50	401.70	336.10
		217.40	189.90	192.20	194.50	200.10	242.10	370.50	401.70	336.10

3）计算结果

分别采用GQJS、Midas Civil、Ansys和SAP四种程序对桥墩进行计算分析与复核，计算结果基本吻合。开口段桥墩盖梁各控制截面计算结果见表5-7。

开口段桥墩盖梁各控制截面计算结果一览表　　表5-7

计算荷载		应力（MPa）			
		跨中		支点	
		上缘	下缘	上缘	下缘
开口段	偏外侧	-5.63	0.87	-5.53	-0.16
	偏中心	-4.50	-0.19	-5.26	-0.24
加宽段	偏外侧	-6.67	1.90	-5.27	-0.10
	偏中心	-3.59	-1.05	-4.87	-0.36

4）计算结果分析

（1）盖梁在最不利荷载作用下，跨中截面下缘最大拉应力为1.90MPa，而支点截面上缘未出现拉应力状况。结构各部位最大压应力亦小于其抗压设计强度值,说明该桥桥墩盖梁在设计理想状态下符合部分预应力混凝土 A 类构件使用要求。

(2)采用实体单元计算出的控制截面的控制应力均比采用梁单元计算结果稍小,其产生的主要原因为:梁单元计算模型中墩柱与盖梁之间连接为点连接,而空间有限元模型为面连接(更符合实际结构)。

(3)上部构造横向分布采用杠杆法计算出的盖梁控制截面控制应力明显比按铰接板法计算结果更为不利,这说明桥梁上部构造横向整体受力性能直接关系下部构造的受力。

4. 加固效果评估

1)正常段预应力盖梁加固效果评估

(1)承载能力极限状态计算结果

根据对药湖特大桥的研究结果,药湖特大桥按照 04 规范进行承载能力计算,选取支点及跨中截面分别进行正截面抗弯计算,并选择墩柱内、外侧抗剪最不利截面进行斜截面抗剪计算,具体结果见表 5-8 和表 5-9。

承载能力极限状态正截面抗弯计算结果 表 5-8

项目	荷载组合	弯 矩 (kN·m)							
	04 规范(基本组合)	支 点 截 面				跨 中 截 面			
		计算值	结构抗力	安全系数	是否满足	计算值	结构抗力	安全系数	是否满足
加固前		-9340	-11599	1.24	是	9216	12151.26	1.32	是
加固后		-9508	-15601	1.64	是	10708	16153.23	1.51	是

承载能力极限状态斜截面抗剪计算结果 表 5-9

项目	荷载组合	剪 力 (kN)							
	04 规范(基本组合)	支点右截面(等效方柱内侧)				支点左截面(等效方柱外侧)			
		计算值	结构抗力	安全系数	是否满足	计算值	结构抗力	安全系数	是否满足
加固前		3327.4	5791	1.74	是	-3031.9	-4623	1.52	是
加固后		3605.5	6371	1.77	是	-3152.5	-5222	1.66	是

(2)正常使用极限状态计算结果

根据对药湖特大桥的研究结果,本桥按照 85 规范进行正常使用极限状态计算,现将支点及跨中截面的计算结果进行统计,见表 5-10。

正常使用极限状态计算结果　　表 5-10

项目	荷载组合	支点截面				跨中截面			
		应力类型	计算值(MPa)	容许值(MPa)	是否满足	应力类型	计算值(MPa)	容许值(MPa)	是否满足
加固前	85 规范(1.0×恒载＋1.0 汽—超 20)	上缘最小正应力	0.151	-1.92	是	下缘最小正应力	-1.01	-1.92	是
		下缘最大正应力	4.04	13.4	是	上缘最大正应力	5.03	13.4	是
加固后		上缘最小正应力	2.92	-1.92	是	下缘最小正应力	0.236	-1.92	是
		下缘最大正应力	4.21	13.4	是	上缘最大正应力	4.48	13.4	是

为了解增大截面和增设预应力后，对既有盖梁的影响，现将加固前后盖梁跨中、悬臂段端挠度变化及既有预应力钢索变化情况进行统计，见表 5-11。

正常使用极限状态盖梁挠度及钢索永存应力变化值　　表 5-11

项目	最大挠度(mm)		盖梁既有钢索(N1)永存应力(MPa)
	跨中	悬臂端	
加固前	-3.83	-4.41	-1106
加固后	-2.63	-2.74	-1079
变化值	1.2	1.67	27

(3)加固效果评价

药湖特大桥预应力盖梁采用增大截面＋增设预应力对预应力盖梁进行补强，通过对加固前后计算结果比较，在承载能力极限状态下，正截面抗弯及斜截面抗剪抗力均有一定量的增加，安全系数得到提高。在正常使用极限状态下，截面应力得到较大改善，增大了截面压应力储备，提高了结构的安全系数。加固后，结构刚度增大，挠度有所降低，且对既有预应力永存应力影响较小。

2)加宽段预应力盖梁加固效果评估

(1)承载能力极限状态计算结果

根据对本桥的研究结果，药湖特大桥按照 04 规范进行承载能力计算，选取支点及跨中截面分别进行正截面抗弯计算，并选择墩柱内、外侧抗剪最不利截面进行斜截面抗剪计算，具体结果见表5-12和表5-13。

承载能力极限状态正截面抗弯计算结果　表5-12

项目	荷载组合	弯　矩　(kN.m)							
	04规范（基本组合）	支点截面				跨中截面			
		计算值	结构抗力	安全系数	是否满足	计算值	结构抗力	安全系数	是否满足
加固前		-14160	-15456	1.09	是	6344	12151	1.92	是
加固后		-14903.2	-19060	1.28	是	6967.5	15804	2.27	是

承载能力极限状态斜截面抗剪计算结果　表5-13

项目	荷载组合	剪　力　(kN)							
	04规范（基本组合）	支点右截面（等效方柱内侧）				支点左截面（等效方柱外侧）			
		计算值	结构抗力	安全系数	是否满足	计算值	结构抗力	安全系数	是否满足
加固前		3513	6242	1.78	是	-3882.7	-5190	1.34	是
加固后		3520.9	6804	1.93	是	-3712.1	-5710	1.54	是

(2)正常使用极限状态计算结果

根据对药湖特大桥的研究结果，药湖特大桥按照85规范进行正常使用极限状态计算，现将支点及跨中截面的计算结果进行统计，见表5-14。

正常使用极限状态计算结果　表5-14

项目	荷载组合	支点截面				跨中截面			
		应力类型	计算值(MPa)	容许值(MPa)	是否满足	应力类型	计算值(MPa)	容许值(MPa)	是否满足
加固前	85规范(1.0×恒载+1.0汽—超20)	上缘最小正应力	0.943	-1.92	是	下缘最小正应力	0.31	-1.92	是
		下缘最大正应力	4.85	13.4	是	上缘最大正应力	4.85	13.4	是
加固后		上缘最小正应力	2.49	-1.92	是	下缘最小正应力	2.37	-1.92	是
		下缘最大正应力	6.81	13.4	是	上缘最大正应力	6.56	13.4	是

为了解增大截面+增设预应力后，对既有盖梁的影响，现将加固前后盖梁跨中、悬臂段端挠度变化及既有预应力钢索变化情况进行统计，见表5-15。

正常使用极限状态盖梁挠度及钢索永存应力变化值　　表 5-15

项目	最大挠度(mm)		盖梁既有钢索(N1)永存应力(MPa)
	跨中	悬臂端	
加固前	-2.8	-5.27	-1123
加固后	-2.38	-4.29	-1106
变化值	0.42	0.98	17

(3)加固效果评价

药湖特大桥预应力盖梁采用增大截面+增设预应力对预应力盖梁进行补强,通过对加固前后计算结果比较,在承载能力极限状态下,正截面抗弯及斜截面抗剪抗力均有一定量的增加,安全系数得到提高。在正常使用极限状态下,截面应力得到较大改善,增大了截面压应力储备,提高了结构的安全系数。加固后,结构刚度增大,挠度有所降低,且对既有预应力永存应力影响较小。

3)正常(开口段)预应力盖梁加固效果评估

(1)承载能力极限状态计算结果

根据对药湖特大桥的研究结果,药湖特大桥按照04规范进行承载能力计算,选取支点及跨中截面分别进行正截面抗弯计算,并选择墩柱内、外侧抗剪最不利截面进行斜截面抗剪计算,具体结果见表5-16和表5-17。

承载能力极限状态正截面抗弯计算结果　　表 5-16

项目	荷载组合	弯矩(kN·m)							
	04规范(基本组合)	支点截面				跨中截面			
		计算值	结构抗力	安全系数	是否满足	计算值	结构抗力	安全系数	是否满足
加固前		-9386	-11599	1.24	是	11456	12151	1.06	是
加固后		-9508	-15252	1.60	是	12195	17723	1.45	是

承载能力极限状态斜截面抗剪计算结果　　表 5-17

项目	荷载组合	剪力(kN)							
	04规范(基本组合)	支点右截面(等效方柱内侧)				支点左截面(等效方柱外侧)			
		计算值	结构抗力	安全系数	是否满足	计算值	结构抗力	安全系数	是否满足
加固前		3649.9	5761	1.58	是	-2982.5	-4738	1.59	是
加固后		3918.3	6379	1.63	是	-3111.9	-5225	1.68	是

(2)正常使用极限状态计算结果

根据对药湖特大桥的研究结果,药湖特大桥按照85规范进行正常使用极限状态计算，现将支点及跨中截面的计算结果进行统计，见表5-18。

正常使用极限状态计算结果　　表5-18

项目	荷载组合	支点截面				跨中截面			
		应力类型	计算值(MPa)	容许值(MPa)	是否满足	应力类型	计算值(MPa)	容许值(MPa)	是否满足
加固前	85规范(1.0×恒载+1.0汽—超20)	上缘最小正应力	0	-1.92	是	下缘最小正应力	-2.07	-1.92	否
		下缘最大正应力	4.09	13.4	是	上缘最大正应力	6.21	13.4	是
加固后		上缘最小正应力	2.31	-1.92	是	下缘最小正应力	0.942	-1.92	是
		下缘最大正应力	5.47	13.4	是	上缘最大正应力	6.81	13.4	是

为了解增大截面+增设预应力后，对既有盖梁的影响，现将加固前后盖梁跨中、悬臂段端挠度变化及既有预应力钢索变化情况进行统计，见表5-19。

正常使用极限状态盖梁挠度及钢索永存应力变化值　　表5-19

项目	最大挠度(mm)		盖梁既有钢索(N1)永存应力(MPa)
	跨中	悬臂端	
加固前	-3.27	-4.41	-1101
加固后	-2.27	-2.73	-1085
变化值	1	1.68	16

(3)加固效果评价

药湖特大桥预应力盖梁采用增大截面+增设预应力对预应力盖梁进行补强，通过对加固前后计算结果比较，在承载能力极限状态下，正截面抗弯抗力有较大幅度增加，斜截面抗剪抗力也有一定量的增加，安全系数得到较大提高。在正常使用极限状态下，原跨中截面应力不满足要求，加固后截面应力得到较大改善，增大了截面压应力储备，提高了结构的安全系数。加固后，结构刚度增大，挠度有所降低，且对既有预应力永存应力影响较小。

三、药湖特大桥上部结构体外横向预应力加固

1.体外横向预应力钢绞线布置方案

针对药湖高架桥存在的病害，提出了两种方案：方案1是全部凿除原有桥面

铺装层,重新浇筑新桥面铺装层(12cm 厚水泥混凝土 + 二涂防水层 +4cm 厚改性沥青混凝土抗滑表层),并在水泥混凝土铺装层中设置双层 D10 焊接钢筋网;方案 2 是全部凿除原有桥面铺装层,先处理铰缝病害,重新浇筑新桥面铺装层(10cm 厚水泥混凝土 + 二涂防水层 +4cm 厚改性沥青混凝土抗滑表层),并在水泥混凝土铺装层中设置双层 D10 焊接钢筋网,最后张拉体外横向预应力筋。由于原设计混凝土铺装层为 10cm,采用方案 1 可以增加桥面的横向联系,但是也增加了结构自重(混凝土铺装层 12cm);方案 2 不增加结构的自重,同时把处理铰缝病害相结合,最后还施加体外横向预应力以增加空心板板间的连接,同时横向预应力能有效改善铰缝的受力性能,已有工程采用了此种方法对空心板梁进行了加固,取得了良好的效果。

体外横向预应力钢绞线的布置应按以下原则布置:

(1)体外横向预应力筋张拉力大小和布置形式以抵消桥跨向截面最不利弯矩产生的下缘桥宽向应力为原则;

(2)钢绞线以桥跨中心线对称布置,可采用跨中间距小、两端间距大的不等间距形式;

(3)每一道横向预应力索由单根钢绞线组成,以利于锚固。

按上述体外横向预应力钢绞线的布置原则,参考相关文献,提出了两种体外横向预应力钢绞线的布置方案,如图 5-27 和图 5-28 所示。

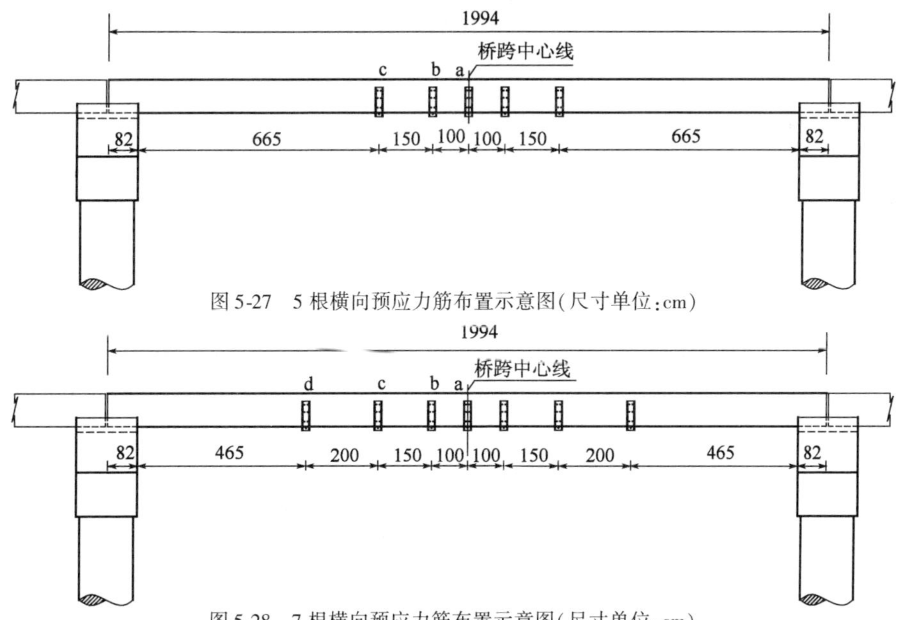

图 5-27　5 根横向预应力筋布置示意图(尺寸单位:cm)

图 5-28　7 根横向预应力筋布置示意图(尺寸单位:cm)

按照《公路钢筋混凝土及预应力混凝土桥涵设计规范》(JTG D 62—2004)要求,需要对于锚下进行混凝土局部承压承载能力和抗裂性计算,图5-29为体外横向预应力索锚固区局部承压计算示意图。

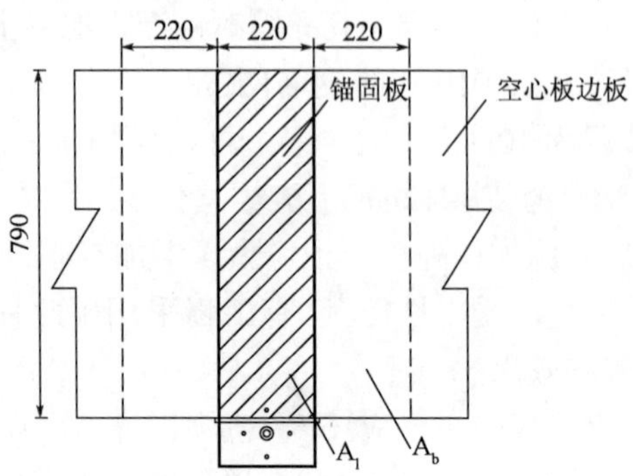

图5-29 体外横向预应力索锚固区局部承压计算示意图(尺寸单位:mm)

局部承压承载能力要求按下式验算:

$$\gamma_0 F_{ld} \leqslant 0.9(\eta_s \beta f_{cd} + k\rho_v \beta_{cor} f_{sd}) A_{ln} \tag{5-10}$$

式中:F_{ld}——局部受压面积上的局部压力设计值,对后张法预应力可取1.2倍张拉时的最大压力,即 $F_{ld} = 1.2\sigma_{con}A_p = 1.2 \times 1395 \times 140 = 234.36 \times 10^3$ (N);

η_s——混凝土局部承压修正系数,现空心板混凝土强度为C40,小于C50,η_s 取1.0;

β——混凝土承压强度的提高系数,$\beta = \sqrt{\dfrac{A_b}{A_l}} = \sqrt{\dfrac{660 \times 790}{220 \times 790}} = 1.73$;

A_b——局部承压的计算底面积,采用"同心对称有效面积法"计算;

A_l——局部承压面积;

$k\rho_v\beta_{cor}f_{sd}$——安全起见,不考虑这几项对混凝土承压的提高作用;

A_{ln}——混凝土局部受压净面积,只考虑锚钉以下的槽钢衬板承压面积。

所以由式(5-10)计算得:

$$\gamma_0 F_{ld} = 1.0 \times 234.36 \times 10^3 = 234.36 \times 10^3 (\text{N})$$

$$0.9(\eta_s \beta f_{cd} + k\rho_v \beta_{cor} f_{sd}) A_{ln} = 0.9 \times 1.0 \times 1.73 \times 18.4 \times (220 \times 100) = 630.27 \times 10^3 (\text{N})$$

满足:

$$\gamma_0 F_{ld} \leqslant 0.9(\eta_s \beta f_{cd} + k\rho_v \beta_{cor} f_{sd}) A_{ln}$$

经计算,抗裂性也满足要求,$\gamma_0 F_{ld} \leqslant 1.3\eta_s \beta f_{cd} A_{ln}$。

2. 加固前静载试验

为了验证改造加固后的效果，对加固前的8座桥梁做了荷载试验，加固前荷载试验的结果如图5-30和图5-31所示。

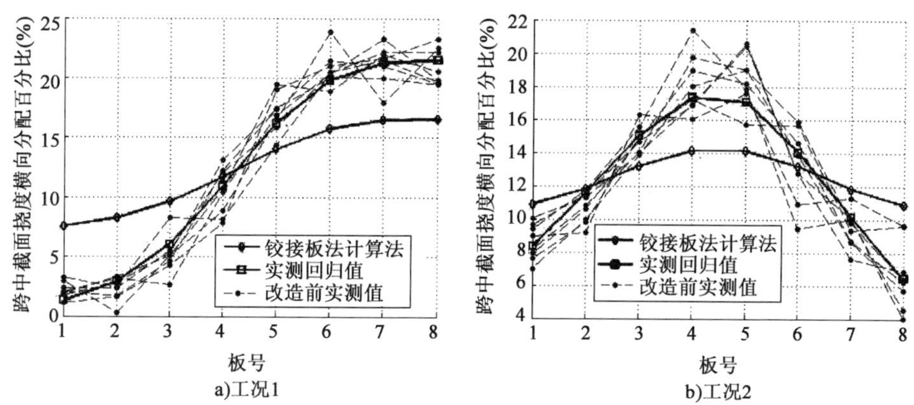

图5-30 加固前跨中截面挠度横向分配百分比实测值与理论值比较

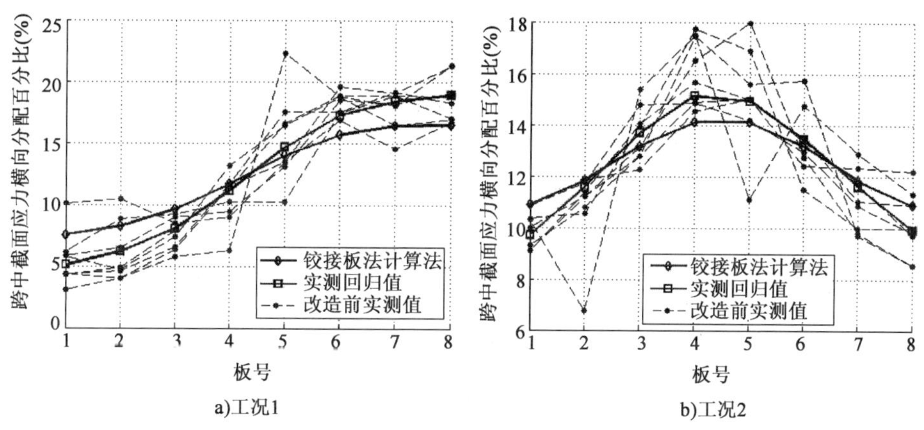

图5-31 加固前跨中截面下缘应力横向分配百分比实测值与理论值比较

由图5-30和图5-31可以明显看出，由于试验选取的桥跨结构形式一致，且各桥跨车辆行驶的情况也一致，因此，采用统计学理论分析各桥跨的实测值具有一定的说明意义，图上箭头即为横向分配的统计值。显然，加固前各板挠度与应力横向分配百分比实测值的分布没有理论值平缓，即说明主梁之间横向连接较弱，荷载在各主梁间不能有效传递。

3. 加固后静载试验

加固前后试验跨在试验荷载作用下测试结构控制截面的应变、挠度和变形等试验参数，从而判定桥梁结构的工作状态和受力性能，以及大桥结构的刚度、强度、整体受力性能和抗裂性能，以达到以下主要研究目的：

(1) 横向体外预应力索加固法对桥梁荷载横向分布规律、受力性能的影响；

(2) 横向体外预应力索布束数量的不同对结构横向受力性能的影响；

(3) 验证横向体外预应力索加固维修效果。

根据简支空心板桥结构受力特点、受力性能以及试验的目的，试验主要测试以下项目：

(1) 应力是衡量桥梁结构强度的一个重要指标，量测控制截面(跨中)的板底的纵向混凝土应变(或应力)；

(2) 挠度是衡量桥梁结构实际刚度的重要指标之一，量测控制截面(跨中)的挠度及支点沉降。

1) 测点布置

根据试验检测的目的，在药湖高架桥试验跨空心板跨中及支点截面分别布置 12 个挠度测点，在跨中截面布置 16 个纵向应变测点及 8 个底板横向应变测点，另外在 3 ~ 6 号板板底横向设应力传力杆测点以对横向应变测点进行校核，在 3 ~ 6 号板板间铰缝设置应力传力杆以测定在试验荷载作用下铰缝变位情况。药湖高架桥具体测点布置如图 5-32 所示。

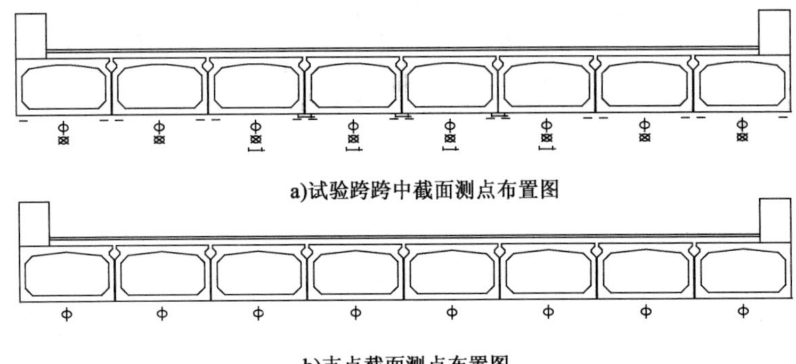

图 5-32　药湖高架桥试验测点布置图

"—"表示空心板梁底纵向应变测点；"ф"表示挠度测点；"⊠"表示空心板梁底横桥向应变测点；"⊢⊣"表示应力传力杆测点

2）加载车属性

本次试验选用300kN的重车4辆，试验前对每辆车严格过秤，称重误差小于5%。试验车辆主要指标详见表5-20。

试验加载车属性　　表5-20

车号	前轴重（kN）	中、后轴（kN）	总重（kN）
1	59.5	238.0	297.5
2	60.6	242.0	302.6
3	61.0	244.0	305.0
4	59.1	236.3	295.4

3）试验工况

根据桥梁实际结构受力状态与试验目的，本次试验对以下工况进行试验与测试（图5-33）。

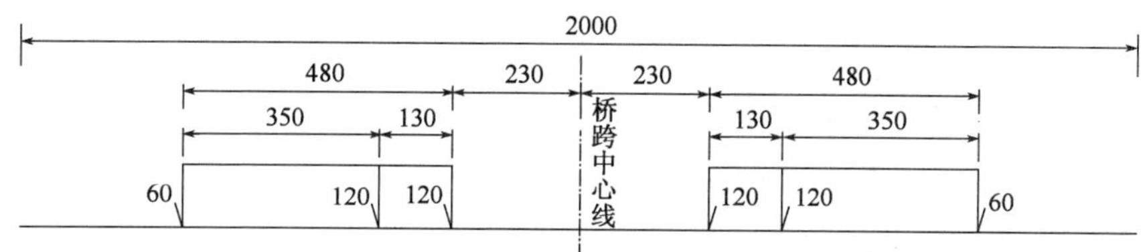

a)试验车辆纵向布置

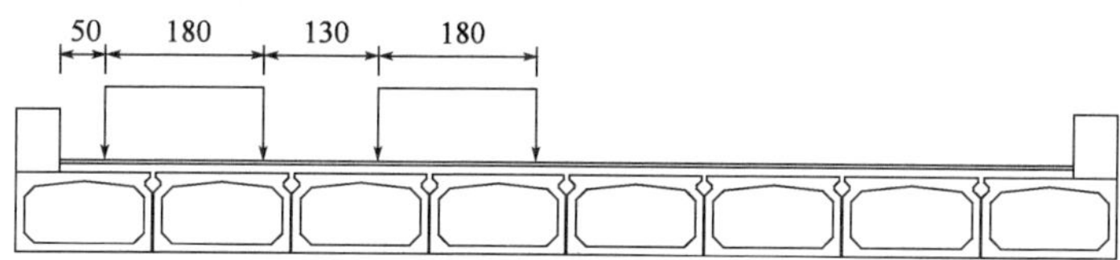

b) 试验车辆横桥向偏载布置(工况1)

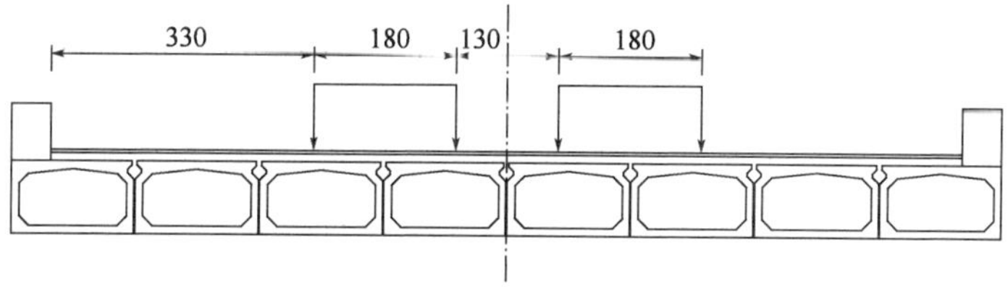

c)试验车辆横桥向中载布置(工况2)

图　5-33

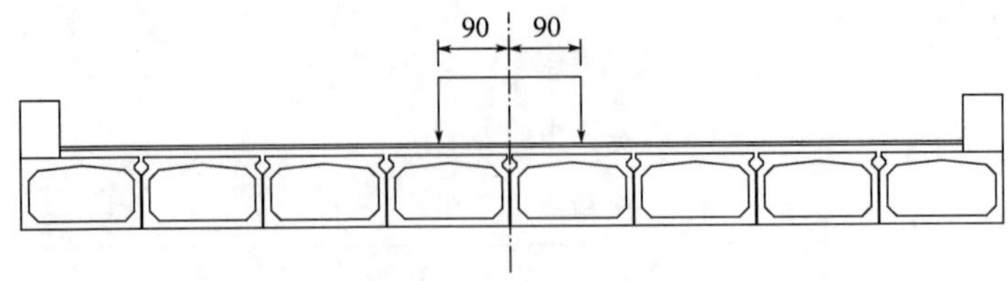

d)单板受力工况试验车辆横桥向布置(工况3)

图 5-33 荷载试验各工况试验车辆布置图(尺寸单位:cm)

(1)工况 1:试验跨跨中偏载;

(2)工况 2:试验跨跨中对称布载(4 辆车);

(3)工况 3:试验跨跨中对称布载(2 辆车)。

4)试验荷载工况下的理论分析

由于桥梁活荷载横向分布沿纵桥向变化较大,而试验车辆沿纵桥向跨度较大,利用跨中截面横向分布系数来计算就会引起较大的偏差,因此本次试验荷载作用下活荷载横向分配采用 ANSYS 建立空间实体有限元进行计算。

图 5-34 有限元模型

以正常段非开口段装配式空心板为研究对象,有限元模型如图 5-34 所示。利用 ANSYS 中 20 节点 SOLID65 单元建立全桥模型。

采用体单元(如 ANSYS 中的 SOLID65)建立全桥模型时,并通过铰缝部分刚度折减来模拟实际铰缝的铰接,刚度折减系数取为 1×10^{-4}时,荷载横向分布影响线与传统铰接板法较为接近。针对药湖高架桥梁的具体计算结果如图 5-35 所示。

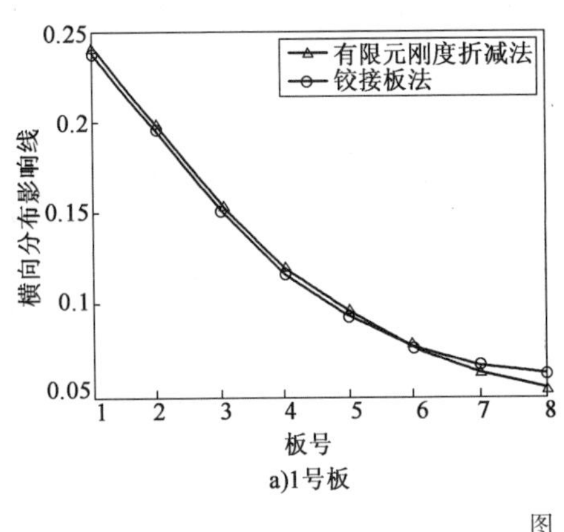

a)1号板

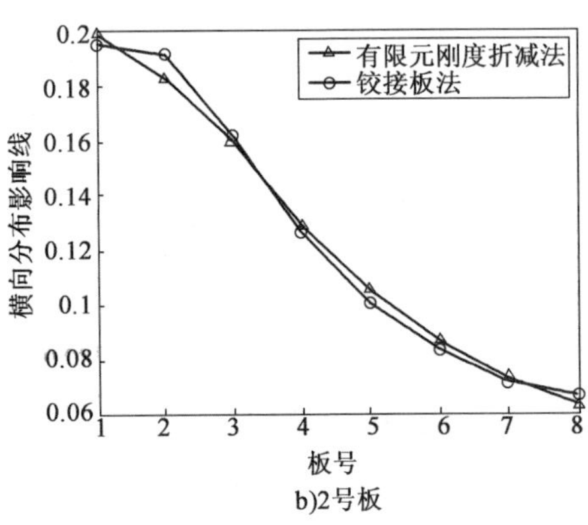

b)2号板

图 5-35

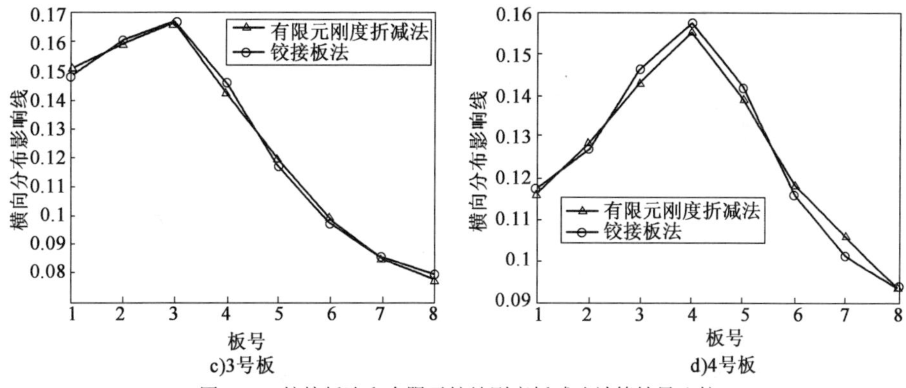

图 5-35　铰接板法和有限元铰缝刚度折减法计算结果比较

由图 5-35 可以看出,铰缝刚度折减系数取 1×10^{-4}时,计算结果(荷载横向分布影响线)与传统铰接板法的计算结果较为接近,这也说明可以通过刚度折减系数来描述铰缝不同的横向联结性能。因此,张拉横向预应力前按铰缝混凝土刚度折减系数取 1×10^{-4};张拉横向预应力后,铰缝位置混凝土刚度折减系数取 1.0 计算。试验荷载工况下荷载分配比例理论计算值见表 5-21。

试验荷载工况下荷载分配比例理论计算值　　表 5-21

铰缝刚度折减系数	荷载工况	各板编号							
		1	2	3	4	5	6	7	8
1×10^{-4}	工况 1	0.050	0.060	0.081	0.113	0.146	0.173	0.187	0.191
	工况 2	0.096	0.113	0.138	0.153	0.153	0.138	0.113	0.095
	工况 3	0.089	0.106	0.137	0.170	0.170	0.137	0.105	0.088
1.00	工况 1	0.093	0.099	0.107	0.118	0.130	0.141	0.151	0.161
	工况 2	0.123	0.124	0.126	0.128	0.128	0.126	0.124	0.123
	工况 3	0.121	0.123	0.126	0.130	0.130	0.126	0.123	0.121

5)试验数据分析

本次荷载试验总共选取了加固桥梁中的 8 个桥跨,这 8 个桥跨都隶属于药湖高架桥,结构形式、通车时间、桥面交通状况等外部环境情况相同,所以加固前后各桥跨的受力情况具有同比性。据此利用 MATLAB 对试验数据进行了统计回归分析(原始数据见《药湖高架桥上部构造静载试验报告》),得到了各试验加载工况下,各板应力、挠度横向分配系数的试验值。

研究提出的荷载横向分配比例主要是为了区别通常所说的荷载横向分布系数。通常所说的横向分布系数的定义:主梁所受的最大车辆荷载可以用一列车辆的荷载乘以一个系数,这个系数就叫作车辆荷载横向分布系数。本书提出的荷载横向分配比例指的是:在某一确定荷载形式作用下,各板(梁)分担的总荷载的比例。按照此定义,各板(梁)荷载横向分配系数之和为1。

各工况下,加固前后各板承担荷载横向分配百分比如图5-36、图5-41所示。

工况1:跨中4辆车偏载(图5-36、图5-37)

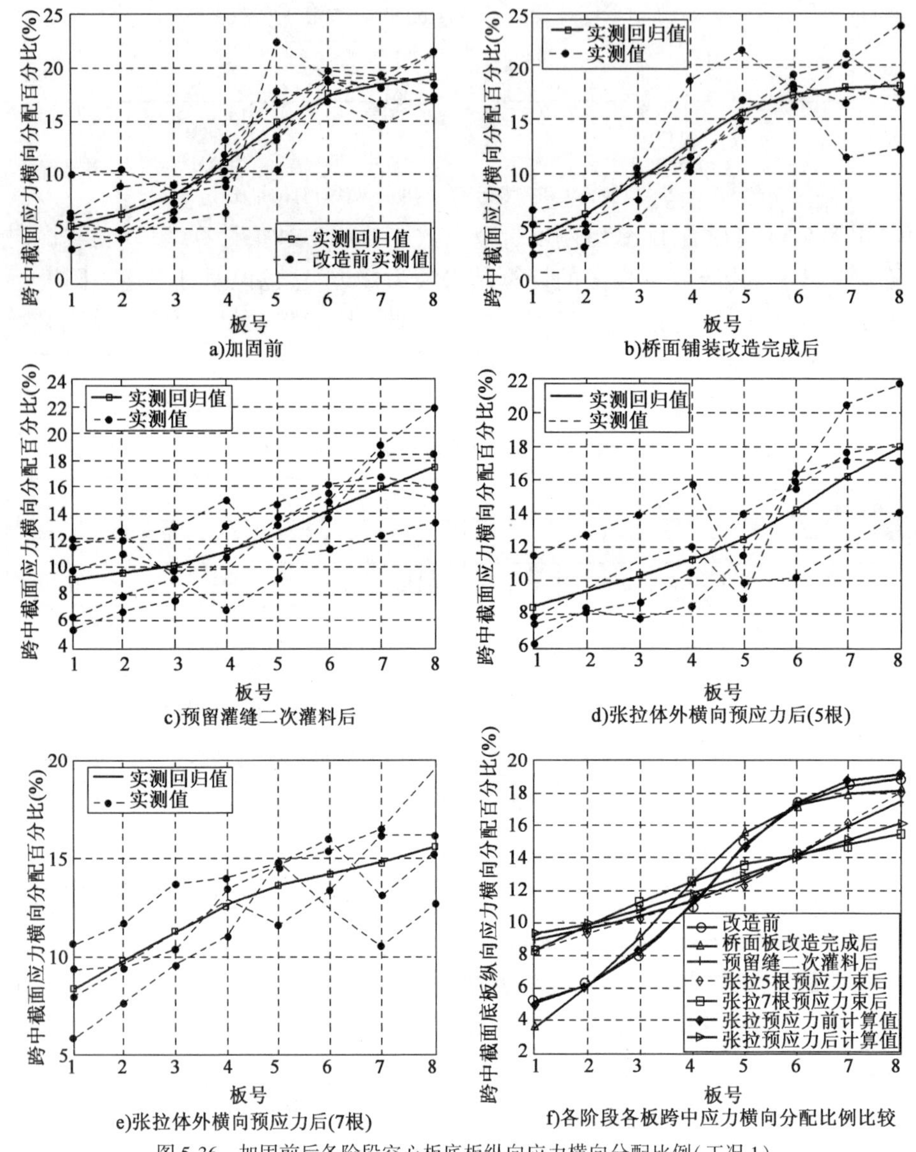

a)加固前　b)桥面铺装改造完成后　c)预留灌缝二次灌料后　d)张拉体外横向预应力后(5根)　e)张拉体外横向预应力后(7根)　f)各阶段各板跨中应力横向分配比例比较

图5-36　加固前后各阶段空心板底板纵向应力横向分配比例(工况1)

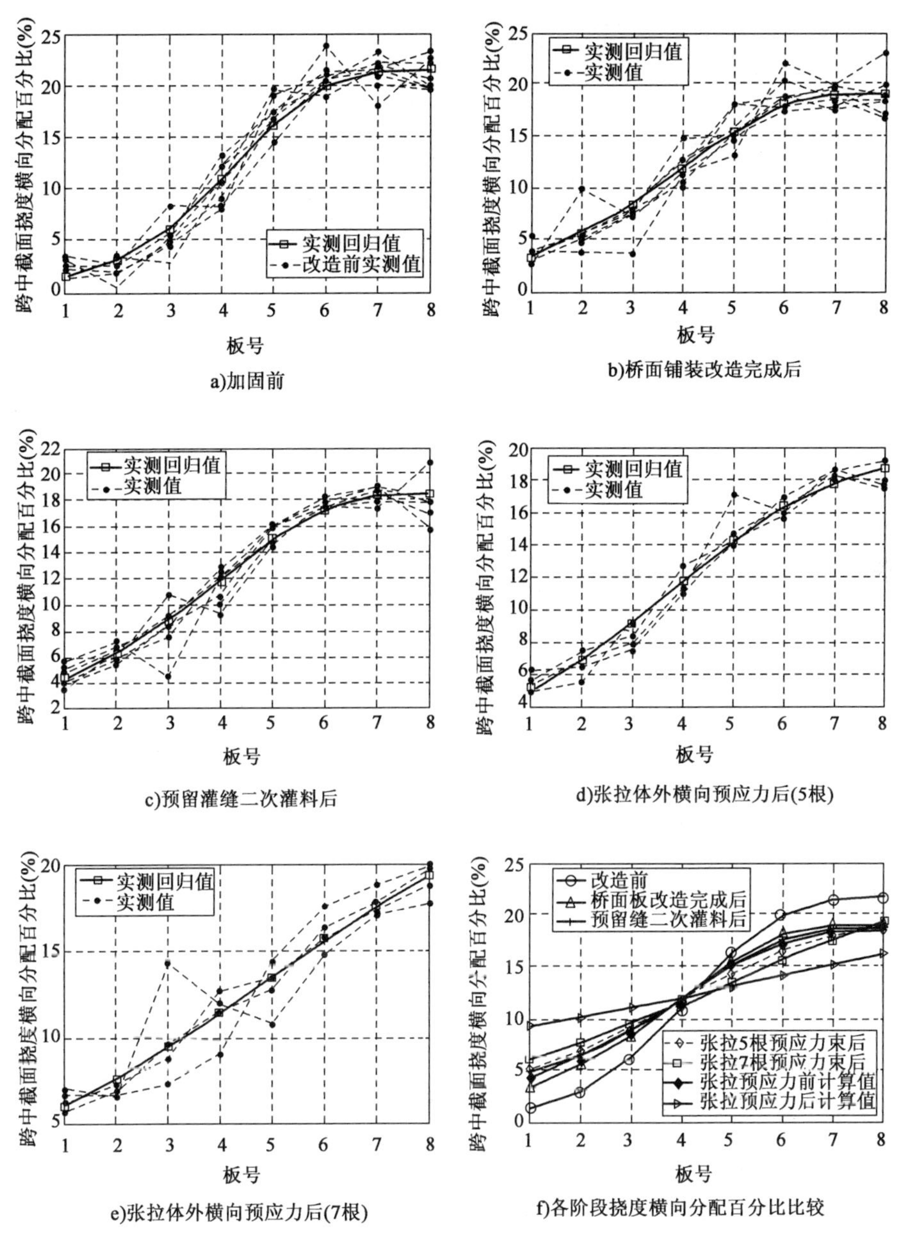

图5-37　加固前后各阶段空心板挠度横向分配比例(工况1)

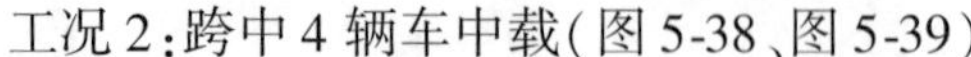

工况2:跨中4辆车中载(图5-38、图5-39)

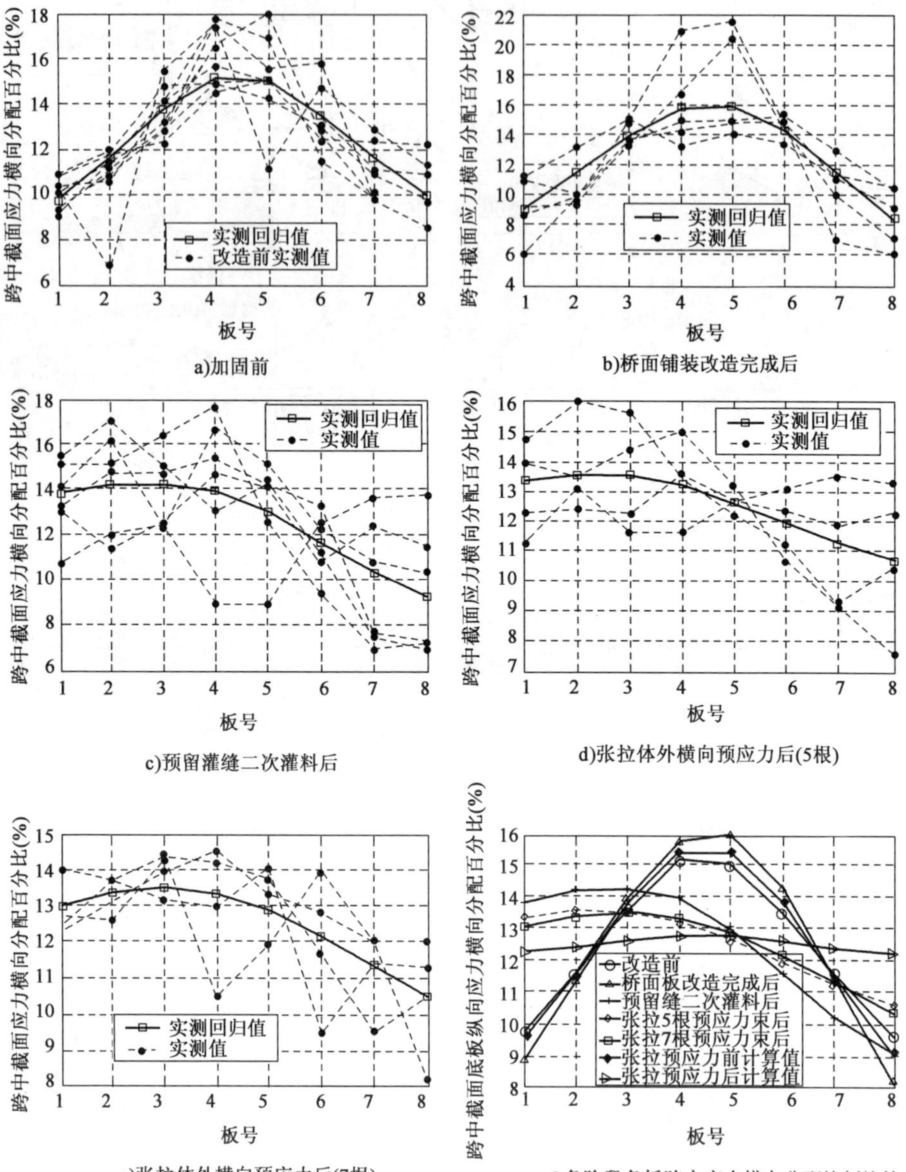

a)加固前

b)桥面铺装改造完成后

c)预留灌缝二次灌料后

d)张拉体外横向预应力后(5根)

e)张拉体外横向预应力后(7根)

f)各阶段各板跨中应力横向分配比例比较

图5-38 加固前后各阶段空心板底板纵向应力横向分配比例(工况2)

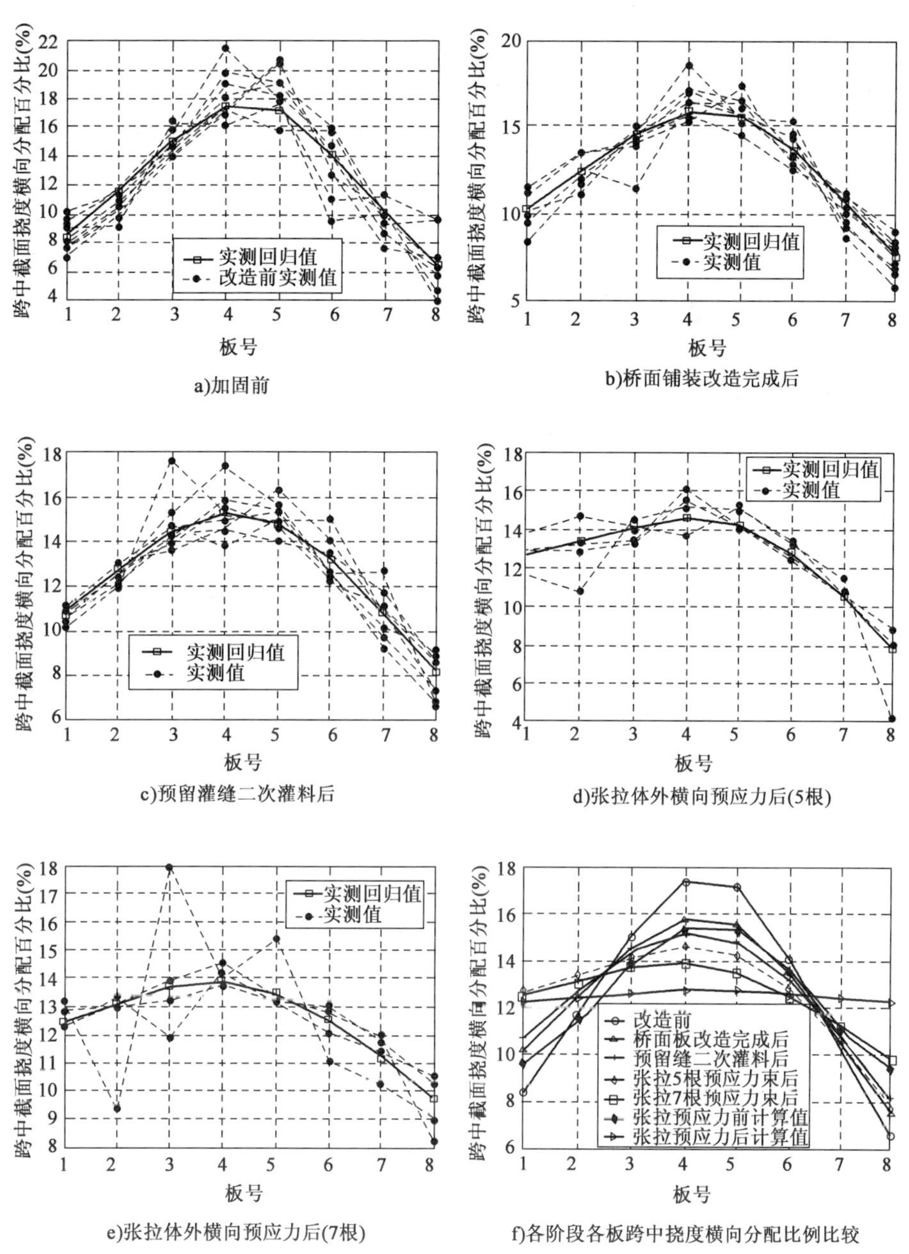

图5-39　加固前后各阶段空心板挠度横向分配比例(工况2)

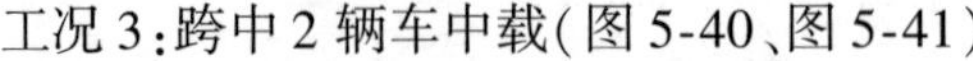

工况 3:跨中 2 辆车中载(图 5-40、图 5-41)

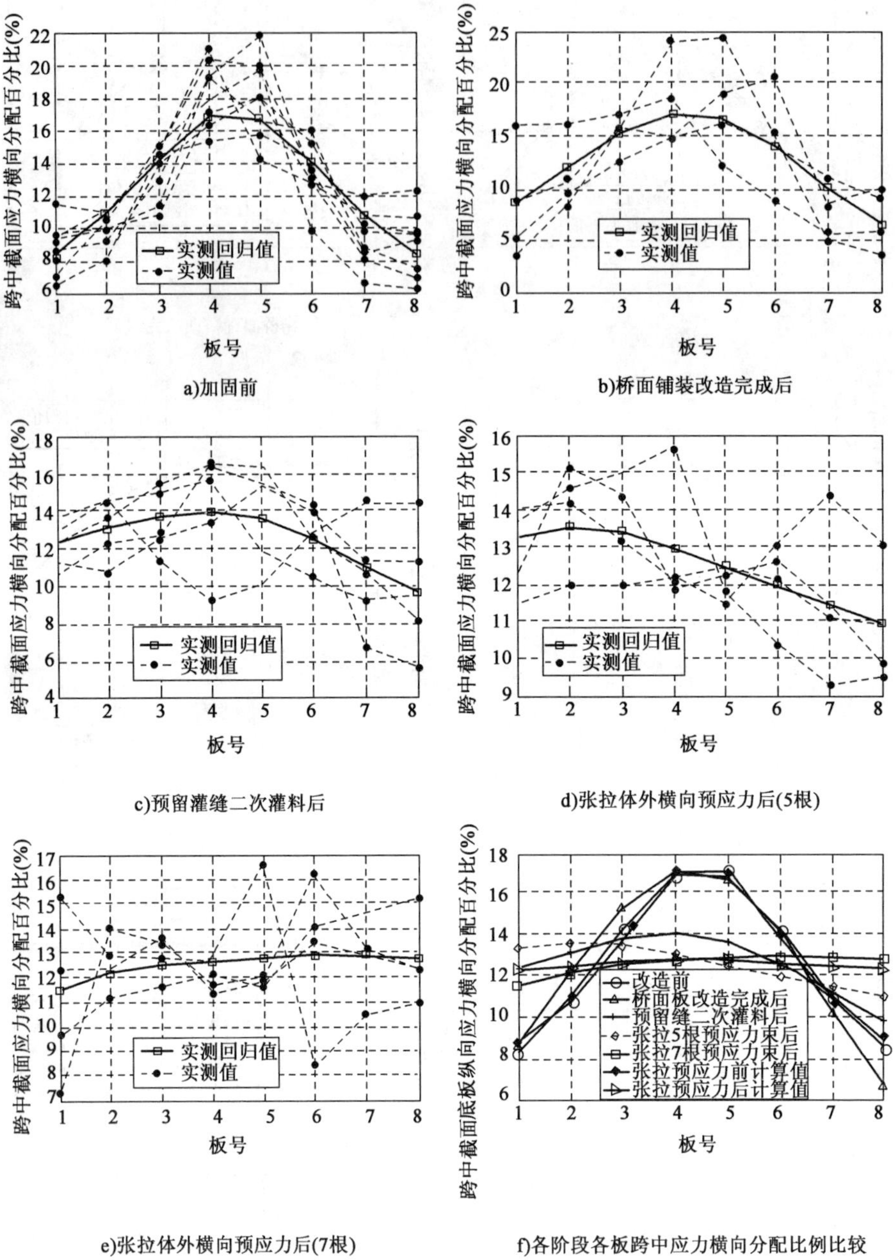

跨中截面应力横向分配百分比(%)
板号
实测回归值
实测值
a)加固前
b)桥面铺装改造完成后
c)预留灌缝二次灌料后
d)张拉体外横向预应力后(5根)
e)张拉体外横向预应力后(7根)
跨中截面底板纵向应力横向分配百分比(%)
改造前
桥面板改造完成后
预留缝二次灌料后
张拉5根预应力束后
张拉7根预应力束后
张拉预应力前计算值
张拉预应力后计算值
f)各阶段各板跨中应力横向分配比例比较

图 5-40　加固前后各阶段空心板底板纵向应力横向分配比例(工况 3)

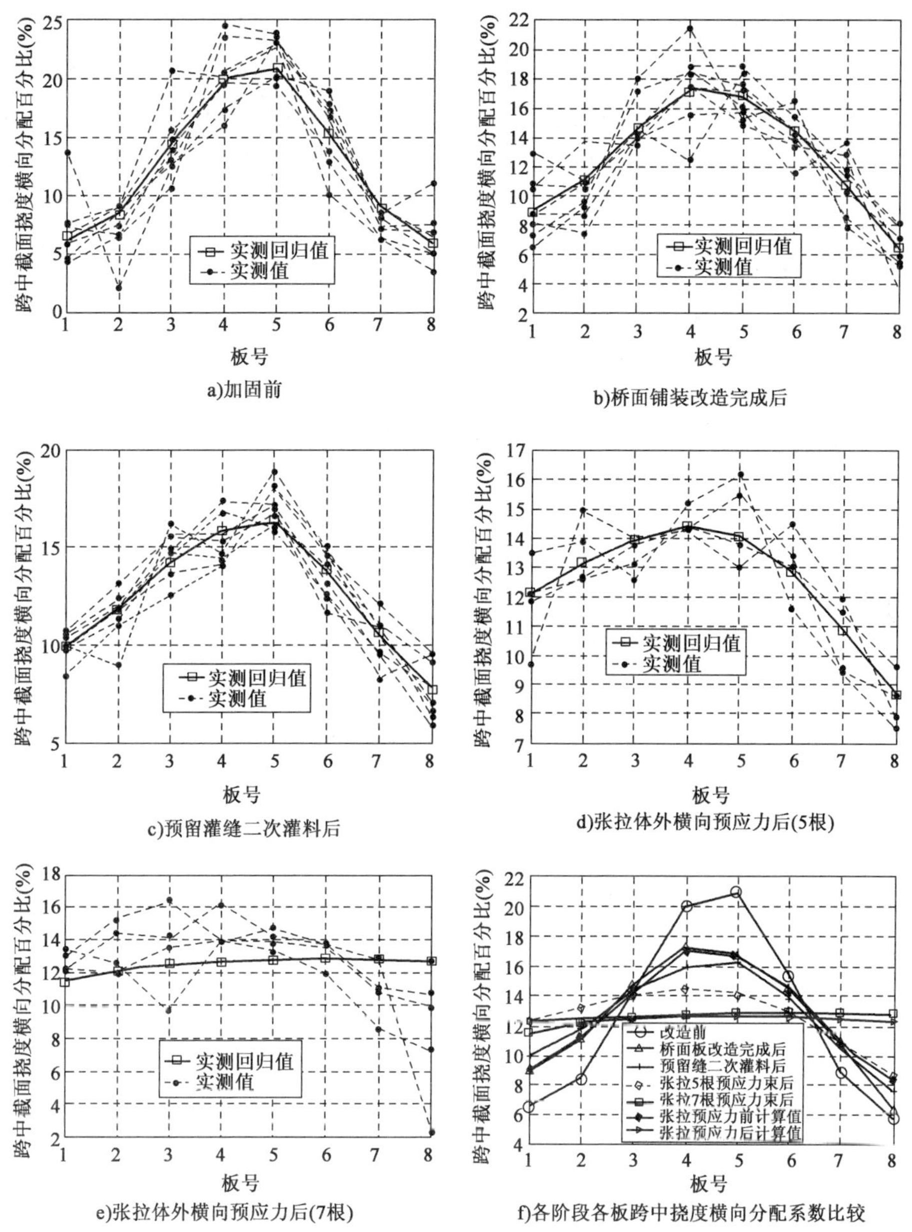

图 5-41 加固前后各阶段空心板挠度横向分配比例(工况 3)

由图 5-36、图 5-38 和图 5-40 可以看出,空心板底板纵向应力横向分配实测值离散性较大,通过统计回归分析,可以看出加固改造前后的基本趋势是,张拉横向预应力后空心板纵向应力横向分配趋于平缓,能够很好地改善荷载的横向分布。

由图 5-37、图 5-39 和图 5-41 可以看出,空心板挠度横向分配比例实测值规律性很强,用于研究荷载的横向分布具有重要意义。从图中明显地可以看出,相对于加固前,桥面混凝土铺装改造完后荷载的横向分布明显趋于平缓,张拉横向预应力后荷载横向分配更加趋于平缓,其中张拉 7 根预应力束的效果明显好于张拉 5 根预应力束。

与计算值相比,桥面铺装改造后与相应的铰缝刚度折减后较吻合;张拉 7 根预应力束的加固效果使得空心板的荷载横向分布形式与整体板(铰缝折减系数为 1)的计算结果相似,接近于直线,但横向分配没有整体板平缓(均匀),即横向连接与整体板相比要弱一些。

6)体外预应力张拉对铰缝受力性能的影响

测试第 32 跨跨中截面在体外预应力束(5 束)张拉前后在 4 辆试验车中载(工况 2)情况下空心板铰缝的变形情况,以评定体外预应力束张拉对铰缝扩展的影响。

由图 5-42 所示,张拉预应力后铰缝的变形很小,即张拉预应力后铰缝受力状态得到了明显改善,从而避免空心板横桥向拉应力过大而导致纵向开裂现象的产生。

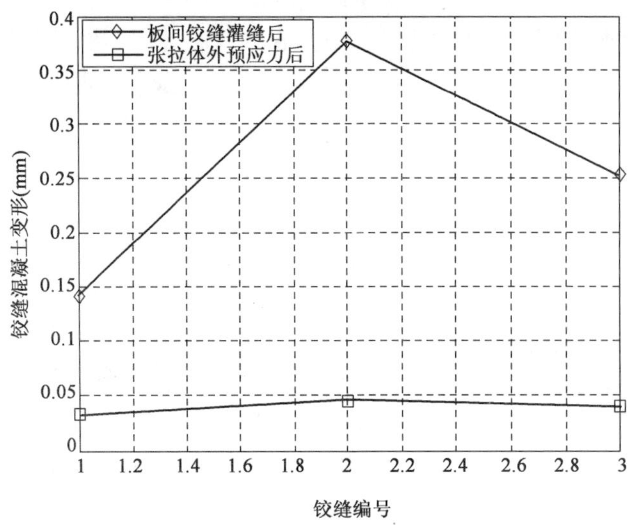

图 5-42　张拉预应力束前后铰缝变形情况

通过对药湖高架桥梁进行的荷载试验,得到以下主要结论:

(1)桥面铺装层改造后各跨各工况各空心板跨中挠度横向分布趋于平缓,消除了改造前的单板受力现象,桥面铺装改造后结构横向整体性能得到改善。

(2)施加横向预应力后各板的荷载横向分配曲线变得平缓,说明荷载作用空心板受力横向分布更加均匀,各板间的协同作用增强。

(3)试验跨31~34跨采用5根横向体外预应力束,试验跨332~335跨采用7根横向体外预应力束。从实测横向分布效果来看,332~335跨荷载横向分配更加均匀,横向整体性能相比更好。

(4)施加横向预应力后使得空心板底板和铰缝下缘处于预压状态,有效抵制了活荷载(汽车)的纵桥向弯矩作用,铰缝受力状态得到明显改善。

第三节　昌樟高速公路桥梁拓宽拼接技术

一、昌樟高速公路桥梁拓宽拼接总体方案

昌樟高速公路政治、经济地位都非常重要,扩建施工过程中全线保证四车道通行,采取下部连接难度很大。此外,新桥后期沉降对原盖梁的影响较大,本工程项目老桥盖梁病害较多,给盖梁加固带来一定困难;盖梁连接构造处理复杂、施工难度大。为此,本工程项目采用“两侧整体拼接为主、局部分离”的方式进行整体扩建。

1. 拼宽结构形式

1)新老桥连接处理方式

昌樟高速公路桥梁拓宽工程总体采用“上部结构连接、下部结构不连接”拼接方式。但部分特殊桥梁(如互通内现浇箱梁桥梁)由于上部结构拼接后影响旧桥受力,采用“上下部结构均不连接”的拼接方式。

该方式的优点:新桥与原桥上部连接,形成整体,有利于行车舒适、路容美观及路面养护;新桥施工及拼装施工方便,把对原有交通的影响降到最低;下部结构不连接,各自受力,可以减少由于新桥与原桥的上部结构的变形不一致、新旧桥基础整体沉降差而产生的附加内力。方案对新旧桥基础的沉降差要求严格,并应精确分析新桥与原桥的变形(如混凝土收缩、徐变等)不一致对上部结构拼接处的影响。沪杭甬、南京浦珠路、沪宁高速公路等多个加宽改建工程中采用。目前沪杭甬、南京浦珠路、沪宁高速公路已经通车几年,情况良好,未出现桥面纵向裂缝。

2)拼宽结构类型

根据初步设计阶段专家组提出的意见,新建桥梁结构类型主要有同跨径空心板拼接空心板、同跨径分体箱拼接空心板。专题研究结果表明:两种方案相比较,前者新老桥刚度基本一致,在汽车荷载作用下,新老桥变形协调,不致由于变形不协调引起较大的结构内力。

采用预应力空心板和采用现浇整体空(实)心板与原有钢筋混凝土空(实)心板拼接在新老结构受力性能、新老上部构造混凝土收缩徐变差的影响和控制新老基础整体沉降上没有明显的区别,两种方式均可以采用,但采用现浇整体板与原有钢筋混凝土空心板拼接对于单孔 8m 及 8m 以下构造物在施工中节约模板用量、减少存梁用地及节省架梁的运输费用有较大优势;综合考虑,对于单孔 8m 桥梁推荐采用现浇板与原构造物上部构造拼接,其余空(实)心板桥仍与跟原构造物结构形式相同的空心板与之拼接。

2. 原有桥梁边板的利用

昌樟高速公路扩建工程内既有桥梁上部结构形式以简支空(实)心板为主,通过对既有桥梁进行检测和承载能力评定,钢筋混凝土空(实)心板边板改为中板后,承载能力均能满足要求(个别通道因净空不足,车辆摩擦、碰撞板底,造成露筋病害的除外),可继续利用,通过切除边板悬臂端,在边板顶板植筋和做混凝土湿接缝,原边板可与新建部分可靠连接在一起。

若拆除原桥边梁,对次边梁有一定损伤,且对于板梁而言,要重新做铰缝,也需植筋来完成,拆除边梁重建方案在设计、施工中均较困难。从沪宁高速公路、合宁高速公路改扩建实践经验来看,采用改造原边板(梁)利用的方案是合理可行的。

3. 桥梁拼接方案的建议

针对拼接中新老结构受力性能、新老上部构造混凝土收缩徐变差的影响和控制新老基础整体沉降做了更为细致的研究,提出如下建议:

(1)在条件允许的前提下尽量延长接缝施工前空心板的放置时间,至少延迟 6 个月,并加强桥梁两端接缝和支座附近对应的接缝处配筋。

(2)新拼宽桥基础须采用桩基,建议新老桥基础容许沉降差容许值为 5mm,应适当采取增加桩长、增大桩径或采用挤扩支盘桩等有效措施来控制新拼宽桥桩基的总沉降量。

(3)尽量更换老桥的支座,新桥支座应能适应各个方向的变形。

在结构拼接方案研究的基础上,按不同的上部构造分别进行了计算与分析。鉴于本次大规模扩建桥梁设计的特殊性和复杂性,计算按平面杆系及空间有限元模式进行,采用了多种计算程序进行拼宽计算模式模拟。

影响拼接方案的因素主要有以下几个:①原桥自身承载能力,为减小拼接后对原桥内力影响,考虑截去原桥局部翼缘,减小拼接梁距;②拼接处构造的可靠性,考虑连接缝处加强配筋;③拼接新建部分的基础沉降,考虑增加桩长、增大桩径或采用挤扩支盘桩,预压新建结构,延迟接缝浇注时间。

本次扩建路段的桥型结构主要为板式结构,原有板式结构桥梁有钢筋混凝土实心板、先张法及后张法预应力混凝土空心板两种。以预制预应力混凝土连续空心板与钢筋混凝土空心板的拼接为例,根据初步设计阶段的比选结果,上部结构拼接采用"桥面弱连接"方案。即先切除原边板的25cm翼缘,与之相连的新拼接桥采用普通设计边板。原板相连的新拼接桥的内侧边板的25cm翼缘不预制,翼缘钢筋预留出来,与原板在切除部分植入的钢筋焊接,新老板之间25cm翼缘采用现浇方式,也可达到上部结构连接的目的,具体如图5-43所示。

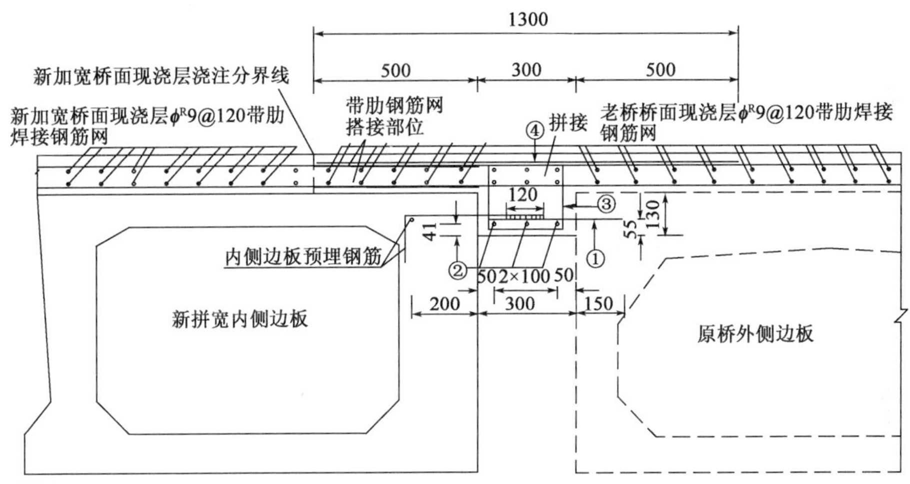

图5-43　新旧钢筋混凝土空心板的拼接(尺寸单位:cm)

"桥面弱连接"方案的优点是连接整体受力好,行车影响较少。新旧桥受力影响较小,施工简单、方便,施工费用较低,并可以通过调整现浇段的宽度解决新板与原板拼宽设计的横向误差。至于混凝土的收缩徐变、新桥的沉降对连接部位的影响,可以通过以下施工工序来解决:连接部分的混凝土后于新建桥桥面现浇层浇筑,且待新浇筑的拼宽部分放置一段时间,考虑上部结构对下构预压的时间后才浇筑连接部分的混凝土,最后浇筑桥面沥青铺装及护栏。另外,还可通过适当增长桩长或设置挤扩支盘桩来控制新建桥的沉降。

二、昌樟高速公路桥梁拓宽拼接的总体设计

1. 设计原则

根据昌樟高速公路现有道路构造物的特点、改扩建的整体要求及桥梁结构物加宽加固的特殊性，重点提出以下设计原则：

(1)桥梁的拼接加宽应在保证安全的前提下，按尽量利用的原则设计，即尽量利用原有结构或构件。桥梁拼接应在专项检测评价的基础上进行设计，即根据评价结论确定加固与否，再进行拼接设计。

(2)桥梁拼接加宽推荐采用上部构造连接，下部构造不连接方式。拼接构造应进行多方案比较。加宽桥梁的桥跨布置、结构形式、梁高原则上与原桥相同。

(3)桥梁的新建、改建必须事先对沿线的河道、引水灌溉、排洪等设施进行调查，以确定桥梁相应标高。

(4)拼接加宽桥梁下部构造的基础形式选择原则上采用桩基础；当地基条件较好情况下，如原桥为扩大基础时，也可采用与原桥相同的基础形式。

(5)通道、涵洞接长部分应与原有的结构相同，原则上应保证原有净空要求不变，可考虑通过调整结构上部厚度尺寸或调整通道纵坡的方法进行。

(6)考虑远景可能实施维修罩面和扩建加宽施工净空的要求，对拆除重建或新建的上跨高速公路的桥梁净空高度考虑适当提高。

2. 设计要点

昌樟高速公路改扩建工程中，桥梁、涵洞的扩建设计受到现有道路交通、现有构造物、航道净空、道路净空、扩建工程施工组织等诸多因素的制约，因此设计思想也有别于新建工程。本着“技术先进、安全可靠、耐久适用、经济合理”的原则，进行桥梁的扩建设计。

(1)新旧桥梁的拼接。为了尽可能消除新旧桥梁的不均匀沉降和保持上部结构的整体性，原则上新旧桥梁下部构造分离、上部构造连接，并且新桥基础主要采用桩基础型式。上部构造结构形式相同或相近，板梁与板梁及箱梁采取桥面弱连接。新旧桥梁的桥台采用适当的型式相匹配，采用薄壁式桥台和扶壁式桥台与原U型桥台拼接，采用桩柱式桥台与原桩柱式桥台拼接，采用承台分离式桥台和肋板式桥台与原肋板式桥台拼接。

(2)新旧涵洞的拼接。为了尽可能消除新旧涵洞的不均匀沉降和保持通畅，对软弱地基路段的新建涵洞基底进行复核处理。圆管涵、盖板涵等均采用相

同的结构形式进行拼接。

(3)航道净空和道路净空。全面调查核实跨越航道和道路的桥梁桥下净空,考虑高速公路扩建后的桥梁因桥面横坡的延续对桥下净空的影响。

(4)施工组织。昌樟高速公路扩建期间尽量不影响现有道路上车辆的通行,在构造物的施工工序方面予以充分考虑。

(5)桥梁跨径。为便于新旧桥梁的拼接,扩建桥梁与相对应的旧桥上部构造结构形式相同或相近。昌樟高速公路改扩建工程中,桥梁上部构造标准跨径构件主要有:8m钢筋混凝土空心板,10、13、16、20m后张法预应力混凝土空心板,20、25、30、35、40m后张法预应力混凝土分体小箱梁。

(6)岩溶地区桥梁基础。岩溶地区桥梁主要基础型式采用嵌岩桩基础,根据对现有地质钻探资料、岩溶风险初步评价及历史建设资料的分析研究,在危险等级较高路段的部分墩柱基础型式适当考虑摩擦桩及扩大基础。本工程中拼宽桥梁不采用扩大基础,对岩溶风险等级较高路段,摩擦桩能直接满足承载力要求时,采用摩擦桩基础,其余墩柱全部采用嵌岩桩基础。

(7)原有桥梁维修加固与改造。通过对昌樟高速公路路段内现有的所有桥梁进行全面、科学的检测,对沿线每座桥梁的强度、刚度、稳定性进行评估分析,并结合全线桥梁外观检查及静动载试验的结果,提出相应的维修加固方案。通过对昌樟高速公路路段内桥梁进行病害分析,并结合扩建工程中新、旧桥梁的相互关系及具体需要,将本次的加固设计分为结构加固补强和维修养护两个部分:病害较大的桥梁进行结构补强;对其他病害较小的桥梁进行维修养护。另外,由于本次扩建工程的路线纵断面的需要以及原桥的承载力要求,部分原有桥梁需要作整体顶升。

原有桥梁维修与加固的主要内容包括:桥梁顶升及锚栓解除、支座系统更换及病害支座的维修与更换、薄壁桥台喷射混凝土、桥梁梁体及墩台裂缝封闭及缺陷修补。

原有桥梁改造主要有以下5项工作内容:①伸缩缝的拆除;②原桥中央分隔带处护栏拆除及重建(桥梁外侧护栏的拆除计入拼宽设计);③原桥伸缩缝预留槽改造(含桥台背墙改造);④原桥加铺沥青混凝土铺装及防水层;⑤原桥桥面(沥青或混凝土铺装层)及搭板的拆除、改造及重建(以新、老桥梁拼接处为界,含搭板拼接处的预埋连接钢筋)。

三、空心板梁桥拓宽拼接施工工艺

昌樟高速公路改扩建工程中新老桥拼接采用上连下不连方案进行拼接,新老桥上部结构通过拼接形成整体共同受力，下部结构分离，独立受力。即新加宽桥部分下部结构单独进行施工，与原老桥桥下部结构无联系，新桥支座垫石施工完成具备架梁条件后，架设加宽部分空心板，新架设的空心板与原老桥的空心板进行横向拼接，连成一个整体，在进行桥面铺装层后与原老桥共同组成一个加宽后的整体桥面。桥梁拼接施工工艺流程如图 5-44 所示。

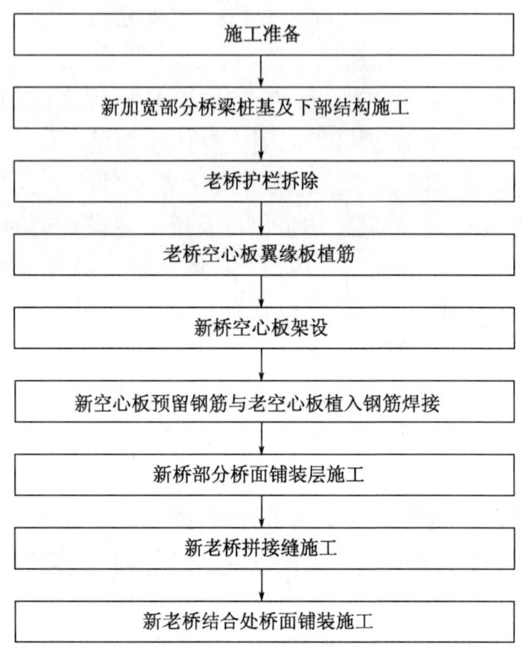

图 5-44　桥梁拼接施工工艺流程

1. 新加宽部分桥梁施工前的准备工作

在进行新桥(加宽部分桥梁)桩基和下部结构施工之前，测量人员对老桥(原有桥)进行桥位坐标和高程复核，确认老桥的各项数据与图纸中提供的数据相一致。以保证新老桥梁的高程顺利衔接和各墩位的轴线相一致。确认数据无误后，进行下部结构的施工，尤其是在进行支座垫石施工时，要逐跨对老桥的桥面标高进行测量，根据老桥的桥面标高反推新桥的支座垫石标高，以保证新老桥面的标高顺利衔接。

2. 新加宽部分桥梁桩基及下部结构的施工

准备工作完成之后，按正常施工工艺进行新桥下部结构的施工，墩身、支座垫石等全部施工完成，以具备下一步架梁的条件。

3. 临时护栏的设置

在进行新的拼接中梁架设之前，为保证新梁的架设位置，必须将老桥的护栏拆除，并重新设置新的临时防撞护栏，以确保高速公路的车辆顺利通行。施工方案确定如下：对老桥的护栏根部整体进行切割，切割沿护栏根部连同老桥边梁翼缘一同进行，纵向5m一节用吊车吊至硬路肩与行车道之间的分界线处，底部垫平，每节之间用钢筋连接成整体，背后用砂袋加固，以增强护栏的防撞效果。

4. 老桥边梁植筋与钻孔

为保证新老桥梁的拼接效果，原桥加宽侧边梁在切除护栏宽度后，将翼缘板全部切除，并沿原有顶板纵向一定距离植入顶板钢筋，原桥顶板植入钢筋与后期架设的拼接中的梁翼板预留钢筋通过和回形闭合箍筋焊接而相互连接。

原桥顶板钢筋植入混凝土深度不少于设计深度，钢筋植入后其拔出力不应小于规范要求，并按相关规范抽取一定比例的植入钢筋进行抗拉力试验。具体操作步骤如下：

(1)钻孔。钻孔植筋16mm，注意钻孔位置必须避开原结构钢筋。

(2)清孔。用GA18刷子刷出孔内灰尘，再用吹气泵吹出孔内残余灰尘。

(3)用黏合剂从孔底部开始向外填孔。

(4)植入钢筋，待1.5小时且植入筋拔出力满足要求后，方可进行下一步施工。

5. 加宽新桥部分的施工

老桥植筋及钻孔工作完成后，进行新加宽桥部分的梁板架设、湿接缝、桥面系的施工。新桥部分按正常施工顺序架设所有空心板，并进行铰缝施工。架设完成后进行部分桥面铺装层施工并放置半年。在预压放置期对梁外露钢筋应采取适当保护措施，防止钢筋锈蚀。

6. 新老桥结合处桥面铺装施工

拼接前凿除原桥梁部分桥面铺装层混凝土，保留桥面铺装横向钢筋，再配装加宽部分及拼接处的桥面铺装钢筋和桥面连接钢筋，然后在再浇筑拼接部位混凝土。施工时加强对原桥和加宽桥拼接部分混凝土粘接界面的处理，确保接缝混凝土与原桥、加宽桥混凝土的有效粘接。

桥梁拼接质量控制要点如下：

(1)对原桥结构进行切割、凿除时，严格按结构不被破坏、不降低承载能力的原则进行，对混凝土切割面施工缝进行处理，以保证新老混凝土可靠连接，开槽尺寸严格按设计要求予以控制。

(2)拼接部分在拼接之前尽量减小沉降量,采用预压方式进行调整,桥面延迟6个月再进行拼接连接。

(3)为避免差错,施工放样前,对施工图中所给出的高程、坐标进行复核。

(4)为控制新建部分与原桥平面对齐拼接,新拼桥梁桩位放样时进行双控,即按照施工图设计给定的桩位坐标放出桩位,然后将老桥墩台盖梁的边线延长,边线延长后与按施工图实放桩位中心拟合,控制误差范围为纵向和横向误差不大于2cm。

(5)为控制架设梁体后的桥面铺装顶面高程与原桥桥面铺装高程一致,在新加宽桥梁墩台、支座垫石等部位施工前复核高程,无误后再施工。

(6)现浇混凝土桥面板和现浇湿接缝混凝土浇筑前,将混凝土结合面进行凿毛,确保其粗糙面的凸凹不小于6mm,再进行清洗和保湿处理,并在结合面处均匀涂抹界面胶,然后再浇筑混凝土。

第六章　交通组织与分析

高速公路改扩建路段通常具有承载交通量大、交通运输对其依赖性强等特点。改扩建工程的实施必然会对项目路及其周边的路网交通带来影响。因此，在高速公路改扩建过程中如何维持交通的平稳运行、减小改扩建施工对交通的影响、保证道路行车安全，成为改扩建施工中亟待解决的关键问题。针对以上问题，本章将围绕交通组织的重要性与设计思路、区域路网、区域路网交通组织方案、改扩建保通方案进行论述，并系统阐述昌樟高速公路改扩建工程交通组织方案和管理措施，以为国内类似高速公路改扩建工程交通组织设计和管理提供借鉴。

第一节　交通组织的重要性与设计思路

一、交通组织的重要性

高速公路改扩建施工期间，必将面临交通流分配的问题。若封闭交通，将全部交通转移至周边公路，必将对周边路网造成较大的影响。若不进行交通分流，则在如此大的交通压力下，施工难以顺利实施。因此，只有对改扩建工程进行全局性的交通组织考虑才能既保证施工顺利推进，又保证行车安全畅通。

交通组织的重要性主要体现在以下几个方面：

(1)坚持“以人为本，保障施工道路通行安全”

在制定交通组织方案时，首先树立“以人为本”的设计理念。在改扩建施工方面，结合改扩建施工的特点，针对不同施工阶段制定科学合理的施工组织计划。在交通安全方面，施工路段应设立醒目的施工标志，提示过往车辆减速绕行等。其次，做好改扩建工程的宣传工作，通过广播、电视、报纸等新闻媒体，向社会发布高速公路改扩建工程的开工、竣工日期以及工程施工期间的道路通行情况的告示等。

(2)保障高速公路改扩建工程顺利实施

考虑施工期间交通不能中断、通行区段和施工区段的频繁转换等特点。若不进行全局性的交通组织方案研究,必将影响施工周期,进而严重影响改扩建工程的进度。因此,在施工期间进行交通组织研究尤为重要。

(3)保障区域路网顺利运行

受改扩建施工影响,高速公路的通行能力和服务水平势必会大大降低。由于其自身承担的交通量较为有限,若不采用行之有效的交通组织方案,则大量的交通被分流至周边路网,对周边路网造成极大影响,甚至可能引起交通瘫痪。

(4)保障改扩建道路周边省市社会经济持续增长

高速公路改扩建施工若不能有效地保障交通运行的正常秩序,不能实现“人畅其行、物畅其流”,将会对周边省市的经济持续快速增长造成负面影响。

二、交通组织设计思路

一般来说,道路服务水平不低于四级时,全程“保四不分流”。在特殊情况下,以诱导分流为主,强制分流为辅进行分流。在施工期间以保证四级服务水平通行能力最大化为目的,依据改扩建工程实施计划对交通组织进行时段划分,确立交通组织方案的指导思想和基本原则。

以昌樟高速公路改扩建四车道保通为例,具体如下:

①对昌樟高速公路的技术现状与交通运输现状、昌樟高速公路所在区域的公路网现状进行调查,同时收集有关 OD 调查资料、各相关道路技术现状与交通量等资料。

②根据昌樟高速公路不同路段的情况,结合施工组织方案计算昌樟高速公路在改建施工期间不同服务水平下的通行能力,分析施工期间在期望的道路服务水平条件下昌樟高速公路需要分流的交通量。

③提出扩建工程交通组织的总体思路,并对区域路网交通组织和项目路自身的交通组织分别提出相应思路。

④研究总结区域路网的交通组织计划以及项目路施工期间的交通组织总体方案。

⑤针对各阶段施工特点分别制定交通组织保障措施、交通组织预案以及突发事件处理建议等。

结合昌樟高速公路改扩建四车道保通交通组织设计思路,高速公路改扩建工程进行交通组织设计方案具体说明如图 6-1 所示。

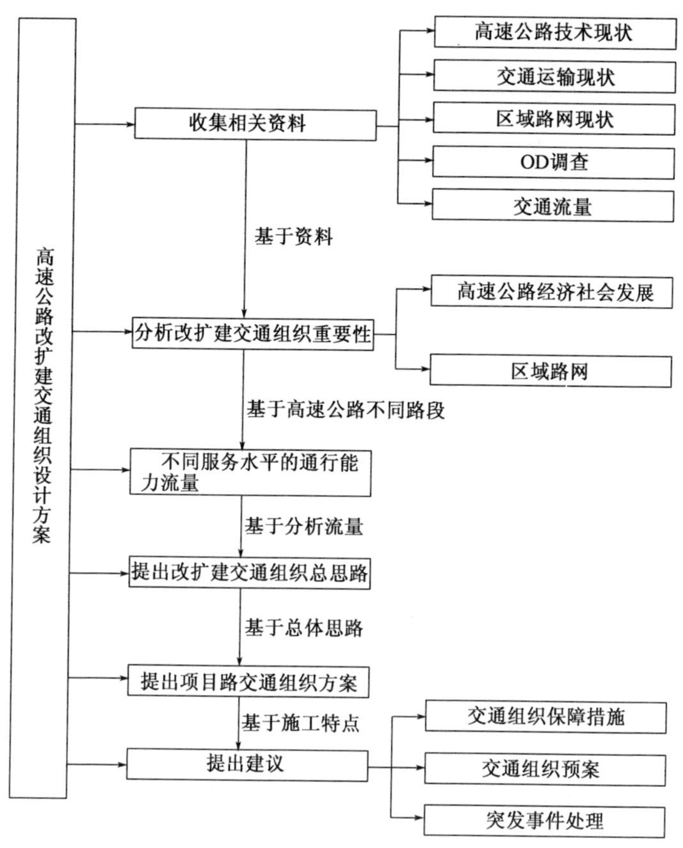

图6-1　交通组织设计方案图

第二节　区域路网分析

区域路网可划分为三个层次进行分析：

(1)基于区域路网的本质对不同层次的公路进行分类，根据公路运输通道的内部组成、路径的影响进行路径的选择和定位。

(2)应对项目影响区路网的技术等级、路面结构、桥梁荷载、交通量、养护计划、收费站、收费标准、道路规划、重大活动等进行详细的调研和整理，为制定区域路网交通组织方案提供基础资料。

(3)因路网中车流情况复杂，所以针对客货运混合行驶存在的车流速度低、路面破坏严重、道路空间浪费、交通事故频发等问题进行分析。

一、区域路网相关性分析

高速公路改扩建期间需对周边路网进行整体规划，不仅对交通组织方案进行研究分析，而且对高速公路改扩建工程中相关区域路网的通行能力和道路服务水平进行研究并设计合理的交通组织方案。

1. 相关区域路网通行能力分析

道路通行能力是指道路的某一断面在单位时间内所能通过的最大车辆数。改扩建施工期间需将原有的车流量部分分流到与项目路相连接的区域路网之中，达到区域路网交通流运行的整体均衡。

2. 相关区域路网道路服务水平分析

参考《公路工程技术标准》(JTG B01—2014)中有关方法、参数，将高速公路服务水平划分为六级，各服务水平等级和 V/C 值见表6-1。

高速公路服务水平分级　　表6-1

服务水平等级	V/C 值	设计速度(km/h)		
		120	100	80
		最大服务交通量[pcu/(h·ln)]	最大服务交通量[pcu/(h·ln)]	最大服务交通量[pcu/(h·ln)]
一	≤0.35	750	730	700
二	(0.35　0.55]	1200	1150	1100
三	(0.55　0.75]	1650	1600	1500
四	(0.75　0.9]	1980	1850	1800
五	(0.9　1.00]	2200	2100	2000
六	>1.00	0~2200	0~2100	0~2000

按上述划分标准，各级服务水平的交通流状况描述如下：

(1)一级服务水平。交通流处于完全自由流状态。交通量小，速度高，行车密度小，驾驶员能自由地按照自己的意愿选择所需速度，行驶车辆不受或基本不受交通流中其他车辆影响。在交通流内驾驶的自由度很大，为驾驶员、乘客或行人提供的舒适度和方便性非常优越。较小的交通事故或行车障碍的影响容易消除，在事故路段不会产生停滞排队现象，很快就能恢复到一级水平。

(2)二级服务水平。交通流状态处于相对自由流的状态，驾驶员基本可按照自己的意愿选择行驶速度，但需要注意交通流内的其他使用者，驾驶员身心舒适水平很高，较小交通事故或行车障碍的影响容易消除，在事故路段的运行服务情况比一级差些。

(3)三级服务水平。交通流状态处于稳定流上半段,车辆间的相互影响变大,选择速度受到其他车辆的影响,交换车道时驾驶员要格外小心,较小交通事故仍能排除,但事故发生路段的服务质量大大降低,严重阻塞后面形成排队车流,驾驶员心情紧张。

(4)四级服务水平。交通流处于稳定流范围下限,但是车辆运行明显地受到交通流内其他车辆的相互影响,速度和驾驶的自由度受到明显限制。交通量稍有增加就会导致服务水平的显著降低,驾驶人员身心舒适水平降低,即使较小的交通事故也难以排除,会形成很长的排队车流。

(5)五级服务水平。为交通流拥堵的上半段,其下是达到最大通行能力时的运行状态。对于交通流的任何干扰,例如车流从匝道驶入或车辆变换车道,都会在交通流中产生一个干扰波,交通流不能消除它,任何交通事故都会形成排队车流,车流行驶灵活性受到限制,驾驶人员身心舒适水平很差。

(6)六级服务水平。是拥堵流的下半段,是通常意义上的强制流或堵塞流。这一服务水平下,交通设施的交通需求超过其允许的通过量,车流排队行驶,队列中的车辆出现停停走走现象,运行状态极不稳定,可能在不同交通流状态间发生突变。

高速公路服务水平为相应的最大交通量与通行能力比,即

$$\frac{V}{C} = \frac{\mathrm{MSF_d}}{C_\mathrm{R}}$$

式中:$\mathrm{MSF_d}$——实际道路条件和交通条件每车道的最大服务交通量;

C_R——实际设计速度 V_R 对应的通行能力值。

高速公路改扩建施工过程中,需将项目路中的交通流分摊到周边区域路网中。对道路服务水平进行分析研究,确保施工过程中项目路与周边区域路网的交通达到“通而不堵”的效果。

二、项目路现状分析

1. 项目路周边路况分析

高速公路改扩建期间,周边路网对施工也有一定的影响。为了保证施工期间的安全,将整个路网作为一个有机整体进行研究,分析道路的长度、改造的年限、改造完成后的通车时段、改造路基的宽度、路面材料和路网交通流等情况。

2. 项目路高速公路技术标准

参照《公路工程技术标准》(JTJ 01—1988)和《公路路线设计规范》(JTJ

011—1994)，改扩建施工过程中需对下列指标数据进行整理分析：

(1)公路等级；

(2)路基宽度(m)；

(3)行车速度(km/h)；

(4)平曲线一般最小半径(m)；

(5)平曲线极限最小半径(m)；

(6)最大纵坡(%)；

(7)最短坡长(m)；

(8)桥梁设计荷载；

(9)设计洪水频率(特大桥)。

第三节　区域路网交通组织方案

高速公路通常是区域路网中的主要干道，由于交通量较大，改扩建施工将会对周边区域路网产生较大影响。出于对车辆行驶和施工的安全考虑，需对项目路进行分流，采取小范围施工保通交通组织管制、大范围保通和尽可能少分流的方案向周边路网实施交通分流。

高速公路改扩建施工期间，交通分流的方法主要是诱导分流和强制分流。其中，诱导分流是主导方法，而强制分流需与诱导分流结合使用。除此之外，还包括路段就地分流和应急分流等分流方式。

总体而言，在施工期间道路不低于四级服务水平的情况下，以诱导分流为主，不考虑强制分流。在节假日车流量高峰期或发生交通事故的情况下，需采取交通管制分流。

一、路网分担流量

道路交通是路网中一个复杂的系统，受多种因素的影响而表现出非线性、不确定性等特性。上游道路的交通状态会直接影响下游道路的交通状态，下游道路交通阻塞等情况也会影响上游道路的车辆路径选择，从而影响整个道路网的运行状况。道路之间的相关性也是复杂多变的，衡量的因素也很多。

在施工期间，结合周边路网条件对项目路进行分流。对于在路网中地位较为重要、承担较大交通量的道路，除采用分流绕行的措施，还应控制相关道路的交通发生源和吸引源，减少交通压力。

二、分流方案

高速公路改扩建施工期间主要针对长途过境交通进行区域路网异地诱导分流，在部分关键点施工时，对中、短途交通进行路段就地分流，对交通异常事件进行交通管制。

1. 区域路网诱导分流

高速公路改扩建施工期间，项目路受施工影响，通行条件变差。因此，在区域路网关键节点处设置诱导标志或利用路网电子信息屏进行交通引导，指示过往车辆绕行。

2. 路段就地分流

高速公路改扩建施工期间发生交通拥堵时，施工路段无法正常通行，则启用路段就地分流方案。该方案主要借助于项目路上各主要枢纽互通出入口进行就地分流，通过各枢纽互通所连接的省、县道对车辆分流。

3. 应急分流

在雨雪、大雾天气或交通事故等交通异常事件情况下启动应急分流预案，疏通项目路上的拥堵车辆。在施工路段，借助中央分隔带开口强制分流部分过往车辆，确保施工期间的交通畅通。

三、其他问题

改扩建施工前须告知出行者选择合理的路径，在施工过程中应在有关媒体（报纸、广播电台、手机短信）和路网道路主要入口处提前发布交通封闭或管制措施等信息。施工完成后，要广泛宣传，通过媒体及时发布通车信息，并在主要互通入口处公告过往车辆，引导车辆正常驶入。在影响范围内，各级政府和相关公路管理部门要相互协调组织、积极配合、统筹管理。

第四节　高速公路改扩建保通方案分析

目前，高速公路改扩建保通类型主要有保持双向两车道通行、保持双向三车道通行和保持双向四车道通行等模式。本节主要介绍国内高速公路改扩建比较常用的“双向两车道”和“双向四车道”保通方案，并分析其优缺点。

一、双向两车道和双向四车道保通方案优缺点分析

1. 双向两车道保通

(1)优点:

①施工条件好,施工组织较好安排,易协调桥梁、互通等构造物施工;

②路面、构造物一次完成拼接,拼接时新老路面高程容易控制,施工质量有保证;

③便于新老路面进行横坡调整。

(2)缺点:

①通行能力减小,需要向周边路网分流,增大周边路网交通压力;

②分流对周边路网道路的技术等级和承载力要求较高;

③双向两车道通行时,一旦出现交通事故,容易造成拥堵;

④分流会造成通行收费损失,也会造成通行不便,带来一定的社会影响;

⑤有一定的安全隐患,尤其是在夜间。

2. 双向四车道保通

(1)优点:

①道路的通行能力受影响程度小;

②社会影响小;

③通行费收费损失小;

④四车道通行时,由于分流较少,因此对周边路网道路的技术等级和承载力要求较小,周边路网压力小。

(2)缺点:

①部分特殊工点施工需设置过渡段;

②交通维护费用较高,对业主单位管理能力提出较高的要求。

双向两车道保通和双向四车道保通方案的优缺点对比分析见表6-2。

双向两车道保通和双向四车道保通方案优缺点对比分析　　表6-2

分析指标	保 通 方 案	
	双向两车道保通	双向四车道保通
社会影响	较大	小
分流比例	大	小
对周边路网要求	较高	低

续上表

分析指标	保通方案	
	双向两车道保通	双向四车道保通
周边路网分流压力	大	小
车辆绕行系数	大	小
通行能力受影响程度	大	小
收费收入损失	大	小
施工影响	好	差
施工管理	容易	复杂

高速公路改扩建保通方案的选取应根据项目路的具体情况进行分析、对方案的优缺点进行比选,最终确定最优方案。

二、双向两车道和双向四车道保通方案对项目路改扩建的交通影响分析

1. 通行能力

相比而言,采用双向两车道保通方案会较大程度地降低项目路的通行能力,而采用双向四车道保通方案则对项目路的通行能力影响较小。

2. 分流压力

由于项目路通行能力的下降,双向两车道保通方案的分流压力会明显大于双向四车道保通方案。

3. 行车、施工安全

在行车安全方面,双向四车道保通方案要优于双向两车道保通方案;在施工安全方面,双向两车道保通方案则优于双向四车道保通方案。

三、双向两车道和双向四车道保通方案对项目路改扩建的社会影响分析

1. 从施工方角度分析

高速公路改扩建工程施工会降低高速公路的通行能力,对车辆通行造成一定的干扰。如何保证工程质量,减少工程量、缩短工期和保障施工车辆和人员安全,是项目参建单位需要考虑的事情。从保证工程质量、保障施工车辆与人员安全、减少工程量和缩短工期层面分析,双向两车道保通方案有一定优势,施工组织较好安排,施工进出场地对道路通车影响较小。

2. 从运营方角度分析

高速公路改扩建工程施工，不同的保通方案会造成不同程度的通行收费损失。作为高速公路运营方，自然希望在保证畅通的前提下遵循效益最优原则，即通行收费损失和工程投资整体最小的保通方案。相较双向两车道保通方案，采用双向四车道保通方案工程投资较多，主要体现在交通维护费用较高，但通行费收费损失较小。整体而言，从运营方角度考虑，采用双向四车道保通方案优于双向两车道保通方案。

3. 从出行者角度分析

一般而言，出行者出行要求快捷便利、安全舒适，双向两车道保通方案因其受通行能力降低、分流绕行等因素的影响，较难为出行者所接受。相对而言，双向四车道保通方案在这方面则更有优势。

4. 从政府角度分析

对于高速公路改扩建工程，政府主要考虑的是施工影响，包括对周边路网的影响及社会经济的影响。若采用双向两车道保通方案，施工过程中周边路网承担的分流压力过大，分流车辆绕行导致社会影响较大。而采用双向四车道保通方案充分利用现有道路资源，对周边路网依赖度较低，社会影响较小。

第五节　工 程 实 例

一、既有昌樟高速公路技术标准

既有昌樟高速公路分两期建设。其中，省庄至胡家坊段设计速度为 100km/h，胡家坊至昌傅段设计速度为 120km/h，路基宽均为 27m。

既有高速公路路线设计执行的技术标准为《公路工程技术标准》(JTJ 01—1988)、《公路路线设计规范》(JTJ 011—1994)，具体见表 6-3。

既有昌樟高速公路设计技术标准表　　表 6-3

序号	指标名称	指标	
		省庄至胡家坊段	胡家坊至昌傅段
1	公路等级	一级汽车专用	高速公路
2	路基宽度(m)	27	27
3	计算行车速度(km/h)	100	120

续上表

序号	指标名称	指　　标	
		省庄至胡家坊段	胡家坊至昌傅段
4	平曲线一般最小半径(m)	700	1000
5	平曲线极限最小半径(m)	400	650
6	不设超高最小平曲线半径(m)	4000	5500
7	最大纵坡(%)	4	3
8	停车视距(m)	160	210
9	最短坡长(m)	250	300
10	桥涵设计荷载	汽车—超20级 挂车—120	
11	设计洪水频率	1/100(特大桥1/300)	

二、昌樟区域路网交通组织方案

1.南北走向与东西走向交通流量预测分析

目前,工程项目影响区南北向公路运输通道有昌九高速公路—昌樟高速公路—昌泰高速公路—泰赣高速公路—赣定高速公路大通道、国道105和国道206,其他在建及规划通道有大广高速公路、济广高速公路、新村至赣县高速公路。根据交通流预测方法得出表6-4和表6-5。

南北向通道交通量预测结果(单位:pcu/d)　　　表6-4

道路名称	2011年	2012年	2014年	2017年	2018年	2020年	2030年	2033年
昌樟高速公路(南北向交通量)	23362	20092	24355	30414	21594	24355	38922	41548
大广高速公路	8572	9541	11819	15628	17035	20239	35905	40156
济广高速公路	—	9645	11926	15879	17375	20804	39042	42663
新村至赣县高速公路	—	—	—		10962	13313	29008	32819
国道105	9921	10269	8609	9489	6832	7220	9153	9628
国道206	7455	4697	5129	5752	5960	6396	8030	8396
通道合计	49310	54244	61838	77162	79758	92327	160060	175210

项目影响区东西向公路运输通道为沪昆高速公路、国道320,另外南昌至铜鼓高速公路、南昌至德兴高速公路均在建,于2012年建成通车,这两条高速公路

也是杭州至长沙高速公路运输通道的组成部分,可为浙江及浙江以东地区与长沙及长沙以西地区之间提供一条新的东西向运输通道,从而分流沪昆高速公路部分长途交通。

东西向通道交通量预测结果(单位:pcu/d)　　表6-5

道路名称	2011年	2012年	2014年	2017年	2018年	2020年	2030年	2033年
沪昆高速(东西向交通量)	16626	14699	17818	22250	20011	22569	36069	38502
杭长高速公路	—	8038	9927	13623	15140	18697	32768	36860
国道320	10068	7149	7467	7924	8074	8384	9540	9887
通道合计	26694	29886	35212	43797	43225	49650	78377	85249

2. 昌樟路网分担流量

目前,昌樟高速公路主要承担了项目影响区域南北向的交通流,未来项目影响区内南北向的公路运输通道主要有六条:昌樟高速公路、大广高速公路、济广高速公路、新村至赣县高速公路、国道105、国道206。选取南北向不同断面进行通道交通量比重分析,有助于进一步了解该工程项目在通道中的地位。未来特征年南北向各通道交通量承担比例见表6-6、表6-7。

昌西南—厚田枢纽段交通量分担情况　　表6-6

通道名称	2014年	2017年	2018年	2020年	2030年	2033年
昌樟高速公路	41.3%	41.4%	37.3%	36.5%	34.0%	33.3%
大广高速公路	18.5%	19.6%	18.3%	18.9%	19.6%	20.0%
济广高速公路	18.7%	19.9%	18.7%	19.4%	21.3%	21.3%
新村至赣县高速公路	—	—	11.8%	12.4%	15.8%	16.4%
国道105	13.5%	11.9%	7.4%	6.7%	5.0%	4.8%
国道206	8.0%	7.2%	6.4%	6.0%	4.4%	4.2%
合计	100.0%	100.0%	100.0%	100.0%	100.0%	100.0%

厚田枢纽—樟树枢纽段交通量分担情况　　表6-7

通道名称	2014年	2017年	2018年	2020年	2030年	2033年
昌樟高速公路	53.6%	53.7%	42.4%	41.5%	38.9%	38.1%
大广高速公路	14.6%	15.5%	16.9%	17.4%	18.1%	18.6%
济广高速公路	14.8%	15.7%	17.2%	17.9%	19.7%	19.8%
新村至赣县高速公路	—	—	10.9%	11.5%	14.6%	15.2%

续上表

通道名称	2014 年	2017 年	2018 年	2020 年	2030 年	2033 年
国道 105	10.6%	9.4%	6.8%	6.2%	4.6%	4.5%
国道 206	6.3%	5.7%	5.9%	5.5%	4.1%	3.9%
合计	100.0%	100.0%	100.0%	100.0%	100.0%	100.0%

可以看出,南北向交通通道内昌樟高速公路所承担交通量比重大,改扩建期间若分流比例太大会对周边路网造成较大的通行压力;随着昌樟高速公路改扩建工程的完成,昌樟高速公路通行能力提高,区域路网交通状况得到逐步改善。

3. 昌樟区域路网分流方案

根据分流方案制定原则可将昌樟高速公路的交通分流概括为两种主要类型:一是长途过境交通;二是中短途交通。

交通分流依靠现有路网和即将建成的路网进行。根据江西路网建设情况,经初步研究地方路网分布及构成情况,该工程项目影响区域内主要有南昌绕城高速公路(昌西南枢纽)、沪昆高速公路(厚田互通、樟树枢纽)、大广高速公路、福银高速公路、济广高速公路、G105、G320、S228(临江互通)、S324、S321(丰城互通)、X409(生米互通)、泉港至八景公路(泉港互通)、S220(胡家坊互通)等。

改扩建施工期间主要针对长途过境交通进行区域路网异地诱导分流,在部分关键点施工时进行路段就地分流中短途交通、交通异常事件下进行交通管制应急分流。

1)区域路网诱导分流

由于工程项目施工的影响,道路通行条件变差,在周边区域路网关键节点处设置诱导标志合理的指示过往车辆绕行进行异地分流,并充分利用江西省路网电子信息屏进行交通引导,减少施工期的交通压力。在拓宽幅及老路路面施工期间,驾驶员可以选择使用异地诱导分流路线。当采用异地诱导分流措施仍无法保障车辆正常通行时,在报请上级主管部门同意后,启用就地分流方案。

异地诱导分流南北向交通的主要路网控制点为南昌北互通、吉安南枢纽。

南北向行驶车辆在昌樟高速公路改扩建施工期主要借助与昌樟高速公路平行的大广高速公路和济广高速公路分流。

(1)南昌北互通

①往东以及东南方向:安徽、湖北、九江市—南昌北互通—福银高速公路南昌东绕城段—墨溪陈家互通—沪昆高速公路(福银高速公路)—上饶市(抚州

市)、上海市、浙江;

②往西方向:安徽、湖北、九江市—南昌北互通—南昌西外环高速公路—望城互通—G320—宜春市、萍乡市、湖南;

③往南方向:安徽、湖北、九江市—南昌北互通—南昌西外环高速公路—望城互通—G320—上高互通—大广高速公路—吉安市、赣州市、广东。

(2)吉安南枢纽

①往北方向:广东、赣州市、吉安市—吉安南枢纽—大广高速公路—上高互通—G320—望城互通—南昌西外环高速公路—南昌北互通—昌九高速公路—九江市、安徽、湖北;

②往东方向:广东、赣州市、吉安市—吉安南枢纽—抚州至吉安高速公路—福银高速公路—墨溪陈家互通—沪昆高速公路—上饶市、上海市、浙江。

(3)墨溪陈家互通

①往西方向:浙江、上海市、上饶市—墨溪陈家互通—福银高速公路—南昌南外环高速公路—南昌西外环高速公路—望城互通—G320—宜春市、萍乡市、湖南;

②往北方向:浙江、上海市、上饶市—墨溪陈家互通—福银高速公路南昌东绕城段—南昌北互通—昌九高速公路—九江市、安徽、湖北。

(4)武吉跨昌金枢纽互通

①往东方向:湖南、萍乡市、宜春市、新余市—武吉跨昌金枢纽互通—大广高速公路—上高互通—G320—望城互通—南昌西外环高速公路—南昌南外环高速公路—福银高速公路—墨溪陈家互通—沪昆高速公路—上饶市、上海市、浙江;

②往东北方向:湖南、萍乡市、宜春市、新余市—武吉跨昌金枢纽互通—大广高速公路—上高互通—G320—望城互通—南昌西外环高速公路—福银高速公路南昌东绕城段—南昌至德兴高速公路—乐平市、德兴市;

③往北方向:湖南、萍乡市、宜春市、新余市—武吉跨昌金枢纽互通—大广高速公路—上高互通—G320—望城互通—南昌西外环高速公路—南昌北互通—昌九高速公路—九江市、安徽、湖北;

2)路段就地分流

在改扩建期间若发生交通拥堵,过往车辆双向四车道无法正常通行时,启用路段就地分流方案,主要借助于工程项目路上各主要枢纽互通出入口进行就地分流,通过各枢纽互通所连接的省县道分流车辆至国道G320、G105,确保车辆在工程项目路改扩建施工期间正常通行。

(1)丰城互通

①经 G105 往南昌方向:丰城互通—S321—丰城市—G105—南昌市外环高速公路;

②经 G105 往吉安方向:丰城互通—S321—丰城市—G105—樟树市—G105—新干县—G105—吉安市绕城高速公路;

③经 G320 往南昌方向:丰城互通—S321—高安市—G320—省大收费站—G320—南昌市外环高速公路;

④经 G320 往宜春方向:丰城互通—S321—高安市—G320—上高县—G320—万载县—G320—宜春市(沪昆高速公路);

(2)胡家坊互通

①经 G105 往南昌方向(分流小车):胡家坊互通—樟树市—G105——丰城市—G105—南昌市外环高速公路;

②经 G105 往吉安方向(分流小车):胡家坊互通—樟树市—G105——新干县—G105——吉安市绕城高速公路;

③经 G320 往南昌方向:胡家坊互通—S220—新街镇—S228—高安市—G320—省大收费站—G320—南昌市外环高速公路;

④经 G320 往宜春方向:胡家坊互通—S220—新街镇—S228—高安市—G320—上高县—G320—万载县—G320—宜春市(沪昆高速公路);

(3)临江互通

①经 G105 往南昌方向:临江互通—S228—临江镇—S324—樟树市—G105—丰城市—G105—南昌市外环高速公路;

②经 G105 往吉安方向:临江互通—S228—临江镇—S324—樟树市—G105—新干县—G105—吉安市绕城高速公路;

③经 G320 往南昌方向:临江互通—S228—高安市—G320—省大收费站—G320—南昌市外环高速公路;

④经 G320 往宜春方向:临江互通—S228—高安市—G320—上高县—G320—万载县—G320—宜春市(沪昆高速公路);

⑤国道 G320 上通行车辆经上高互通出入口可进入大广高速公路(江西段称为武吉高速公路);经宜春市宜春互通出入口可进入沪昆高速公路,向西经萍乡市可驶往昆明市方向,向东可驶往新余市。

3)应急分流

①改扩建路基路面施工第一、二、三阶段应急分流主要借助部分路段保留的老路应急车道;面层施工交通转移阶段(对应路基路面施工第四、五、六、七阶

段)应急分流主要借助半幅面层施工作业区段,临时就近快速疏导交通。

②在雨雪大雾天气或交通事故等交通异常事件情况下启动应急分流预案,疏通项目路上的拥堵车辆;施工路段借助中央分隔带开口强制分流部分过往车辆,确保道路施工期间的交通畅通。

4. 昌樟区域路网分流对象

随着施工进度的深入,不同施工阶段所能够提供的通行条件差异较大,同时周边路网也在发生着变化,不同施工阶段路网分流状态也存在较大的差异。

通过交通流理论分析可知,影响道路通行能力的因素有很多,其中大型车混入率对通行能力的影响是目前国内最突出的问题,车流速度离散性很大,从而影响整个车流的运行质量。因此,在分流对象上依据车型进行划分:大型货车、小中型货车、客车,其中客运车辆通行为第一优先级,小中型货车为第二优先级,大型货车为第三优先级。

5. 限速方案和周边路网整治

1)限速方案

高速公路改扩建工程施工期间车速的控制是保证交通安全和施工安全的重要措施,昌樟高速公路改扩建工程施工期的交通组织中采用了多种限速方案。

①主线及桥梁扩建限速

一般情况下,货车限速60km/h、客车限速80km/h分车道行驶;特殊情况下(如雨、雪等天气)货车限速40km/h、客车限速60km/h分车道行驶。

②互通区匝道扩建限速

互通扩建施工时,对原有匝道要进行扩建,有时需要设置临时便道,匝道的限速采用以下方案:对原有匝道限速30km/h,对临时便道限速20km/h,并设置相应的交通标志和标线,引导车流和控制车速,并设置管理人员加强管理。

③交通转移限速(中央分隔带开口处)

面层施工阶段需左右幅分区段并行施工,通行车辆借助中央分隔带开口进行交通转移;为保证行车安全及施工安全,在中央分隔带开口处限速40km/h,同时需设置水马等临时隔离防撞设施及交通协管人员。

2)周边路网整治

昌樟高速公路在江西省公路网中具有突出的交通功能与社会经济作用,因施工区段的道路功能会受到较大削弱,为使区域交通系统正常运行,必须对工程项目周边路网整治,使其能达到承担系统所缺失的通道功能的要求。周边路网整治是实施区域诱导分流、保证项目顺利实施的关键。根据现状道路网、分流点设置、分流路径、交通需求分布特征等,南北向的大广高速公路、济广高速公路、新村至赣县高速公路、国道 105 及东西向的沪昆高速公路、国道 320 在昌樟高速公路改建施工期是重要分流道路,应重点对这些道路进行管理与整治。

三、改扩建保通方案的选取

对于双向四车道保通和双向两车道保通方案,本书在第六章第四节作了对比分析,可以看出,双向四车道保通方案较双向两车道保通方案具有以下优点:①可以实现改扩建施工期内双向四车道通行,道路的通行能力受影响程度小;②社会影响小;③通行费收费损失小;④四车道通行时,对周边路网道路的技术等级和承载力要求较小,周边路网压力小。根据交通量预测结果,2014 年厚田枢纽至樟树枢纽段平均交通量为 41199pcu/d,局部路段服务水平达到三级上限,改扩建施工期间,若采用双向两车道保通方案,为保证路段“施工、通车两不误”,则需分流 40% ~70% 的车辆到周边路网,而过多的分流车辆必然增加周边路网的交通压力,造成较大的社会影响。基于以上分析,最终确定采用“路网诱导分流、路段左右幅分区段并行施工的双向四车道保通”的交通组织方案。

四、昌樟高速公路改扩建保通方案实施条件与代价分析

昌樟高速公路改扩建工程施工期间选取双向四车道通行的保通方案并不是无条件的,而是有代价的。

(1)管理因素

①加强昌樟高速公路改扩建过程中对人员、设备和道路的管理是双向四车道保通方案顺利实施的关键,主要包括高速公路管理者和改扩建项目施工者之间的协调、施工设备的调度、交通信息标志的布设、道路过往车辆的指挥(分车道分车型限速行驶)及道路沿线互通出入口车辆进出的管制等;

②改扩建施工过程中,为保证行车安全及施工安全需在改扩建期间每隔 2km 配置交通协管人员 1 人,交通协管人员需 24 小时待命监督指挥交通,为便于获取交通信息及时了解道路交通流状况,每个协管人员应配有对讲机,同时交通协管人员进入场地前应进行统一的专业培训;

③在江西省与周边省份路网交界处对驶入江西的过境车辆可以考虑免费发放“昌樟高速公路改扩建实时进展详情小地图”,让驾驶员在进入施工路段前了解道路状况,起到“心理诱导”作用,同时小地图上应标明重要的分流点、分流路径图示、绕行里程数据等,方便过境车辆选择合适的分流道路避开施工路段;

④江西省各级交通管理与道路管理部门需加强合作,保证改扩建施工期间

分流到影响区域内路网（国道、省道、县道）上通行车辆的行驶安全，避免非法拦车查车。

(2)技术因素

为了科学、有效地组织交通，昌樟高速公路改扩建施工过程中必须辅以先进的技术。一是在昌樟高速公路沿线关键节点、关键路段处（互通、服务区、上跨桥及部分主线桥梁）布设移动监控设备，实时监控施工路段交通及施工状况。通过把获取的交通信息和施工信息反馈给管理者，使管理者能够及时诱导指挥交通，保证道路通行与施工安全。二是借助电子情报板等设施给行驶的车辆提供实时信息。

五、交通组织方案

昌樟高速公路改扩建交通组织设计采用了“路网诱导分流、路段左右幅分区段并行施工的双向四车道保通”的交通组织方案，路基、路面工程具体如下：

第一阶段：护栏不动，外移隔离栅，扩建部分两侧路基填至路床顶面，老路双向四车道通行（图6-2）。

第二阶段：结合路面标段划分施工作业区，每个路面标段左右幅划分为四个施工作业区段，每个区段左右幅同时施工，施工作业区标号如图6-3所示，各标段内周期循环并行施工。

对左右幅3号施工作业区内的老路土路肩、硬路肩单侧3m范围进行挖除，路基拼接修建两侧路面至柔性基层（与老路面高程平齐），新老路面间设置临时隔离设施，此阶段需将内侧客车车道设置为3.5m，以保证在无硬路肩的情况下半幅两车道外侧各有0.5m的侧向净宽，老路双向四车道通行（图6-4）。

第三阶段：对左右幅4号施工作业区内老路的土路肩、硬路肩单侧3m范围进行挖除，拼接两侧路面至柔性基层（与老路面高程齐平），新、老路面间设置临时隔离设施，老路双向四车道通行（图6-5）。

第四阶段：保持3号区段双向四车道通行，对1号施工作业区进行老路改造，路基路面拼接整体摊铺至老路上面层，新、老路面间设置水马（临时隔离防撞设施）。左右幅2号、4号区段单向两车道通行，此阶段还需同时在左幅2号区段（或右幅4号区段）及左幅4号区段（或右幅2号区段）连接处对中央分隔带进行开口（图6-6），为保证行车安全，开口处车辆限速40km/h。

第五阶段：在保证左右幅1、3号区段单向两车道通行、左右幅4号区段双向四车道通行的情况下，对左右幅2号施工作业区进行老路改造，路基路面拼接整体摊铺至老路上面层,此阶段还需同时在左幅 1 号区段(或右幅 3 号区段)及左幅 3 号区段(或右幅 4 号区段)的连接处对中央分隔带开口,临时封闭左幅 2 号施工作业区段(或右幅 4 号区段)及左幅 4 号区段(或右幅 2 号施工作业区段)两侧中央分隔带开口,半幅双向通车的四车道之间和左右幅转移处应布设水马等临时防撞设施(图 6-7)。为保证行车安全,开口限速 40km/h。

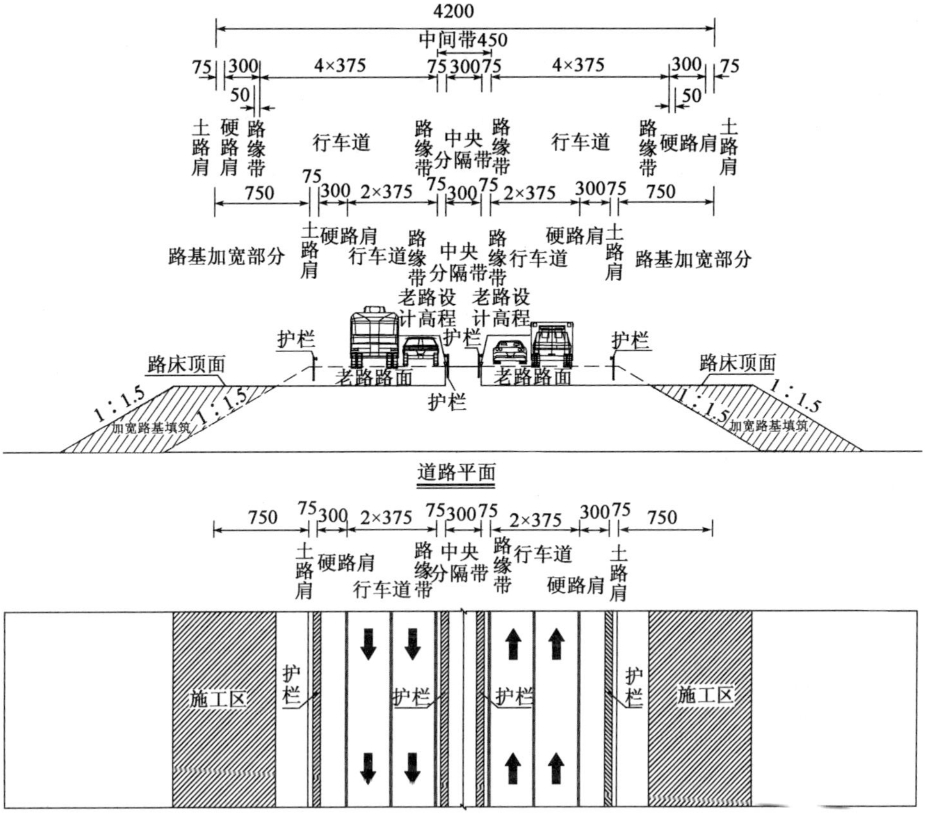

图 6-2　第一阶段施工交通组织(尺寸单位:cm)

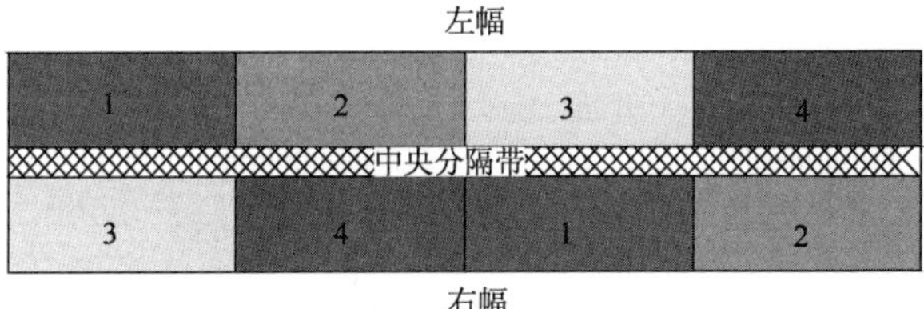

图 6-3　路面标段内施工区段划分

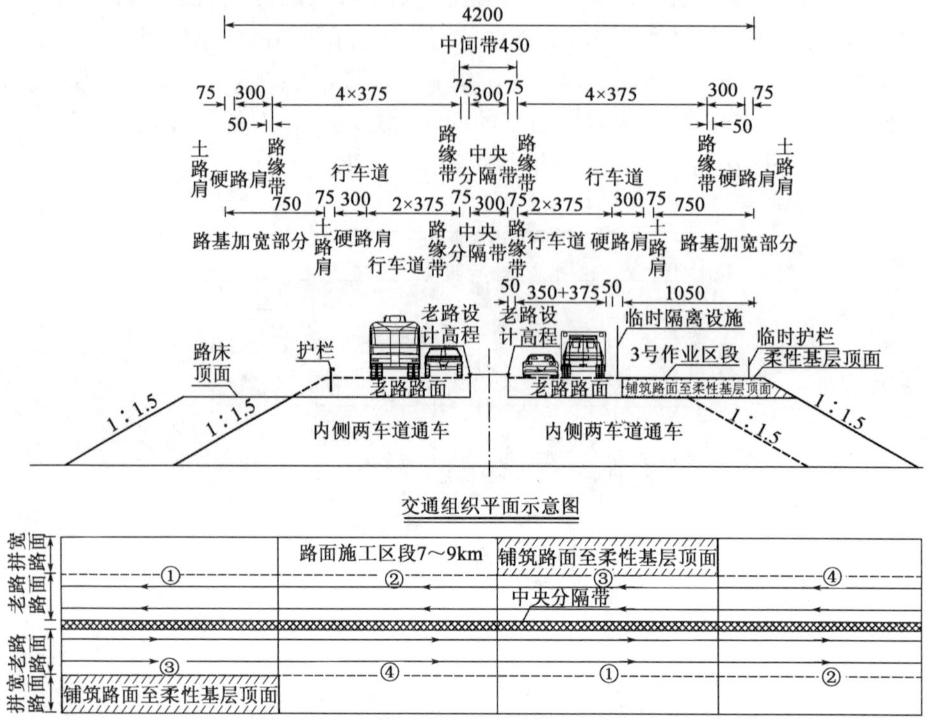

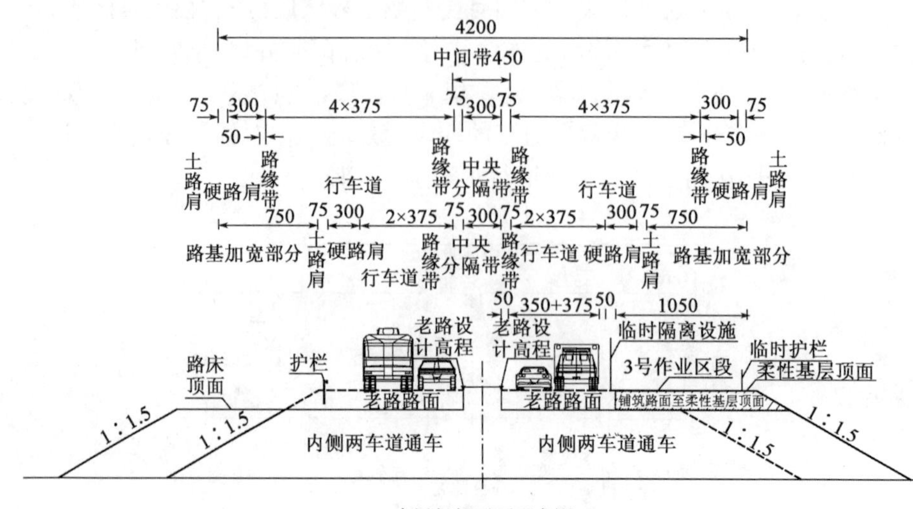

交通组织平面示意图

图 6-4　第二阶段施工交通组织(尺寸单位:cm)

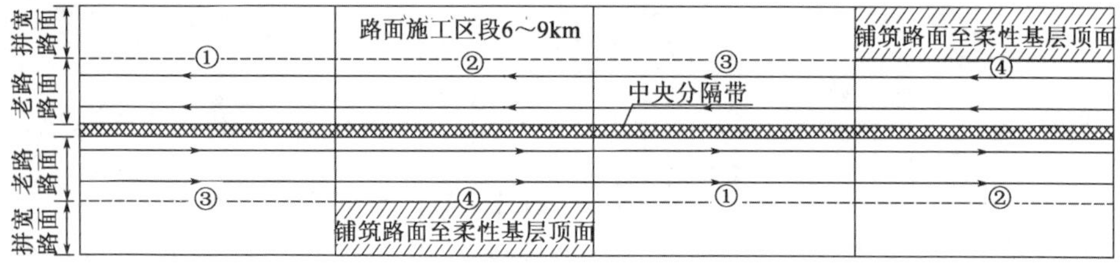

图 6-5　第三阶段施工交通组织

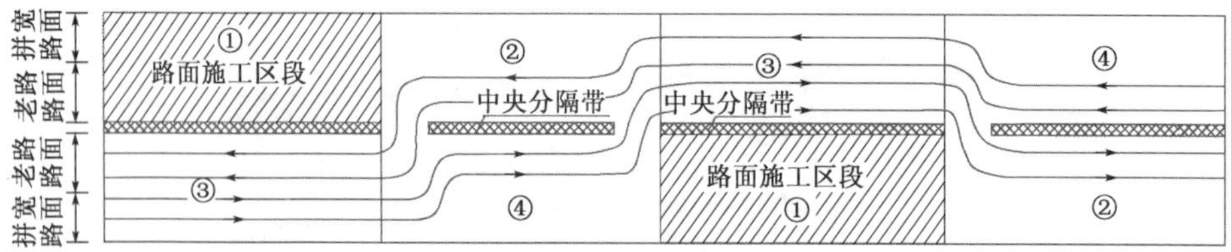

图 6-6　第四阶段施工交通组织

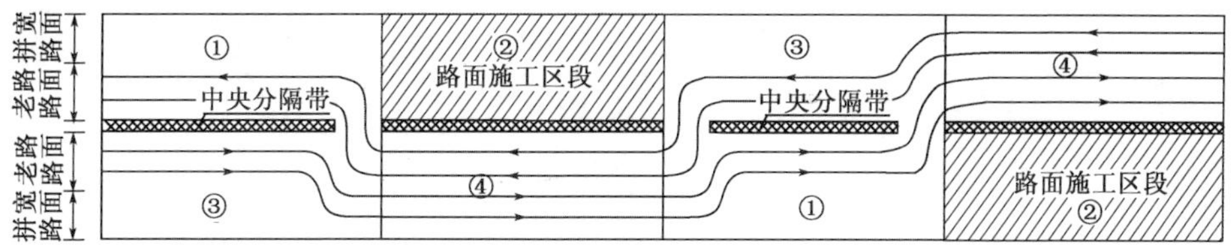

图 6-7　第五阶段施工交通组织

第六阶段：在保证左右幅 1 号区段双向四车道通行的前提下，对左右幅 3 号施工作业区进行老路改造。左右幅 2、4 号区段单向两车道通行，路面需重新设置标志标线，为交通转移至该半幅双向四车道通行做准备。双向两车道间设置水马等临时隔离防撞设施，此阶段的双向四车道在中央分隔带、临时防撞设施两侧及外侧护栏处各有 0.75m 的侧向净宽。此外，还需打开左幅 2 号区段（或右幅 4 号区段）及左幅 4 号区段（或右幅 2 号区段）两侧区段连接处中央分隔带开口，临时封闭左幅 1 号区段（或右幅 3 号施工作业区段）及左幅 3 号施工作业区段（或右幅 1 号区段）两侧的中央分隔带开口（图 6-8）。为保证行车安全，开口限速 40km/h。

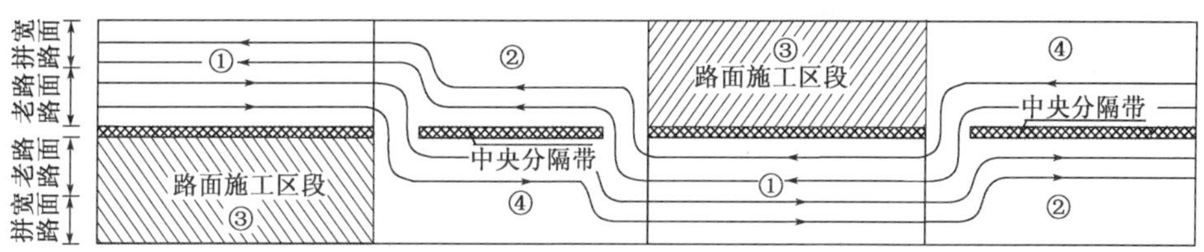

图 6-8　第六阶段施工交通组织

第七阶段：保证左右幅 1 号、3 号区段单向两车道通行和左右幅 2 号区段双向四车道通行，对左右幅 4 号施工作业区进行老路改造。打开左幅 1 号区段（或右幅 3 号区段）及左幅 3 号区段（或右幅 1 号区段）两侧区段连接处中央分隔带开口，封闭左幅 2 号区段（或右幅 4 号施工作业区段）及左幅 4 号施工作业区段（或右幅 2 号区段）两侧中央分隔带开口，进行施工改造。半幅双向通车的四车道之间及交通左右幅转移处布设水马等临时防撞设施（图 6-9）。为保证行车安全，开口限速考虑为 40km/h。

第八阶段：局部路段交通标志、标线等交通安全设施施工及部分中央分隔带施工改造，全断面八车道通行。

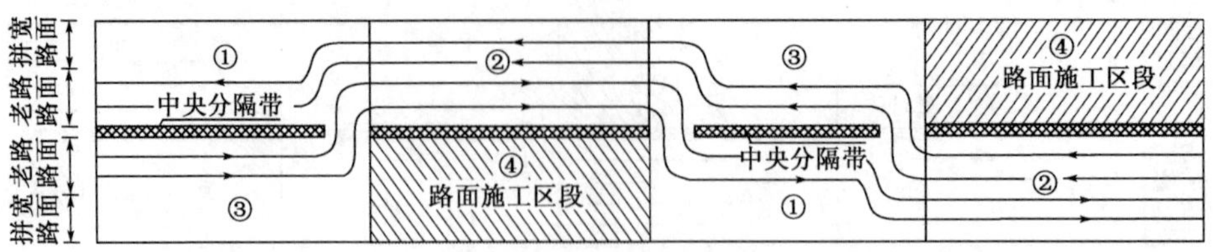

图 6-9　第七阶段施工交通组织

六、昌樟高速公路交通组织应急处理

高速公路交通应急处理是一项系统性工作，主要包括交通突发事件预警管理和交通突发事件应急响应。

交通突发事件预警管理：对日常交通状态及运行环境进行动态监控，收集信息和数据，分析交通突发事件的影响因素、产生机理及分布特征，如事故多发路段的形成原因、异常天气下的交通安全管理措施等，判断交通运行是否安全，发现危险或异常情况时，及时发出交通突发事件预警信息，为启动预案提供决策依据（图 6-10）。

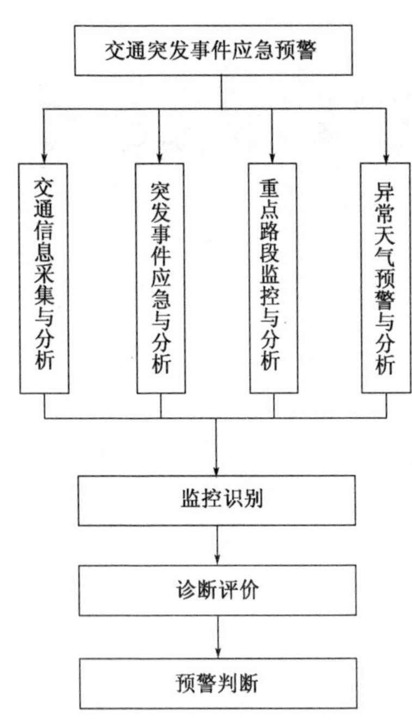

图 6-10　交通突发事件预警管理流程

交通突发事件应急响应：在发生重大交通事件时，立即启动预案体系，统一指挥和调配相关部门的救援人员、救援物资，迅速有计划地开展清障、疏通、医疗、消防和其他救援活动，并对整个救援过程进行实时监控和指挥调度，及时把握反馈信息并调整方案，实现交通突发事件应急管理的科学化、规范化和高效化（图 6-11）。

交通突发事件包括交通事故、恶劣天气、节假日和特殊事件等。以下就各种突发事件进行具体分析。

高速公路改扩建施工侵占部分原道路资源，压缩有限的通行空间，降低道路的通行能力，使交通流极度敏感而且经常处于不稳定状态。如果项目施工影响区内遭遇桥梁施工事故、应急车道被占用、交通事故、车辆损坏、恶劣天气、节假日等特殊情况时，可能导致严重的交通堵塞,因此,要预先考虑应对特殊情况的紧急措施。

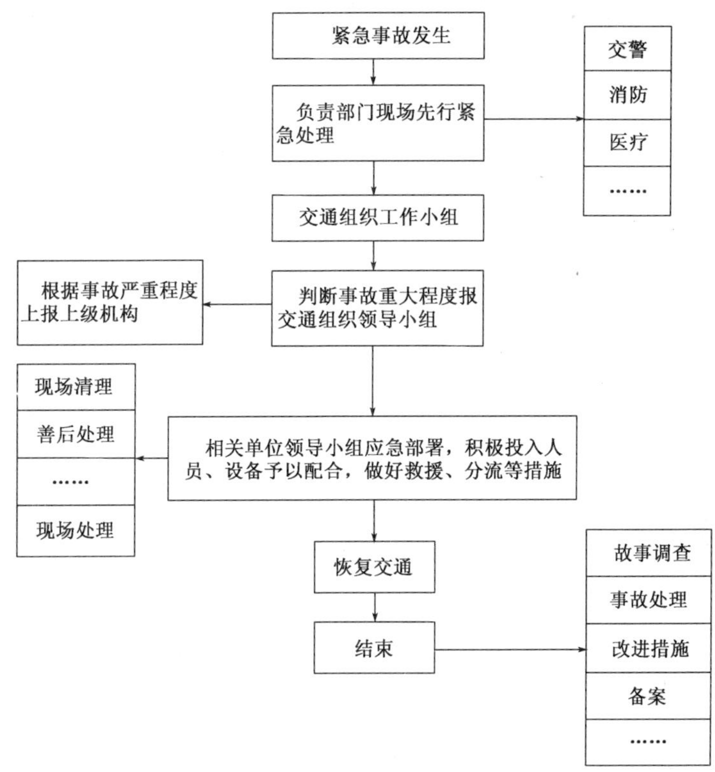

图 6-11　交通突发事件应急响应流程图

特殊事件是指对区域社会政治、经济或人们日常生活有重大改变或有特殊作用的事件及非节假日的交通拥堵事件。因其影响巨大,所以对交通运输有着特殊的要求。

在工程项目施工期间,如遇对区域社会政治、经济或人们日常生活有重大改变或有特殊作用的事件,交通组织管理领导小组应提前组织策划好相应措施,首先应保证因该事件而出行的相关车辆顺利通行,然后尽可能保障小汽车和客车的通行,尽量做到不影响货车的通行。相关管理部门需在媒体(报纸、广播电台、手机短信)进行宣传;可与高速公路监控系统联网监控,实现联动交通信息发布及交通诱导,必要时,加强交通管制的措施,并与收费系统的协调,利用收费车道调节入口交通量,控制匝道交通流。

交通突发特殊事件引发的交通堵塞分为轻微、一般、重大和特大四类,见表 6-8。

突发事件紧急分类　　表6-8

分类等级	轻　微	一　般	重　大	特　大
事件描述	2车轻微追尾,未造成人员伤亡,停滞时间在10分钟内,有应急通道;1车发生故障或侧翻,救援时间10分钟内,有应急通道;其他事件造成停滞时间在10分钟之内	3~5车追尾,未造成人员伤亡,停滞时间在20分钟内,有应急通道;1车发生故障或侧翻,救援时间20分钟内,有应急通道;其他事件造成停滞时间在20分钟之内	6~10车追尾,造成2人以内人员伤亡,停滞时间在60分钟内,有应急通道;频繁发生故障或侧翻,救援时间60分钟内,有应急通道;其他事件造成停滞时间在60分钟之内	10车以上追尾,造成2人以上人员伤亡,停滞时间在60分钟以上,无应急通道;车流频繁发生故障或侧翻,救援时间60分钟以上,无应急通道;其他事件造成停滞时间在60分钟以上

轻微交通堵塞报办公室后,由现场协管队单独负责疏导。

一般交通堵塞报办公室后,由现场协管队联动负责疏导。

重大交通堵塞报领导小组后,由办公室制定方案,全面负责协调处理。

特大交通堵塞报交通运输厅、公安厅后,由领导小组决策研究,由办公室现场负责协调处理。

现场协管队执勤人员要将每天的巡查、监控情况以书面的形式向办公室报告并留存档案资料;发现交通堵塞、交通事故等突发事件要及时以电话联络方式向办公室汇报,并描述事件发生的具体时间、桩号、推断原因、影响范围、发展势态和已经采取的措施等内容,办公室根据事件等级轻重向领导小组汇报或直接采取相关措施。

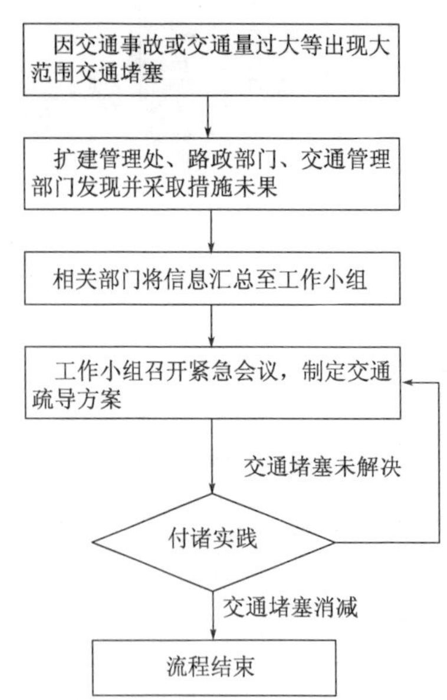

图6-12　大范围交通堵塞处理流程

在工程项目施工期间出现大范围交通拥堵,工作小组应及时组织落实第三级机构工作,可按图6-12流程处理。

1)交通事故应急预案

交通事故应急流程如图6-13所示。

根据各种事故情况,研究利用监控系统、车道使用控制、可变限速控制、可变信息板、出入口匝道控制等措施进行交通诱导分流与控制,保证施工段的安全运营。

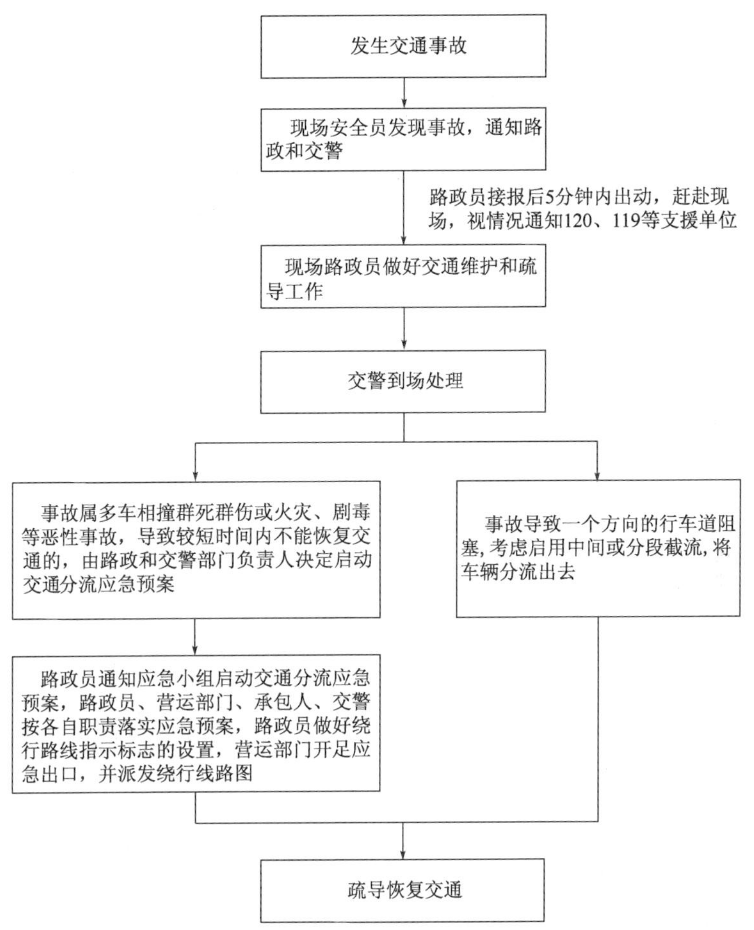

图 6-13 交通事故应急流程

根据交通事故的严重程度，高速公路改扩建工程施工期间的交通事故可分为以下 5 种情况。

(1)无交通阻塞事故

当交通事故发生时，没有占用车道，对高速公路上车辆的正常通行基本没有影响。这种情况下，只需有关部门对事故车辆及其人员进行必要的处理，可不考虑交通组织。

(2)半幅单车道交通阻塞事故

半幅单车道交通阻塞事故是指造成一条车道通行中断。在高速公路交警支队以及其他的事故处理相关部门迅速赶赴现场处理交通事故的同时，监控系统通过事故地点附近一定区域的车道指示标志进行“分车道运作”,同时通过上游的可变限速标志实现限速控制,并及时发布事故信息,使上游车辆驾驶人及时获得信息,选择合适的路线通行(图6-14)。

(3)半幅交通阻塞事故

半幅交通阻塞事故是指造成两条车道通行中断,出现交通流增加以及堵塞等情况。若对向一幅路的交通量不是很大,可“借道通行”,即打开中央分隔带原封闭缺口,将受阻车辆引入对向行车道,双向行驶。必要时可仅限制于小客车通行,以使阻塞影响减少到最低(图6-15)。

若对向交通量比较大,无法“借道通行”,可暂时封闭该半幅进口车道,在进行事故处理的同时,对正在该路段行驶的车辆通过可变限速标志实现限速控制,并通过可变情报板对即将进入该路段的车辆进行交通诱导,使其绕行到其他道路上面;另半幅交通照常运行。

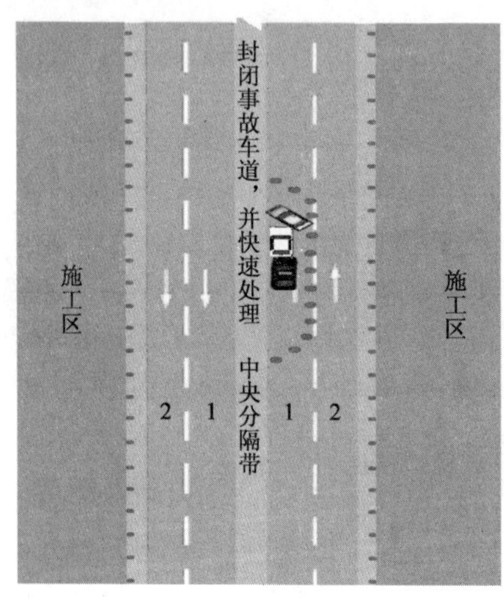

图6-14　半幅单车道交通阻塞事故交通组织

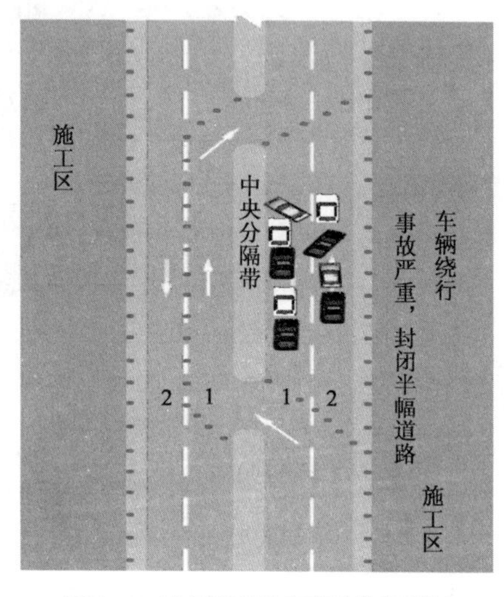

图6-15　半幅交通阻塞事故借道通行

(4)双向三车道交通阻塞事故

双向三车道交通阻塞事故是指造成三条车道通行中断,出现交通流增加以及堵塞等情况。可在进行事故处理的同时,暂时封闭完全中断半幅的各个进口车道,通过可变情报板对即将进入该路段的车辆进行交通诱导,提前对其分流;另半幅部分封闭进口车道,通过可变限速标志实现限速控制,并通过可变情报板对即将进入该路段的车辆进行交通诱导,使其绕行到其他道路上。

(5)双向交通中断事故

此类交通事故发生时,致使该路段整个交通中断,车辆无法正常通行,因而需及时制定事故应急处理和交通组织方案，对事故现场进行迅速处理和对经过该路段的车辆进行有效组织疏导，可暂时封闭该段所有进口车道，完全限制车辆的进入，以防发生更为严重的交通堵塞，对已驶入该段的车辆进行合理的交通诱导。同时，对事故现场快速的进行处理，清理路障，尽快恢复交通。

上述几种情况下，对正在该路段行驶的车辆，通过车道指示标志和可变限速标志实现分道、减速及停靠，保证救援车辆及时到达。同时，通过与高速公路监控系统联网监控，实现联动交通信息发布及交通诱导。必要时，可通过与收费系统的协调，利用收费车道调节入口交通量，控制匝道交通流。

当发生重（特）大交通事故时，应启动紧急救援系统。高速公路改扩建交通事故紧急救援的任务包括：通过检测、巡逻等手段快速发现突发事件，获取并确认事件类型、位置等信息；协调相关部门调集救援资源，采取联动紧急救援行动；依据事件类型，提供紧急服务，包括消防、救护、特种物品处理、故障车辆牵引、现场事故处理等。

路段通行中的交通管理及救援系统如图6-16所示。

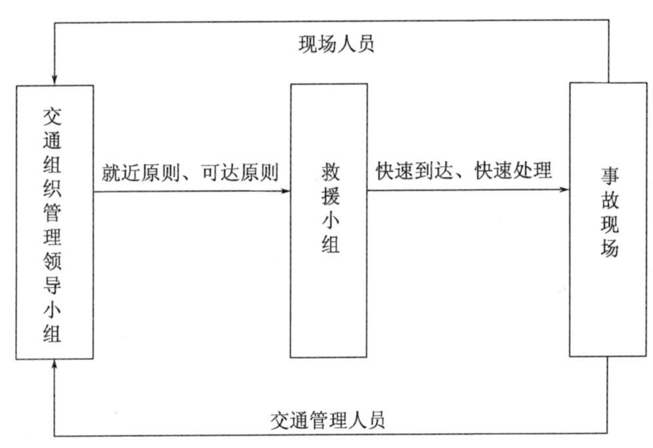

图6-16　路段通行中的交通管理及救援系统

2）车辆损坏应急预案

在施工路段发生车辆损坏或抛锚的情况下，进行事故处理的相关部门可以通过紧急出入口迅速赶赴现场处理交通事故的同时，监控系统通过事故地点附近一定区域的车道指示标志进行分车道通行，在事故一侧的道路上实行单车道通行，待事故处理完毕后恢复两车道通行。同时通过上游的可变限速标志实现限速控制，并及时发布事故信息，使上游车辆驾驶员及时获得信息，注意避让防止发生二次交通事故。

3)恶劣天气下的交通组织应急预案

在恶劣天气条件下高速公路应急管理工作应坚持“以人为本、统一领导、分级负责、反应快速、调度及时、保障有力”的原则。

大风、大雾、强降雨雪、沙尘暴等恶劣天气,严重影响了行车和交通畅通,甚至影响人们日常的生产、生活,威胁人民财产和生命安全。在这种情况下,应根据恶劣天气的影响程度和社会需要目标及时调整交通组织方案。

施工工序的安排对交通运行影响较大,尤其在施工和通行相互影响的“瓶颈”路段,相互之间竞相争夺使用道路空间,容易造成交通拥堵。这就要求施工组织者及时收集天气信息,预先考虑方案计划,根据工程项目所处地域气候特点和施工工艺要求,在恶劣天气易发季节,调整施工工艺和顺序,安排适当的施工作业量,确保交通安全。

各高速公路管理单位要加强与气象部门的联系,及时收集气象信息,以便及早准备应对突发事件;及时加强路面巡查,设置临时标志、标线、可变情报板等。通过可变情报板、广播电台等发布实时信息,发布改扩建路段的实时路况及施工信息,使驾驶员提前了解该路段的信息,选择合适的路线出行。

恶劣天气下及时发布实时路况信息是保证交通安全的重要手段,随着 LED 电子显示屏(可变情报板)在高速公路交通信息发布系统中的日益广泛应用,可变情报板成为主要的发布载体,因此可变情报板的布设显得尤为重要。可变情报板的布设对安全性和可靠性提出很高的要求,不仅要保证设备在现场无人干预时的正常运行,而且对各种可能影响其安全运行的因素必须逐一加以排除或防范,布设要使得驾驶员看得清晰、直观、不刺眼、眩目,因此要根据道路实际情况合理布设。原有的可变情报板应尽可能保留,使其充分发挥作用;对于增设的临时性可变情报板不能一味增加其数量和规模,应加大对交通信息采集、处理分析以及综合的基础信息平台等信息源的系统性投入。

一旦出现暴雨或特大暴雨,各高速公路管理单位应对高速公路主体、桥涵构造物及其他附属设施进行全面、认真检查,发现问题立即抢修。雨天行车下的路面摩擦系数不到干燥铺装路面的一半,因而车轮极易打滑,随着车速增加,路面的摩擦系数急剧减小,车辆制动距离逐渐增大,对行车安全造成极为不利的影响。因此,限速措施显得尤为重要,在作业区段多次设置限速标志,并加车距确认标志,真正达到限速的效果。必要时,对驶入改扩建路段的部分车型进行限制。

冬季来临前,应在组织、人员、技术、设备、材料等方面做好充分准备,为预防连续长时间暴雪发生,各单位要与当地有关单位签订人员保障、设备租赁及融雪剂保障供应等协议，以便在人员、设备、除雪材料不足的情况下及时调用。一旦出现大雪，需组织人员和除雪设备上路作业，及时清除路面积雪，并设置相关的安全标志，保障作业人员、设备及过往车辆安全。雪后对容易出现积雪、结冰的桥梁、弯道、陡坡等点、段进行拉网式排查，并检查疏通桥梁泄水管、路基急流槽等排水设施，防止冻胀现象发生。在存有残雪路段的中央分隔带内适当位置增设“冰雪天气、小心慢行”警示标志牌，提醒过往司乘人员注意行车安全。

若遇大雾天气，监控指挥中心要随时监测雾情，并通过可变情报板和交通广播等发布实时信息和相关提示内容，管理单位监控指挥中心按照指挥长要求，指令管段内各收费站监控室通知站长和入口收费员按下列程序处理：

200m < 能见度 < 500m 时，提醒驾驶员开启防炫目近灯光、示廓灯和前后位灯，速度不得超过 80km/h，与同车道行驶的前车保持 150m 以上的行车间距。

100m < 能见度 < 200m 时，提醒驾驶员开启防炫目近灯光、示廓灯和前后位灯，速度不得超过 60km/h，与同车道行驶的前车保持 100m 以上的行车间距。

50m < 能见度 < 100m 时，提醒驾驶员开启雾灯、防炫目近灯光、示廓灯和前后位灯，速度不得超过 40km/h，与同车道行驶的前车保持 50m 以上的行车间距。

能见度≤50m 时，向值班首长请示实施道路交通管制，同时报交通大队值班室和上级监控指挥中心。雾天限速指标见表 6-9。

雾天限速指标　　表 6-9

内容		能见度(m)	限速(km/h)
雾	轻雾	200 ~ 500	80
	中雾	100 ~ 200	60
	大雾	50 ~ 100	40
		≤50	20

不同的社会需求目标对交通运输有不同的要求。当恶劣天气严重到成为自然灾害时，首先要保证客运及救援物资安全、快速和及时运送，这种情况下，要及时调整优先通行的车辆，优先通行的车辆调整应充分进行交通适应性和路况适应性分析，选择或确定适当的车型及数量比例，在满足社会特殊需求目标的前提下，分时段进行调整，并与收费系统的协调，利用收费车道调节入口交通量，控制匝道交通流；还可考虑暂时封闭高速公路改扩建施工路段，尽量避免和减少损失。

4)节假日期间的交通组织应急预案

由于高速公路改扩建一般工期比较长,不可避免地遇到“五一”“国庆”和“春节”等节假日。节假日期间,出外旅游、学生放假和务工返乡的人员剧增,形成我国特有的“春运”现象和客运高峰,客运交通量急剧增加,保证客运通畅是这个时间段内交通管理部门的首要任务。

对于这种有规律的常发性交通需求,需提前制定事故应急处理和交通组织预案,考虑到节假日期间的交通为潮汐交通,节假日初期离开南昌的客运车辆急剧增加,节假日后期开往南昌的客运车辆急剧增加,结合该特点,制定具体措施及注意事项如下:

(1)节假日初期,控制离开南昌方向施工工作面长度;节假日后期,控制往南昌方向施工工作面长度。

(2)在高峰时段、易拥堵站区可启用便携式收费机等缓解站区拥堵、提高通行效率,确保车辆快速通行。

(3)节假日期间施工应更加注重安全设施的布设,规范设置和管理交通导向标志和警示标志及在各入口设置宣传标语、告示牌,施工现场应配备足够的安全员协助维持和疏导交通,对经过的车辆进行有效组织疏导,防止发生严重的交通堵塞。

(4)与相关交警路政部门密切配合,配备足够的排障巡逻车在施工路段附近待命,随时准备排除交通堵塞,中央分隔带紧急出口,以供节假日期间施工时车辆分流或在交通堵塞时紧急分流用。一旦发生事故,快速处理现场,清理路障,尽快恢复交通。

七、昌樟高速公路改扩建交通组织管理

为确保改扩建施工、车辆通行两不误,昌樟改扩建项目办提出了“保施工、保安全、保畅通”的“三保”工作目标。

1. 以“三保”为核心理念的昌樟高速公路改扩建交通组织管理的背景

1)确保改扩建施工和车辆通行两不误的需要

昌樟高速公路是江西省车流量最大的一条高速公路,几条高速在此交汇,是江西省高速公路大通道的咽喉要道。考虑到昌樟高速公路交通量大,分流道路少,本着心系群众,方便车主的宗旨,江西省委、省政府、省交通运输厅提出了改扩建期间要“四个车道保通行”,尽量不影响正常通行(图6-17)。从经营管理者的经济绩效来说,只有保障高速公路良好的通行条件,才能创造出最大的运营收益。拥堵、行车条件差势必会带来企业经济绩效和司乘满意度下降。从企业所

承担的社会责任来说，保持道路畅通与安全运营是企业为社会作贡献的具体体现公路运营和改扩建项目管理于一体的赣粤高速公路，为过往司乘提供安全、舒适、畅通的通行环境。

图 6-17　扩建施工期间四车道保通行

2）破解"改扩建施工与安全通行相互制约"困局的需要

昌樟高速公路改扩建工程，开创了江西省高速公路建设的多项先河：它是江西省首个高速公路"四改八"工程；全线采用"两侧整体拼宽为主、局部分离"的方式整体扩建；施工期间车道不封闭、车辆不分流，保障四车道通行等，在江西省都是史无前例的。在江西省交通流量最大的昌樟高速公路，"边施工、边通车"如何实施？"保施工、保安全、保畅通"如何实现？如何通过优化施工组织方案，减少高速公路改扩建对车辆通行造成的影响？如何能够破解困局，化难点为亮点？这些不仅事关企业的经营效益，事关企业良好信誉和形象，事关江西交通乃至江西省的形象，而且为江西省后续的高速公路改扩建项目积累经验，锻炼队伍，制订标准，提供有益借鉴。

3）克服交通管理机构权限分散弊端的需要

高速公路交通管理涉及交警、路政、运营等多个部门，机构权限分散。高速公路交警主要职责是依法开展道路交通安全管理，维护交通秩序；路政部门（包括施救）主要职责是保护路产路权和开展交通施救业务；运营单位是按照国家和地方的法律法规对通行车辆收取通行费。高速公路管理的专业化分工体制，在一定程度上导致管理资源分散，处置和解决问题协调难度大。在改扩建施工中，涉及高速公路开口、占道施工、特种施工车辆上高速等很多事项，需要经过交警、路政各级管理部门层层审批，往往一个事项从立项申请到审批通过需要数月时间，严重制约了施工进度，加重了道路通行压力（图 6-18）。

2. 以"三保"为核心理念的昌樟改扩建交通组织管理的内涵和主要做法

昌樟改扩建项目采取"双向四车道通行"的交通组织管理，履行企业社会责任，在加强施工组织，确保施工质量的同时，更加注重社会效益，始终坚持“施工服务安全，安全服务施工”的工作方针，科学组织，周密部署，攻坚克难，稳步推进，确保高速公路施工建设、运营管理、道路通行、交通安全等有序开展。在运作上主要是在江西省委、省政府的大力支持下，在省公安厅、省交通运输厅的多方协调下，简政放权，将交警、路政、管理处、项目办等高速公路职能部门资源进行了有效整合，成立交通组织职能机构，下放交通管理审批权限，集中办公，提高了交通组织工作时效。实现了各职能部门资源共享，信息互通、联合巡查，施工交通组织方案联合审批，共同加强施工现场交通安全监管，协同处置各类突发事件，最大限度地发挥各方联动效应，较好地实现了保施工、保安全、保通行的“三保”工作目标。主要做法如下：

1）探索创新辟蹊径

昌樟高速改扩建采取“4个车道保通行”的施工交通组织方案，在国内鲜有经验可供借鉴，在省内没有先例可供遵循。没有先例，唯有创新，探索创新成为实现“保施工、保安全、保畅通”工作目标的不二选择和唯一路径。

图6-18　改扩建施工期间交警、路政现场维护交通安全

（1）统筹各方效率高，组织创新做保障

昌樟高速改扩建施工交通组织方案，涉及交通、交警、路政、安监，以及设计、监理、施工等单位，面广头绪多。工程建设之初，项目办创新交通组织管理运行机构，构建办事高效的联勤联动机制，牵头成立了由项目办、省安监三处、高速公路交警一支队、高速路政宜春支队等单位领导组成的交通安全组织领导小组，下设办公室，办公室正、副主任由交警、路政部门各派一名副支队长担任，并长驻项目办集中办公，提高了交通组织工作效率。项目办还内设了交安维护处。各监理、施工单位都成立了维护交通安全领导小组，配备了专职的交通维护安全员。构建了统揽全线、协调各方的组织领导机构，为保畅通提供了有力的组织保证。扁平化、高效化是组织创新的突出特点。搭建交通组织管理信息平台，各单位的

交通组织信息可直报项目办,项目办也可直接向施工监理发出交通组织的有关信息,确保瞬息多变的交通信息在收集与发布过程中迅速准确。

(2)执行决策“零折扣”,制度创新是关键

昌樟高速公路改扩建工程线路长、工期长、参建单位多、施工人员和施工车辆多。为了保证施工交通组织方案的落实,项目办制定了“交通组织管理(暂行)办法”“交通组织监督检查制度”“突发性交通组织信息报送制度”“交通组织安全标准化考评管理办法”“交通组织日常巡查信息报道制度”“施工出入口管理办法”“新老路面拼接交通转换交通组织维护管理办法”“临时防护设施管理办法”等一系列规章制度。这些制度的关键词,无一不与交通组织相关;这些制度的核心点,无一不为保畅通而定。这些制度,紧扣管理,突出重点,立足创新,构筑起交通组织的长效管理机制,形成了以制度管人、靠制度管事的良好局面(图6-19)。

图6-19　交通维护现场

(3)交通维护专业化,手段创新效果好

通过招标,项目办引进了专业的交通组织维护队伍,推行“标准化、科学化、精细化”管理。9台巡查车24小时在路面巡查,数十名专业人员24小时在执勤点、变道口、出入口执勤;运用警示牌、水马、防撞锥等交通安全设施,投放仿真测速仪、仿真警车、仿真警察、仿真交通维护员等科技设备,进行路面交通管控,交通组织维护的多形式、多手段开创改扩建施工交通管理的先河(图6-20)。

(4)全员培训勤开展,方式创新入人心

为加强交通管控,项目办还安排各施工单位成立了交通安全协管队伍。为加强协管人员的业务技能,项目办组织编写了《昌樟高速改扩建工程交通组织安全培训教材》,联合交警、路政、设计代表、专业维护队伍领队对施工单位进行交通组织安全培训,建立培训档案并制定奖惩措施(图6-21)。为有效提高安全

培训的效果，将以前枯燥的说教式教育培训方法转变为深入浅出的引导式教育培训方法，更多地采取教员施工现场现身说教方式讲安全，使“安全服务施工，施工服从安全”的理念深入人心。

图 6-20　招标引进专业交通维护队伍

图 6-21　交通组织安全培训

组织创新，制度护航，专业维护，技能培训，构建了“保施工、保安全、保畅通”的新机制。

2）精严细实保畅通

昌樟高速公路改扩建工程开工后，“双向四车道通行”的交通组织方案能否实现，社会关注，群众关心。唯有靠行动证明，用事实说话，才能回应社会的期盼，满足群众的需求。项目办按照江西省交通运输厅的要求，把交通组织工作作为“天字一号工程”来抓，联合交通、交警、路政等部门以及各参建单位，以“精严细实”的精神，共同做好“保施工、保安全、保畅通”这篇大文章。

（1）运筹谋划“精”部署

施工前，项目办精心设计并制定了交通组织整体方案。每逢重大施工项目，精心部署，精心组织。昌樟高速公路全线的老上跨桥形式多样，结构复杂，封闭破拆施工的车辆分流压力大，对交通组织工作是个考验。项目办在2014年初提前部署，多次召开专题讨论会，对拆除方案进行比选。召开协调会，对交通组织工作进行会商。通过前期调研和充分论证，确定“整体封闭交通，统一时间拆除”的方案之后，项目办多次召开拆除专题会议，组织参建单位进行拆除演练。同时，启动联动机制，联合属地交警、路政、当地政府实地勘查，确定合理车辆分流绕行线路和分流点；组织人员在外围高速公路出入口做好车辆分流。提前发布分流信息，引导驾驶人合理选择出行时间和线路。分析研判路面行车信息，制定交通应急处置预案。2014年5月7日拆除当日，项目办调集的347台套各类拆除设备准时进场，原定36小时提前3个小时完成拆除任务（图6-22）。

图6-22　上跨天桥拆除现场

（2）路面监管“严”当头

严格路面交通布控，对临时性开口施工、罐车占用应急车道施工、路肩护坡开挖施工、路面施工交通转换等，严格按照行业标准制定交通安全标识布控图，确保车辆安全有序通行。严格执行路面巡查制度，排查交通隐患，建立整改台账，实行交通隐患“编号制”，落实办理责任“挂号制”，解决问题“销号制”，使交通隐患排改责任到人，落实到位。严格奖罚制度，针对严重影响交通安全的违规施工，制定了15条处罚措施，对日常施工管理规范的单位予以奖励，形成奖罚分明、良性循环的良好态势。

(3)施工交通"细"安排

施工与通行,是一对矛盾,两者都"保"确是一道难题。项目办分清轻重缓急,分析利弊利害,周全考量,细致安排,破解难题,调解矛盾。针对不同阶段的施工特点,路基施工保持双向四车道通行,不堵车不分流;路面施工采取局部分流,分小段分阶段分流。针对新老路面拼接的施工需要,高速公路交警一支队根据上坡、下坡、直道、弯道、服务区、收费站等不同路段,灵活采用"单幅双向""双幅双向"等多种交通转换方式。细致安排施工与交通问题,体现在施工的各个阶段、现场的各个环节、路面的各个细节。在昌樟高速公路周边枢纽互通设置的诱导标志,在横跨桥悬挂的宣传标语,在施工全线设置的各类提醒提示标志牌,无不体现出项目办对细节的重视(图6-23)。

图6-23 交通组织标识牌布置

(4)现场维护"实"为先

"保施工、保安全、保畅通"是一项硬任务、硬指标,来不得一点疏忽,容不得半点虚假。交通组织领导小组切实履行主体责任,每逢重大活动和节假日停止施工时,小组成员在前一天到路面巡查,现场督促;期间做到每天巡查和突击检查相结合,全程监督,确保停止路面施工落到实处。依实情,出实招,求实效,踏实的工作作风,换来了施工、交通"两不误",赢得了路地各方赞誉。

3)攻坚克难显成效

昌樟高速公路改扩建工程是江西省第一条开通四车道的开放式施工项目,在本已超负荷运行的高速公路上采用"双向四车道通行"的交通组织方案,实施难度不言而喻。项目办攻坚克难,实现"保施工,保安全,保畅通",靠的是胸怀大局的服务精神,心齐劲足的协作精神,吃苦耐劳的奉献精神。"

(1)服务是一种精神情怀,是保畅通工作思路得以落实的前提

项目办始终坚持"施工服务安全,安全服务施工"的工作方针,确保高速公路运营安全有序。为尽量减少施工对交通的干扰,严禁施工车辆上主线,严

禁未经审批私自拆卸护栏板，严禁未经审批擅自打开中央开口栅。每逢重大活动和重大节日车流量增大的情况下，项目办以保畅通为重点，停止一切路面施工。

(2)协作是一种精神境界，是交通组织高效率运转的保证

作为交通组织的职能部门，在昌樟高速公路改扩建施工现场，经常可以看到高速公路交警一支队与高速公路路政宜春支队通力协作的场景。每逢施工需要临时封闭道路，交警、路政分别派出车辆和人员，24 小时定点值守布控区两端，提醒过往车辆减速慢行。路基开挖山体爆破施工，交警、路政与项目办密切配合，组织爆破区段临时性交通管控。

(3)奉献是一种精神品格，是交通组织工作部署变为现实的力量之源

在昌樟高速公路改扩建施工现场，奉献不是一句口号，而是实实在在的付出。项目办、交警、路政、安监、设计、监理、施工，每个参建单位都肩负着一份责任，每一位参建人员都以自己的行动去奉献。

3. 以“三保”为核心理念的高速公路改扩建交通组织管理的效果

1)营造了良好行车环境

在施工、通行两不误的前提下，在施工难度和管理难度极大的情况下，昌樟高速公路改扩建项目自施工以来，秉承了“安全服务施工，施工服从安全”的宗旨，实现了“三个没有”目标，即昌樟高速公路没有发生一起因施工引发的道路交通事故，没有发生一起因施工造成的大面积拥堵，没有发生一起因施工采取的强制分流，为社会提供了安全畅通的行车环境。

2)实现了良好经济效益

2014 年，昌樟高速公路运营没有受到昌樟高速公路改扩建施工，抚吉、武吉等高速公路分流，泰赣路因大修由南向北大货车辆限行等因素影响，车流量不减反增。管理出效益，“三保”“三个没有”目标的实现，既确保了施工进度，企业收获了良好绩效，司乘又获得了安全、满意的通行服务，实现了多方共赢。

3)取得了良好社会效益

一是，现有通行效率得到司乘的理解。改扩建施工期间没有发生一例因通行拥堵而引发的投诉事件，交警、路政、项目办、各参建队伍协同、高效的交通组织管控，为民众的正常出行和改扩建施工提供了保证。

二是，车辆拥而不堵，有序通行，降低了停顿、起步以及通行拥堵的能耗，减少了尾气排放，实现了节能减排。

三是，提高了社会满意度。昌樟高速公路改扩建施工采取的“三保”举措，规范布设的交通诱导标志，交警、路政、协警 24 小时联勤值守，并通过沿线收费

站发放温馨提示宣传单，开展"微笑昌樟"文明微笑服务，让民众在出行中感觉到了高速公路各方对交通管控细节细微之处的重视，对改扩建中的高速公路抱怨甚至责问也转化成理解和支持。

经调查统计，昌樟高速公路2014年的有效投诉率、交通事故率及重伤、死亡人数均有明显下降。

第七章 节能减排关键技术

近年来我国国民经济不断发展，同时，粗放型经济增长方式未得到有效改观，致使环境污染问题日趋严重，雾霾天气频繁出现，凸显了节能减排工作的重要性。基于此，在昌樟高速公路改扩建项目建设过程中，紧密围绕工程地处革命老区，沿线重点文物保护分布广、等级高，途经生态敏感区、水源保护区等特点，将绿色循环低碳理念贯穿于设计、施工、运营和管理各方面和全过程，并采取了多项技术进行节能减排。本章主要阐述高速公路远距离供配电系统自身能耗分析及节能措施、太阳能并网发电技术在高速公路供配电系统中的应用和温拌沥青技术等节能减排技术。

第一节 高速公路远距离供配电系统自身能耗分析及节能措施

高速公路机电系统的用电特性为供电距离远，负载较小，供配电系统本身能耗较大。本书对高速公路机电设施的负载特性进行分析，结合各类供配电系统自身能耗的原理，提出了降低供配电系统自身能耗的解决对策。现场测试表明，新的解决对策能降低整个高速公路机电系统的自身能耗，改善系统功率因数，提高用电质量。

高速公路供配电系统是为高速公路沿线设施（如监控、收费系统、养护服务设施及道路照明设施）服务的，目的在于确保沿线设施用电的安全、合理和可靠性，确保高速公路安全、畅通、经济、快速、舒适等，使综合效益最大限度地发挥。

高速公路中机电设备负荷小而分散，供电方式呈带状式分布，供电距离长，其变电站一般设置在管理中心、收费站、服务区、养护工区等场区内，供电间隔一般为 1 ~ 15km。整个供配电系统负载能耗较小，但用电设备又比较分散，由于导体的电阻，在远距离输电等方面造成较大的电能浪费，合理选择电压，提高供配电系统功率因数会减少系统的电能损耗。

一、供电方案现状分析

1. 低压380V直接供电方案

低压380V供电系统，即通过变电站低压配电柜向外场设备直接供电，如图7-1所示。在低压供电系统中，线电压为380V/50Hz。相电压为220V/50Hz。由于存在线路阻抗包括容抗和感抗，输电线路会存在线路压降，按照现行电力标准，在供电线路的末端电压降不应超过5%。由于外场设备距供电点较远，故电缆截面积的选取主要由电压降来控制，载流量基本都满足要求。

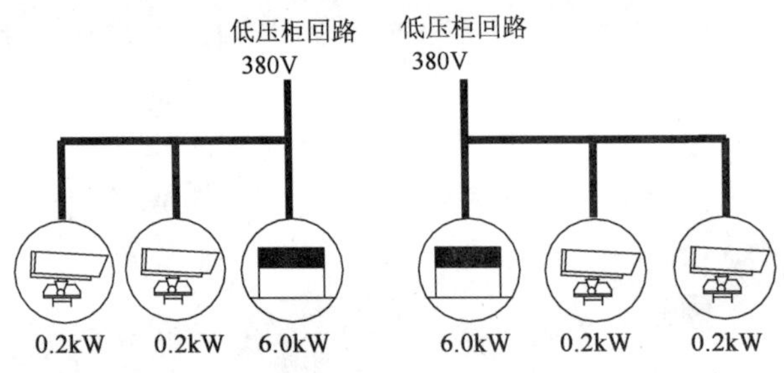

图7-1 外场设备低压380V直接供电方案系统图

为了保证长距离供电远端设备的供电质量，经常会采用增大电缆截面积的办法。增大电缆截面积，减小导线阻抗，电压降减少。此方法可以提高供电能力，但是也会大幅增加成本，如YJV22-1kV-4×50的电缆价格约为153元/m，而YJV22-1kV-4×70的电缆价格约为220.4元/m。

因此，当需要供电距离较远、传输功率较大时更多采用高压传输的供电方案，高压供电包括3.3kV、6kV、10kV等电压等级。

2. 高压10kV间接供电方案

采用哪种电压等级传输电能，是根据负荷容量、供电距离和经济性相权衡的结果。根据 $P=UI$，当要传输的电能量一定时，电压越高，电流就越小，根据 $\Delta U=I^2R$，电压降就越小。因此，在可能的情况下尽量采用高压传输。但是电压越高，供电设备的耐压水平就越高，电缆绝缘成本就越高，设备、电缆造价也会增加。

在高速公路全程监控项目中，用电负载主要是摄像机、可变情报板等设备，负载比较分散，用10kV系统供电需要在负载相对集中处设置10/0.4kV变压器,然后低压再供给 4km 范围内的用电设备。10kV 电压虽然可以传输较远距离,但 10kV 电缆、埋地式变压器等用电设备造价较高。另外,间接供电存在二次配电问题,电缆重复埋设比例很高,增加成本。外场设备 10kV 间接供电方案系统如图 7-2 所示。

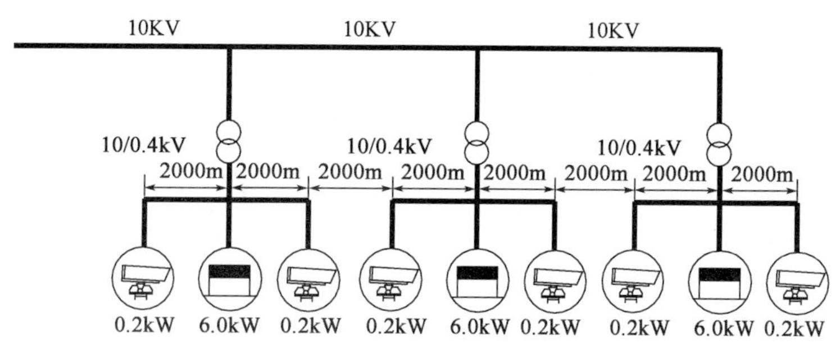

图 7-2　外场设备 10kV 间接供电方案系统图

3. 660V 升降压供电方案

升降压供电方案也是近些年逐渐得到应用的一种外场设备供电方案。若机电设备位于 4 ~ 10km 范围内,采用三相 660V 的供电方式,在变电站内将三相 380V 升压到三相 660V,在设备终端处将电压降至三相 380V,电缆采用 1kV 电压等级。此方案相当于将低压 380V 供电方案进行了一定范围的延伸。由于在电压输送等级上有所提高(提高 1.73 倍),则电压降相应地减少了 1.732 的平方倍,即 3 倍,相同的负荷距(负荷距指线路的有功负荷与输送距离的乘积,单位为 kW · m)供电距离可以提高到 3 倍。供电范围一般为 4 ~ 10km,但对于超过 10km 的用电设备,此供电方案则显得后劲不足;另外,三相供电需要平衡,也存在一定范围的二次配电及重复敷设电缆问题,低压电缆数量较多,综合工程造价较高,故此方案对全程监控的供电也有一定的局限性。660V 升降压供电方案系统如图 7-3 所示。

4. 离网式风光互补供电方案

国内部分高速公路对于距离变电站较远的小负载设备采用太阳能或风光互补系统进行供电。此类供电的主要特点就是能源全部来自太阳能、风能,无需传统繁杂的布线。但是对于情报板等大型负载则无法使用,而且一次性投入过大,对光能、风能环境有一定的要求,并且需 2 年更换一次的蓄电池带来的维护及蓄电池二次污染问题目前还没有较好的解决方案。风光互补系统构成如图 7-4 所示。

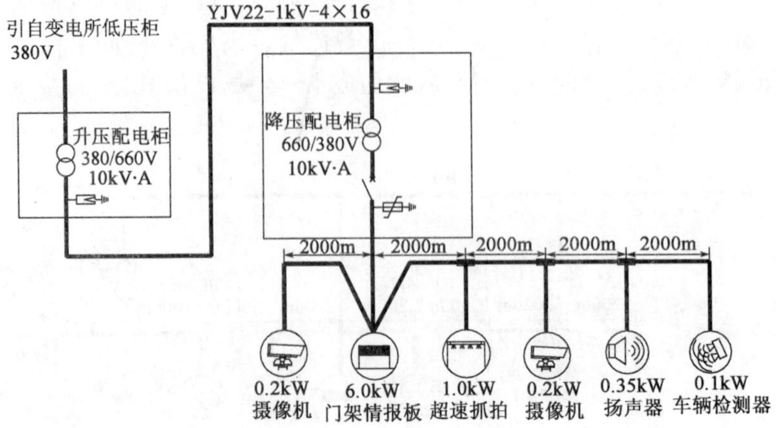

图 7-3　660V 升降压供电方案系统图

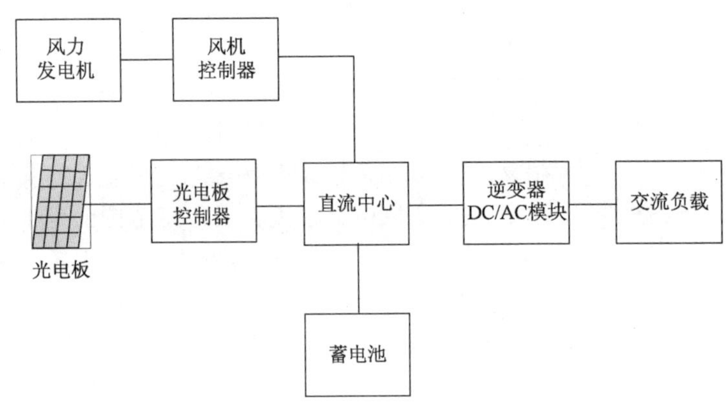

图 7-4　风光互补系统

二、昌樟高速公路采取的措施

1. 项目概况

昌樟高速公路改扩建项目采用全程监控方案，外场设备包含大量可变情报板、摄像机、微波车检器、气象监测器以及诱导灯设备。

综合项目情况及各种供配电方式的优缺点，考虑到项目位于风能太阳能资源的贫乏区，阴雨天气较多，以及项目绿色低碳的示范性，昌樟高速公路外场设备供配电选用了分布式智慧节能供电方案。

2. 智慧供电系统选择 3300V 供电

提高输电线路电压不仅解决远距离输电的问题，而且线路损耗也会减小。但是，输电线路电压不能随意提高。由于高电压对于绝缘的要求高，随着输电线路电压等级的提高，虽然输电线路的损耗减小了，但是相应的高压电缆、高压变电设备的投资也随之大幅增加。

因此，选择可作为用户侧电压使用的 3300V 电压等级作为输电线路电压。利用此等级电压输电，既不使用成本昂贵的高压电缆，也不使用线径较粗的低压电缆，解决了工程电缆造价高的问题。

该系统还可以在 660V、1140V 的电压等级下工作，以便适用于更多的供电场景。

3. 智慧供电系统选择单相供电

当前供电系统中，大多采用三相四线制。如果三相负载不平衡，会造成以下危害：增加线路的电能损耗、增加配电变压器的电能损耗、配变出力减少、配变产生零序电流、影响用电设备的安全运行、电动机效率降低。

本系统将三相 380V 市电，经过上位机处理，转为单相的 3300V 电压，不仅解决了电源负载不均衡的问题，而且还减少了电缆芯数。

另外，由于市电电网与用电设备相隔离，消除了市电电网中浪涌瞬变对用电设备的影响。浪涌瞬变会使一个系统的用电效率严重下降，同时还会影响感性电度表表盘的作用力矩和转速，使表盘发生阶跃式转快，其结果会导致一个系统总用电量的过度计量。该系统能有效抑制电网电路中的浪涌瞬变，滤除高频杂波，提高用电设备的运行效率，并能延长其使用寿命，具有节电和保护设备的双重功效。

4. 供配电方案优化对比

1）传统供配电方案

原传统方案采用在生米互通、丰城互通、胡家坊互通及樟树互通变电所就近采用低压 380V 直供外场设备的供电方式；沿线外场设备供电采用风光互补供电方式；在厚田及樟树枢纽互通设置箱式变电站，箱式变电站需要接入 10kV 架空市电在药湖大桥设置 2 处地埋式变压器，在桥头设置 1 处箱式变电站，大桥地埋式变压器电源由厚田枢纽箱式变电站提供，桥头箱式变电站由当地市电直接引入。传统供电方案系统图如图 7-5 所示。

2）智慧供电方案

昌樟高速公路智慧供电方案主要包含以下几点：

（1）高速公路外场设备用电取自沿线收费站的配电房。

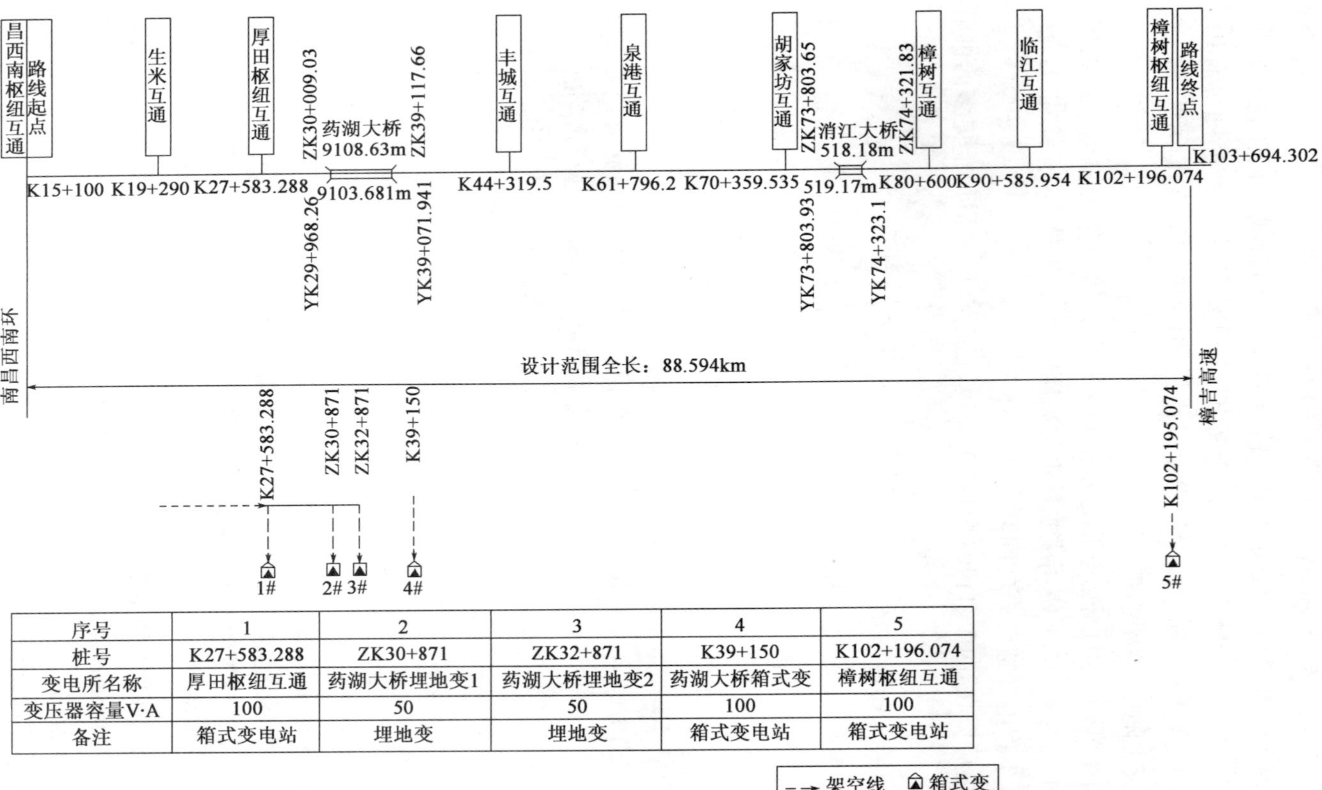

序号	1	2	3	4	5
桩号	K27+583.288	ZK30+871	ZK32+871	K39+150	K102+196.074
变电所名称	厚田枢纽互通	药湖大桥埋地变1	药湖大桥埋地变2	药湖大桥箱式变	樟树枢纽互通
变压器容量V·A	100	50	50	100	100
备注	箱式变电站	埋地变	埋地变	箱式变电站	箱式变电站

图7-5　传统供电方案系统图

注：1.各变电所（10/0.4kV）的电源进线由地方10kV电源就近供电。

2.厚田枢纽互通引一路10kV架空线后，出1路10kV，由电缆直埋方式给桥上埋地变供电。

(2)智慧供电系统由上端电源柜和下端电源箱组成。

上端电源柜由输入断路器、智能自动控制模块、三相整流模块、逆变稳压模块、升压变压器和高压熔断器组成组成。三相整流模块将三相交流电通过整流电力元件转换为单相直流电,实现三相输入的电流平衡。逆变模块负责将单相直流电转换为单相交流电,可通过电力斩波技术,实现交流输出电压的调整。升压变压器负责将低压单相交流电转换为中压单相电电源(最高电压不超过3300V),从而实现高压小电流远距离供电。

下端电源箱由高压熔断器、降压变压器、稳压模块、自动继电器、防雷器和电力监控单元组成。降压变压器负责将3300V的单相交流电转换为单相220V的交流电;稳压模块用于实现外场设备用电负载发生变化时,稳定输出电压的功能,满足外场设备的用电需求。防雷器的作用是用来保护电力系统中各种电气设备免受雷电过电压而损坏,电力监控单元用于实现对外场供电电压、电流、功率因数、用电量等电力参数进行监控。

(3)电力监控单元通过视频与数据传输平台提供的传输通道,将外场的电力参数传输至路段监控分中心的电力监控工作站,实现外场设备电源的远程监控。

(4)在生米互通变电所设置一套上端电源柜,供电电压为3.3kV,沿线设置12套下端电源箱,为K15+100~K29+500外场设备供电,供电电缆采用FS-YJV-2×6mm^{2}的电缆。

(5)在丰城互通变电所设置一套上端电源柜及对应太阳能并网设备,供电电压为3.3kV,沿线设置16套下端电源箱为K39+350~K61+420外场设备供电,并在K39+350药湖大桥桥头设置配电箱为三幅大桥监控诱导设备进行供电,在大桥上设置51个监控下端电源箱和30个LED诱导灯下端电源箱,在丰城互通变电所(K44+319)到药湖大桥配电箱(K39+350)使用FS-YJV-2×10mm^{2}的供电电缆,其余供电电缆采用FS-YJV-2×6mm^{2}型号。

(6)在胡家坊互通变电所设置一套上端电源柜,供电电压为3.3kV,沿线设置10套下端电源箱为K62+050~K73+750外场设备供电,供电电缆采用FS-YJV-2×6mm^{2}的电缆。

(7)在樟树互通变电所设置一套上端电源柜供电电压为3.3kV,沿线设置11套下端电源箱为K74+400~K90+585外场设备供电,供电电缆采用FS-YJV-2×6mm^{2}的电缆。

(8)在临江互通变电所设置一套上端电源柜,供电电压为3.3kV,沿线设置2套5kV·A、7套0.5kV·A的套下端电源箱,为K90+585~K101+670外场设备供电，供电电缆采用 FS-YJV-2×6mm^2 的电缆。

(9)电力电缆敷设在高速公路中分带内预留的硅芯管或波纹管内。

(10)药湖大桥内外场设备的供电线路引自丰城收费站配电房上端电源柜，电力电缆采用 YJV 型电缆，在大桥路段内敷设于桥侧管箱或者敷设于桥侧护栏预埋钢管内。

3)方案节能量对比分析

项目外场设备功耗见表 7-1 所示。

外场设备功耗 表 7-1

序号	设备名称	数量	单位功耗(W)	总功耗(W)
1	遥控摄像机	150	200	30000
2	门架型可变情报板	12	3000	36000
3	微波车检器	12	100	1200
4	气象检测器	17	100	1700
5	诱导灯	9000	5	45000
6	设备总功耗			113900

昌樟高速公路扩建段外场设备每年总耗电量约 99.78 万 kW·h。依据当输送有功功率不变、功率因数从 $\cos\varphi_1$ 提高到 $\cos\varphi_2$ 时，电力网中各串接元件的有功功率消耗降低百分数计算公式为：

$$\Delta P\% = \left(1 - \frac{\cos^2\varphi_1}{\cos^2\varphi_2}\right) \times 100\%$$

当功率因数从传统供电方式的 0.8 提升到节能供配电方式的 0.95 时，昌樟高速公路改扩建段外场设备节能量 =99.78 万 kW·h×$\Delta P\%$ =28.94 万 kW·h。

第二节　太阳能并网发电技术在高速公路供配电系统中的应用

太阳能作为一种取之不尽、用之不竭的清洁环保型能源，具有安全可靠、无污染、丰富无枯竭危险、不受地域限制、可无人值守等特点，是作为新能源开发利用的最佳选择，它是迄今为止人类所认识的最洁净、最有潜力的可再生能源之一。光伏发电技术作为一种太阳能有效的应用技术，其原理是利用半导体的光伏效应把光能直接变为电能,可以各种形式的负载提供能量支持。其不消耗燃料,不需长途运输,安全性好,适合分散供应,扩展性强,是未来优化电力构成的新技术,在能源产业发展中占有举足轻重的地位。与同纬度的其他国家相比,中国的自然条件比欧洲、日本优越得多,开发潜能巨大。中国太阳能资源非常丰富,理论储量达每年 17000 亿 t 标准煤,陆地表面积每年接受的太阳辐射能为 1850 ×10kJ,年日照时数大于 2000 小时、辐射总量高于 586kJ/(m^2・a)的太阳能资源丰富和较丰富的地区占全国总面积的 2/3 以上,大多数地区年平均日辐射量在 4kW・h/m^2 以上,具有开发利用太阳能的优越条件。

一、高速公路供配电系统中的太阳能发电技术

近年来,我国大力发展高速公路建设,高速公路里程和道路服务水平不断提高,对高速公路机电系统的建设要求也越来越高。高速公路由于其特殊的地理位置与运营环境,其用电特性与城市用电、工厂用电等存在着巨大的差异,高速公路用电设备具有以下几个特点:

(1)外场用能设备的电能消耗量小而分散;

(2)用电设备成带状分布于公路沿线,间隔远,供电距离长。

高速公路供配电系统主要是为功耗较小的设备进行供电,如外场监控摄像机(全天候供电)、路灯(非全天候供电)以及可变信息标志等。正是由于高速公路电力系统中用电设备的特殊性,其供配电方案也多种多样,主要有高压供电方式、中压供电方式、低压供电方式、中低压混合供电方式等。这些传统的高速公路机电系统供电采用敷设供电电缆的方式,尽管这种方式已经应用很多年,技术相对来说也比较成熟,但仍存在不可避免的弊端,在实际工程应用中,供电电压的选择、供电线路的线损、设备成本等因素都会影响各个电力系统的供电效率。

因此,将太阳能发电技术应用于公路供配电系统中,对能源结构的优化、确保能源的安全、生态环境的改善以及转变用能方法等都具有重要的意义,不仅能够大大降低企业的用能成本,还能节约资源,达到实现减排指标的目的。因此,在高速公路供配电系统中应用太阳能光伏发电技术成为了必然。

太阳能发电系统主要可分为两种,即太阳能离网发电系统与太阳能并网发电系统。

太阳能离网发电系统(图 7-6)主要由太阳能电池板、太阳能充放电控制器、蓄电池、逆变器、负载五大部分组成,在较复杂的设计中,太阳能电池板装有驱动系统,能够跟踪阳光的入射角度变化。

太阳能离网发电系统通过太阳能电池组件在日照辐射下产生光伏电流,

为用电负载,如视频摄像机、云台、收发器(或光端机)及其他检测器件提供电力能源。太阳能电池产生的电流通过充放电控制器对蓄电池充电,然后由控制器控制蓄电池为直流负载设备供电,并可经过逆变器、变压器转换成适用的交流电供交流负载使用。同时,通过光端机将供电系统的运行状态实时上传至监控中心。

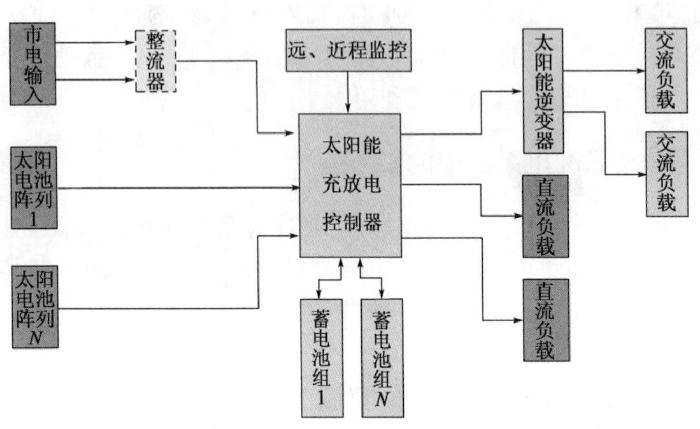

图7-6　太阳能离网发电系统结构示意图

太阳能离网发电系统中最大的缺点是技术包含有蓄电池,蓄电池作为太阳能离网供电系统的关键储能设备,其充放电过程中存在一定的能量损失,同时由于蓄电池的寿命有限,运行与维护费用较高,处理废旧蓄电池会带来一定的间接污染,因此极大地限制了太阳能发电技术在高速公路供配电系统中的应用。

二、分布式太阳能并网发电系统

分布式太阳能并网发电系统(图7-7)是太阳能光伏发电与建筑相结合的综合利用一体化项目,系统发出的太阳能光伏电将并入现有的配电间,自发自用,减轻对电网的依赖,并保证在阴雨天气仍使用市电供电。

太阳能并网发电系统(图7-8)主要由太阳能电池板、太阳能发电控制器、逆变器、负载组成,其中逆变器是技术含量较高的关键部件。

分布式太阳能并网发电系统是利用光生伏打效应原理制成的,它是将太阳辐射能量直接转换成电能的发电系统。其主要由太阳能电池方阵和逆变器两部分组成。白天有日照时,太阳能电池方阵(图7-9)发出的电经过并网逆变器将电能直接输送到交流电网上,或将太阳能所发出的电经过并网逆变器直接为交流负载供电。系统主要由太阳电池组件、逆变器、支架、交直流配电柜、汇流箱、防雷器、通信监控系统等设施组成。结构形式为屋顶或墙面结合安装型，即在平屋顶上安装、坡屋面上顺坡架空安装以及在墙面上与墙面平行安装等形式。

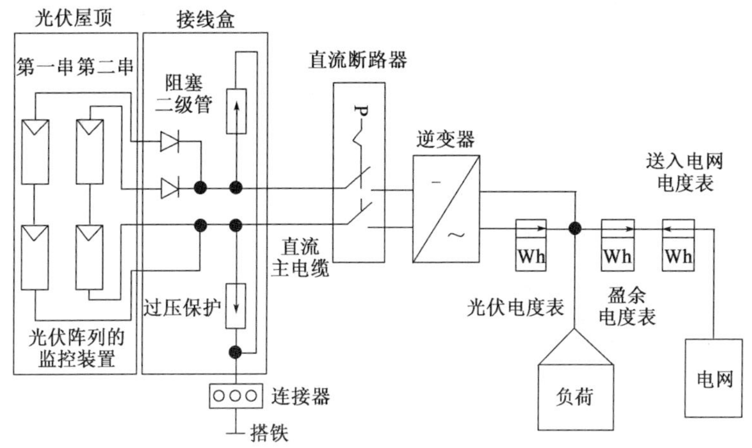

图7-7　分布式太阳能并网发电系统结构

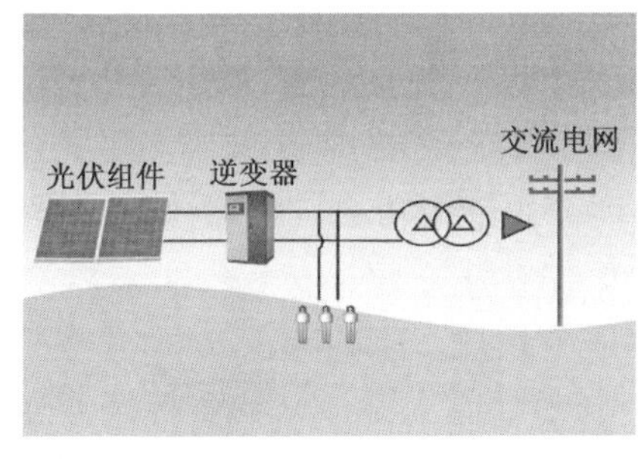

图7-8　太阳能并网发电系统示意图

图7-9　太阳能电池方阵

将太阳能并网发电系统应用于公路供配电系统，其可实现以下主要功能：

(1)作为服务区、收费站等用电电能的补充，白天即发即用，无须储能，原地发电，原地使用，减少了电力输送的线路损耗。

(2)用户侧并网系统通过逆变器直接向电网输电，不需采用蓄电池，所需成本比独立系统减少35%～45%，从而使发电成本大为降低，避免了储能设备价格高、寿命短、实用性差等缺点。

(3)采用与建筑结合的一体化设计，利用建筑物屋顶安装，无需占用宝贵的土地资源。将屋顶及一些空置地带充分、有效利用起来，可在不破坏植被的情况下，使物质资源充分利用，发挥多种功能，有利于降低建设费用。

(4)分布式建设,就近就地分散发电供电,进入和退出电网形式灵活,既有利于增强电力系统抵御战争和灾害的能力,又有利于改善电力系统的负荷平衡,并可降低线路损耗。

三、太阳能并网发电系统逆变器的设计

太阳能并网发电系统中的直流/交流逆变器是将直流电变换成交流电的设备。由于太阳能电池发出的是直流电,而一般的负载是交流负载,所以逆变器是不可缺少的。逆变器按运行方式,可分为独立运行逆变器和并网逆变器。独立运行逆变器用于独立运行的太阳能电池发电系统,为独立负载供电;并网逆变器用于并网运行的太阳能电池发电系统,将发出的电能馈入电网。

光伏并网逆变器效率的高低不仅影响其自身损耗,而且还影响光电转换器件以及系统其他设备的容量选择与合理配置。因此,逆变器已成为影响光伏并网发电系统经济、可靠运行的关键因素,研究其结构与控制方法对于提高系统发电效率、降低成本具有极其重要的意义。

采用结构简单的单级逆变器,其元器件少,损耗低,逆变器转换效率高,减少了系统成本。但对于最大功率点的跟踪没有独立的控制操作,使得系统整体输出功率降低,且需要较高的直流输入,结构不够灵活,无法扩展,不能满足光伏阵列模块直流输入的多变性要求。考虑系统的成本及效率,光伏模块一般采用两级转换结构,既 DC-DC 变换器完成光伏阵列模块最大功率点跟踪,DC-AC 逆变器实现向电网投入正弦电流的两级光伏逆变器结构。

高频链逆变器(图 7-10)是一种将光伏阵列模块产生的电压放大,并将其产生的电流调制成正弦波注入电网的高频 DC-AC 逆变器。AC-AC 转换器连接 DC-AC 逆变器,将高频电流转换成低频电流输入电网。高频链逆变结构需要大的电解电容与光伏阵列模块并联实现各级功率间的解惑。除此之外,由于各级之间没有能量缓存,逆变器每级的设计都必须能够处理两倍额定功率的能量。若升压采用变压器,则变压器将工作在高频。

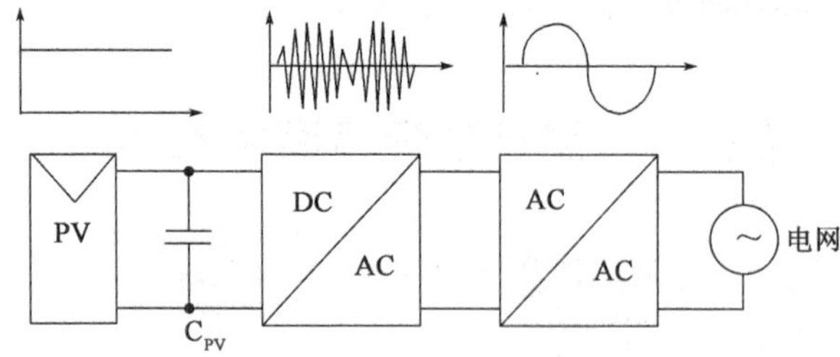

图 7-10　高频链逆变器的基本结构与各级间电流波形示意图

直流链逆变器是一种采用高频 DC－DC 变换器将光伏阵列模块产生的电压放大，然后通过 DC－AC 逆变器将 DC－DC 变换器产生的直流电流转换成正弦交流电流注入电网的逆变器，如图 7-11 所示。

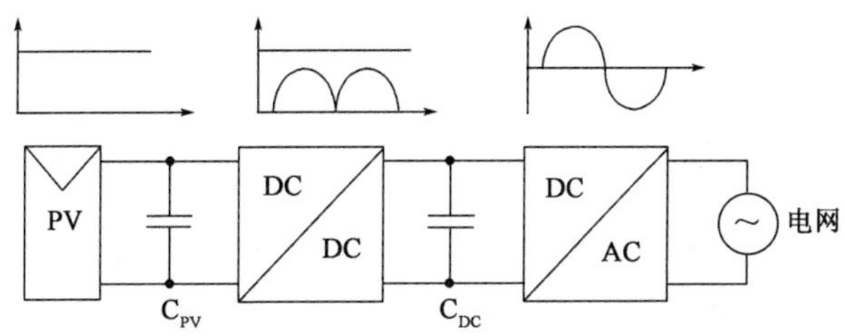

图 7-11　直流链逆变器的基本结构与各级间电流波形示意图

如果 DC-DC 变换器只是起到将光伏阵列模块产生的电压放大的作用，则可只采用小电容并联在直流连接的两端实现功率解惑，而且因为这样两级间的存在能量缓冲，所以可设计 DC-DC 变换器的容量为额定功率，而 DC-DC 逆变器的容量为两倍的额定功率。但是，如果 DC-AC 变换器还起到调节输出电网电流的作用，则必须在光伏阵列模块两侧并联较大的电解电容，因为这样两级间没有能量缓冲，所以每一级容量必须设计为 2 倍的额定功率。

经以上分析可得，光伏并网逆变器需尽量采用小的电解电容以保证其使用寿命，因此直流链逆变器结构相对高频链逆变器结构具有更好的实际应用价值。

综上所述，分布式太阳能并网发电系统为太阳能等可再生能源开发利用项目，属国家和省级可再生能源项目中鼓励类项目，符合国家能源产业政策，具有良好的环境效益。传统公路供配电系统所采用的太阳能发电系统属于离网式结构，由于蓄电池的运营与维护十分复杂，同时蓄电池的材料对环境有一定的污染，因此限制了太阳能发电技术在公路行业的发展。通过对太阳能并网供电系统中的直流/交流逆变器的研究，根据使用寿命、成本和效率三方面因素，研究采用经济、合理、高效的直流链逆变器结构，延长了系统的使用寿命，降低了投资与运营成本，提高了供电效率，提升了其实际应用价值。

第三节　温拌沥青路面施工技术

传统的沥青混合料分为热拌和冷拌两种，各有其优缺点。热拌热铺沥青混合料路面结构强度高，水稳定性好，是目前我国高等级公路最常用的路面结构，但其施工过程中会产生大量对人体有害的浓烟，不仅对人体健康有害，还会大大增加温室气体排放和能源消耗。在能源紧缺、全球气候变暖的大背景下，温拌沥青技术应运而生，其拌和温度介于热拌和冷拌之间，目的在于结合两者优点，避免双方缺点。

温拌沥青混合料(Warm Mix Asphalt，简称WMA)，是通过一定的技术措施，使沥青能在相对较低的温度下进行拌和及施工，同时保持其不低于使用性能的沥青混合料技术，也称为温拌沥青技术。温拌沥青技术有着低碳、节能、环保、全寿命周期等特点。

昌樟高速公路改扩建工程被交通运输部列为绿色循环低碳公路主题性项目，温拌沥青技术为节能减排重点项目之一。根据实施方案，选择K29+971.26~K39+068.94、K19+300~K29+300共19km路段作为示范段进行实体工程施工，SMA-13沥青混凝土上面层运用了温拌沥青技术摊铺，通过严格控制原材料和施工工艺取得了良好的运用效果。

一、温拌沥青混合料配合比设计

1. 原材料控制

(1)粗集料：辉绿岩，实验室检测其各项技术指标满足《公路沥青路面施工技术规范》(JTG F40—2004)。

(2)细集料、矿粉：细集料采用坚硬、洁净、干燥、无风化、无杂质并有适当级配的机制砂，材质为石灰岩；矿粉采用石灰岩碱性石料经磨细得到的矿粉。实验室检测其各项技术指标满足《公路沥青路面施工技术规范》(JTG F40—2004)。

(3)沥青：根据环境、气候条件及交通状况采用AH-70号道路石油沥青，并采用SBS I-D型聚合物改性。实验室检测其各项技术指标满足《公路沥青路面施工技术规范》(JTG F40—2004)。

(4)纤维稳定剂：采用优良的木质素絮状纤维，掺加比例为沥青混合料总质量的0.3%~0.4%。

(5)温拌剂：SJ-WMA3000型液体温拌剂，掺量为沥青用量的6‰。

2. 室内试验流程

温拌沥青混合料不改变原有热拌沥青混合料的级配设计以及沥青用量。在进行温拌沥青混合料室内试验设计时，先采用同样材料进行热拌沥青混合料的材料组成设计，并完成各项性能指标试验，确定一套完整的热拌沥青混合料设计体系作为标尺，然后通过切换室内试验温度，进行性能试验成型，测得性能试验数据与同类型热拌沥青混合料性能试验结果进行比较，从而综合评价温拌沥青混合料的性能。

SJ-WMA3000 温拌添加剂为深黄褐色黏稠状液体,直接添加至沥青中,适用于不同的沥青混合料类型,相比同类型的热拌沥青混合料,各环节控制温度可下降 30～60℃。SJ-WMA3000 温拌添加剂的掺加比例为沥青质量的 0.4%～0.7%,添加剂不计入胶结料用量,不改变原有热拌沥青混合料的组成设计。样品常温状况下密闭储存,避免阳光直接照射。室内试验流程如下:

(1)温拌沥青制备:将沥青加热至拌和温度,计算 SJ-WMA3000 温拌添加剂的添加量,准确称量后,在搅拌状态下缓慢将温拌添加剂倒入沥青中,随后搅拌约 10min,完成温拌沥青制备。

(2)石料加热:加热温度一般比同类型热拌条件下的加热温度下降 30℃以上,具体各阶段的温度见表 7-2。

SMA-13 温拌沥青混合料室内试验温度控制　　　　表 7-2

试验环节	SMA-13
	SBS 改性
沥青加热温度(℃)	160～170
集料加热温度(℃)	145～155
出料温度(℃)	145～155
成型温度　不低于(℃)	140

(3)按照同类型的热拌沥青混合料的试验流程完成温拌沥青混合料的拌和过程。

(4)出料温度:出料温度一般比同类型的热拌沥青混合料低 30～60℃。

二、温拌沥青混合料施工工艺

1. 温拌沥青混合料的生产

(1)温拌沥青混合料生产及施工温度范围见表 7-3。

SMA-13 温拌沥青混合料生产及施工温度(℃)　　　　表 7-3

序号	工　序	温　度
1	沥青加热温度	160～170
2	集料加热温度	比出料温度高 10℃左右
3	正常施工出料温度	130～150
4	低温施工出料温度	160

续上表

序号	工　序	温　度
5	正常施工温拌界定温度	155
6	低温施工温拌界定温度	160
7	摊铺温度 不低于	135
8	初压温度 不低于	125
9	碾压终了温度 不低于	80

注:由于拌和设备的不同,矿料温度和沥青加热温度与表中要求若有偏差,可以在此基础上根据实际操作经验进行调整,但是必须以最终满足沥青混合料的出料温度为准。

(2)拌和楼控制室要逐盘打印沥青及各种矿料的用量和拌和温度,并定期对拌和楼的计量和测温进行校核;没有材料用量和温度自动记录装置的拌和机不得使用。木质素纤维使用专用设备投放,温拌剂采用专用设备投放或直接加入沥青储罐适当搅拌后使用。

(3)具体拌和时间由试拌确定。必须使所有集料颗粒全部裹覆沥青结合料,并以沥青混合料拌和均匀为度。

(4)拌和时注意目测检查混合料的均匀性,及时分析异常现象。如混合料有无花白、冒青烟和离析等现象。如确认是质量问题,应作废料处理并及时予以纠正。

(5)需严格控制油石比和矿料级配,避免油石比不当而产生泛油和松散现象。调整矿粉添加方式,避免矿质混合料中小于0.075mm颗粒偏低的现象出现。每台拌和机开拌后每天上午、下午各取一组混合料试样做马歇尔试验和抽提筛分试验,检验油石比、矿料级配和改性沥青SMA-13的物理力学性质,每周应检验1~2次残留稳定度。

(6)每天结束后,用拌和楼打印的各料数量,进行总量控制。以各仓用量及各仓筛分结果,在线抽查矿料级配;计算平均施工级配和油石比,与设计结果进行校核;以每天产量计算平均厚度,与路面设计厚度进行校核。

2. 温拌沥青混合料的运输

尽管温拌沥青混合料的降温速度相对较慢,可以延伸拌和厂的工作覆盖半径,但仍然要注意对混合料采取保温措施,保证混合料在摊铺和压实时具有良好的施工和易性。

(1)对于冬季施工,温拌料降温速度很快。因此,温拌料运输时一定要做好运输车的保温措施,运输车顶部除了盖油布外,最好另加盖2层棉被,应有专人进行车辆覆盖工作,保证覆盖严实,严禁覆盖敷衍、夹层通风等现象。

(2)运输车的运量应较拌和能力和摊铺速度有所富余,摊铺机前方应有足够的运料车等候卸料。

(3)采用数字显示插入式热电偶温度计检测沥青混合料的出厂温度和运到现场温度。

(4)拌和机向运料车放料时,汽车应前后移动,分几堆装料,以减少粗细集料的离析。

3. 温拌沥青混合料的摊铺

(1)保证粘层油洒布后有1小时的蒸发时间。对于施工环境温度低于零度时,不建议进行温拌沥青混合料摊铺。若不得不进行摊铺时,需保证路面干燥,保证与中面层的黏结,此时不宜采用乳化沥青作为粘层油,可以酌情考虑热沥青加撒碎石的黏结处理措施。

(2)摊前熨平板应预热至100℃,保证夯锤工作正常。

(3)摊铺速度应严格控制,切忌为了赶施工进度造成摊铺速度过大,通常控制在2.5~4m/s为宜。

(4)螺旋布料器内的混合料表面略高于螺旋布料器2/3为度,使熨平板的挡板前混合料的高度在全宽范围内保持一致,避免摊铺层出现离析现象。

(5)检测松铺厚度是否符合规定,以便随时进行调整。摊铺机熨平板必须拼接紧密,不许存有缝隙,防止卡入粒料将铺面拉出条痕。

4. 温拌沥青混合料的碾压成型

(1)温拌沥青混合料SMA-13的初压、复压用钢轮振动压路机碾压,碾压应遵循紧跟、慢压、高频、低幅的原则进行。混合料摊铺后必须紧跟着在尽可能高温状态下开始碾压,不得等候。碾压温度应符合表7-3的规定。必须有足够数量的压路机,初压和复压均不宜少于2台。碾压段的长度控制在20~30m为宜,温拌沥青混合料施工时SMA-13不得使用轮胎压路机。

(2)在初压和复压过程中,宜采用同类压路机并列成梯队压实,不宜采用首尾相接的纵列方式。采用振动压路机压实路面时,压路机轮迹的重叠宽度不应超过20cm;当采用静载压路机时,压路机的轮迹应重叠1/4~1/3碾压宽度。不得向压路机轮表面喷涂油类或油水混合液,需要时可喷涂清水或含有隔离剂的水溶液,喷洒应呈雾状,以不粘轮为度。禁止使用柴油和机油的水混合物喷涂。

(3)压路机应以均匀速度碾压。压路机适宜的碾压速度随初压、复压、终压及压路机的类型而有所差别,需通过试铺确定。

(4)对松铺厚度、碾压顺序、碾压遍数、碾压速度及碾压温度应设专岗检查。

温拌沥青路面应严格控制碾压遍数，在压实度达到马歇尔密度的98%以上，或者路面现场空隙率不大于6%后，不再做过度碾压。如碾压过程中发现有沥青马蹄脂上浮或石料压碎、棱角明显磨损等过碾压的现象时，应停止碾压。

三、温拌沥青混合料运用分析

温拌沥青混合材料在节能减排中的应用主要集中在以下几个方面。首先，在整个生产过程中，温拌沥青混合材料与热拌沥青相比，减少了温室气体的排放，对环境的保护具有很大的作用。根据国际能源资讯所做的统计，使用温拌沥青混合材料能让二氧化碳的排放量下降65%左右，而诸如氮类气体的排放中约能下降70%左右；其次，在施工的过程中，如果使用热拌沥青，会释放出大量的沥青烟，而使用温拌沥青混合材料则能使排放下降约为85%左右（沥青烟以及苯可溶物等有害的气体），对施工人员的健康所造成的伤害也在很大程度上降低，注重以人为本的人文关怀；最后，在整个节能减排的效果上，温拌沥青混合材料与热拌沥青相比，节能量可达到23%以上，节能效果显著。

温拌沥青技术在昌樟高速公路的应用如图7-12所示。

图7-12　温拌沥青技术在昌樟高速公路的应用

参考文献

[1] 李盛霖. 站在新的历史起点上,推进"十一五"交通事业又快又好发展[R]. 2006 年全国交通工作会议, 北京, 2006.

[2] 廖朝华. 沪宁高速公路改扩建工程设计关键技术[J]. 中国公路, 2006(15): 100-101.

[3] 李世纬,廖朝华,刘利民. 高速公路改扩建工程路线设计探讨[J]. 中外公路, 2010(3): 1-4.

[4] Ming Y, Chen C J. A Robust Filtering Algorithm of LiDAR Data for DTM Extraction[J]. Advanced Materials Research, 2013, 765-767:639-642.

[5] 陈楚江,明洋,余绍淮,等. 道路改扩建三维激光雷达勘测设计[A]. 全国公路改扩建技术论文集[C]. 北京:人民交通出版社, 2014: 134-138.

[6] 陈楚江,余绍淮,明洋,等. 精密机载激光扫描测量及道路改扩建设计[J]. 公路交通科技, 2012, 29(1):43-47.

[7] 余绍淮,陈楚江,张霄,等. 基于精密机载三维激光扫描测量的高速公路改扩建勘测设计方法[J]. 中外公路, 2012, 32(1):5-8.

[8] 张小红. 机载激光雷达测量技术理论与方法[M]. 武汉:武汉大学出版社,2007.

[9] 江西省昌樟高速公路改扩建工程路基路面检测及评定[R]. 南昌:天驰高速科技发展有限公司,2011.

[10] 中华人民共和国行业标准. JTG E40—2007 公路土工试验规程[S]. 北京:人民交通出版社,2007.

[11] 中华人民共和国行业标准. JTG D50—2006 公路沥青路面设计规范[S]. 北京:人民交通出版社,2006.

[12] 陆旭东,陈济丁. 我国公路环保关联性设计的理念与实践[J]. 交通建设与管理,2010(5):125-130.

[13] 徐强. 高速公路改扩建工程技术与实践[M]. 北京:人民交通出版社, 2010(8):39-42.

[14] 胡永深,江晓霞. 景观设计理念在高速公路路线设计中的体现[J]. 公路与汽运,2004(5):54-56.

[15] 李树华. 公路的环境美学与景观[J]. 交通环保,2001(6):20-23.

[16] 孟强,沈毅,王丹. 用新理念提升公路景观绿化设计水平[J]. 公路交通科技,2006(2): 5-7.

[17] 中华人民共和国行业标准. JTG B01—2014 公路工程技术标准[S]. 北京:人民交通出版社股份有限公司,2015.

[18] 中华人民共和国行业标准. JTG H20—2007 公路技术状况评定标准[S]. 北京:人民交通出版社,2007.

[19] 中华人民共和国行业标准. JTG E60—2008 公路路基路面现场测试规程[S]. 北京:

人民交通出版社,2009.
[20] 中华人民共和国行业标准. JTG H10—2009 公路养护技术规范[S]. 北京:人民交通出版社,2010.
[21] 江西省昌樟高速公路改扩建工程老路检测及评定大纲[R]. 南昌:江西省天驰高速科技发展有限公司,2010.
[22] 江西省昌樟高速公路改扩建工程老路检测及评定报告[R]. 南昌:江西省天驰高速科技发展有限公司,2011.
[23] 姚善忠. 高液限膨胀土地区路基处治[J]. 公路与汽运,2005,10(5):57-59.
[24] 周红安,孙艳鹏,王钊,等. 高液限土路基施工及处理措施[J]. 建筑技术开发,2001(1):29-31.
[25] 黄厚庆. 高液限土在路堤工程中的应用研究[J]. 中南公路工程,2001(12):1-3.
[26] 李炳钦. 高液限土的处治方案[J]. 公路,2004(11):168-170.
[27] 刘晨彬. 高液限土的处治方案[J]. 铁道勘察,2006(6): 48-49.
[28] 李辉,孙进忠,夏柏如. 高液限粘土路基填土压实特性研究[J]. 岩土工程界,2006(5):79-80.
[29] 刘银生,蒋理珍. 高液限土填筑设计方法研究[J]. 公路, 2007(1): 21-26.
[30] 王维福. 高液限砂质土在高等级公路上的应用[J]. 公路交通科技,2006,6 (3):8-9.
[31] 梁新政,王复明,孔宪京. 路基模量反演结果分析[J]. 岩土工程学报, 2000, 22(5):619-621.
[32] 孔垂烛,邓安福. 刚性下卧层对上部土层变形的影响[J]. 岩土工程技术, 2005, 19(6): 303-306.
[33] 单景松,黄晓明,王鹏. 刚性层深度及层间接触状态对 FWD 动载响应及反算结果的影响[J]. 公路交通科技,2007, 24(10): 16-19.
[34] 陈靖翔. 落重挠度仪检测荷重与坚硬层深度对反算分析之影响[D]. 台北: 国立台湾大学, 2006.
[35] 谢兆星,丛林,郭忠印. 基于 FWD 弯沉盆参数的沥青路面土基模量评价方法研究[J]. 公路交通科技,2009, 26(12): 28-31.
[36] 朱洁. 沥青路面多层结构模量高精度反算方法研究[D]. 上海: 同济大学, 2013.
[37] 余欢,陈长. 沥青路面模量反演分析中刚性下卧层设置方法[J]. 交通科学与工程, 2014, 30(4): 1-6.
[38] Uzan J, Lytton R L, Germann F P. General procedure for back-calculating layer moduli [J]. ASTM Spec. Tech. Publ. ,1989, 1026: 217-228.
[39] Hudson W R, Elkins G E, Uddin W, et al. Evaluation of pavement deflection measuring equipment[R]. Texas: Austin Res. Engineers, 1987.
[40] 严菁. 沥青路面反演分析中刚性下卧层设置规律研究及应用[D]. 上海: 同济大学, 2010.

[41] Chou Y. Development of an expert system for nondestructive pavement structural evaluation [D]. Texas: Texas A&M University, 1989.

[42] Bush Iii A J. Nondestructive Testing for Light Aircraft Pavements. Phase II. Development of the Nondestructive Evaluation Methodology[R]. DTIC Document, 1980.

[43] 查旭东,王秉纲. 基于同伦方法的路面模量反算研究[J]. 中国公路学报,2003, 16(1): 1-5.

[44] 范炳娟,陈志民,梁继龙. 强夯法加固软土地基的作用机理及应用实例[J]. 辽宁省交通高等专科学校学报, 2008(2): 21-23.

[45] 齐渭斌. 高速液压夯实机在高速公路路基工程中的应用[J]. 安徽建筑, 2011(2): 135-136.

[46] 黄彰荣. 高速液压夯实机在桥台回填中的应用[J]. 交通标准化, 2008(1):91-94.

[47] 翟珍龙. 冲击碾压补强施工工艺在二广高速公路高液限土路基填筑中的应用[J]. 民营科技, 2009(8): 154-155.

[48] 何永明,王勇. 哈五公路路基冲击碾压试验分析[J]. 筑路机械与施工机械化, 2011, 28(001): 43-45.

[49] 曹斌,邓捷. 高速液压夯实机的开发应用[J]. 公路交通科技(应用技术版), 2012(7): 353-356.

[50] 牛武军,陈兵,焦宁. 冲击碾压在路基施工中的应用[J]. 筑路机械与施工机械化, 2011(10) :237-239.

[51] 姚祖康. 公路排水设计手册[M]. 北京:人民交通出版社,2002.

[52] 张栋. 基于路基不均匀变形的湿热地区水泥混凝土路面沥青加铺结构研究[D]. 西安:长安大学,2012.

[53] 李永翔. 道路改扩建工程综合排水系统研究[D]. 西安:长安大学,2010.

[54] 邓云潮. 高速公路扩宽路基综合防排水系统研究[D]. 西安:长安大学,2012.

[55] 李结全. 多雨地区高液限土路基填筑方法试验研究[D]. 南宁:广西大学,2007.

[56] 陈加洪. 水对路基的影响及其防护措施研究[D]. 西安:长安大学,2012.

[57] 王铁行,胡长顺. 多年冻土地区路基温度场和水分迁移场耦合问题研究[J]. 土木工程学报,2003(12).

[58] 赵明华,刘小平,陈安. 非饱和土路基毛细作用分析[J]. 公路交通科技,2008(8).

[59] 中华人民共和国行业标准. JTG H10—2009 公路沥青路面养护技术规范[S]. 北京:人民交通出版社,2009.

[60] 昌樟高速公路国检维修工程技术方案[R]. 南昌:宜春公路勘察设计院,2010.

[61] 昌樟高速公路国检维修工程施工图设计[R]. 南昌:宜春公路勘察设计院,2010.

[62] 南昌至樟树高速公路改扩建工程施工图纸[R]. 南昌:中交第二公路勘察设计研究院有限公司,2012.

[63] 杨进. 乳化沥青冷再生混合料设计方法研究[D]. 上海:同济大学,2010.

[64] 江涛.冷再生沥青混合料在重交路面改建时的若干关键问题研究[D]. 上海:同济大学,2010.

[65] 马川义.乳化沥青冷再生混合料设计方法优化研究[D]. 济南:山东建筑大学,2013.

[66] 孙立军.沥青路面结构行为学[D].上海:同济大学,2013.

[67] 郑莘莢.沥青路面温度场预估模型研究[D].上海:同济大学,2010.

[68] 江涛.冷再生混合料冷用于重交通路面改建时若干关键问题研究[D]. 上海:同济大学,2009.

[69] 江涛,孙立军,刘黎萍,等. 基于结构性能的冷再生上基层材料组成研究[J]. 建筑材料学报,2008,11(6):666-672.

[70] 冯义虎. 乳化沥青厂拌冷再生混合料施工影响因素研究[D]. 重庆:重庆交通大学,2013.

[71] 程毅. 乳化沥青厂拌冷再生混合料设计与施工技术研究[D]. 济南:山东建筑大学,2013.

[72] 中华人民共和国行业标准. JTG F41—2008 公路沥青路面再生技术规范[S]. 北京:人民交通出版社,2008.

[73] 杨进.考虑第二次压密的乳化沥青冷再生混合料室内试验方法研究[J]. 公路工程,2010,39(1):76-79.

[74] 郑广顺,刘黎萍,王剑. 乳化沥青冷再生上基层碾压工艺研究[J]. 交通科学与工程,2016,32(1):39-44.

[75] 王宏. 乳化沥青冷再生混合料养生方式研究[J]. 武汉理工大学学报,2015,39(3):641-644.

[76] 吕维前. 稳定型橡胶改性沥青混合料在高速公路路面中使用的可行性分析[J]. 中华建设,2012(9): 292-293.

[77] 王立志. 温拌橡胶改性沥青混合料性能研究[J]. 山东建筑大学学报, 2015(3): 224-230,262.

[78] 尚培东. AC 类稳定型橡胶改性沥青混凝土路用性能的研究[J]. 公路, 2012(3):79-83.

[79] 常友功,孔晨光,陈伟.稳定型橡胶改性沥青混合料 AC-13 级配范围的优化研究[J].石油沥青,2012, 26(2): 1-5.

[80] 常友功. 稳定型橡胶改性沥青及沥青混合料路用性能的研究[D]. 济南:山东建筑大学, 2012.

[81] 荆靖.稳定型橡胶改性沥青混合料设计与工程应用[J]. 山东建筑大学学报, 2015(1):92-95.

[82] 张争奇,覃润浦,张登良. SMA 混合料路用性能研究[J]. 中国公路学报, 2001,14(2):13-17.

[83] 陈翔. 橡胶沥青及其混料性能研究[D].西安:长安大学,2011.

[84] 中华人民共和国行业标准. JTG E20—2011 公路工程沥青及沥青混合料试验规程[S]. 北京:人民交通出版社, 2011.

[85] 中华人民共和国行业标准. JTG F40—2004 公路沥青路面施工技术规范[S]. 北京:人民交通出版社, 2004.

[86] 邓磊,刘永明,郑怀宇,等. 聚烯烃/乙烯共聚物干法改性沥青混合料性能试验研究[J]. 公路交通科技,2012(6):91-93.

[87] 段晶晶. 城市特殊路段沥青加铺层结构和材料研究[D]. 广州:广州工业大学,2011.

[88] Yildirim Y. Polymer modified asphalt binders [J]. Construction and Building Materials, 2007, 21(1): 66-72.

[89] 胡耀辉,王国耀. PRPLASTS 添加剂抗车辙剂在高速公路沥青混合料中的应用研究[J]. 建筑施工,2006,25(12):1015-1016.

[90] 岳学军. 微表处车辙处理技术与路用性能研究[D]. 南京:东南大学, 2008.

[91] Watson D E. Thin asphalt concrete overlays [M]. NCHRP Synthesis of Highway Practice, 2014.

[92] 吕伟民,孙大权. 新型路面养护材料超薄沥青磨耗层的特性与应用[J]. 上海公路, 2007(3): 1-4.

[93] 南雪峰. 超薄磨耗层矿料级配试验研究[J]. 公路, 2009(4): 208-212.

[94] 南雪峰. 超薄磨耗层 SMA-10 矿料级配比较试验研究[J]. 公路,2008(12): 160-164.

[95] 毕玉峰,孙立军. 沥青混合料抗剪试验方法研究[J]. 同济大学学报(自然科学版), 2005(8): 1036-1040.

[96] 赵娟. 高速公路沥青面层合理厚度研究[D]. 西安:长安大学, 2007.

[97] Newcomb D E. Thin Asphalt Overlays for Pavement Preservation[J]. National Asphalt Pavement Association IS 135, National Asphalt Pavement Association, Lanham, MD. 2009.

[98] 陈奕浪,王婷静,贾伟. 基于动态交通组织的高速公路可变信息标志设置优化[J]. 华东公路,2008(6):80-83.

[99] 徐强. 高速公路改扩建工程交通组织[M]. 北京:人民交通出版社,2011.

[100] 莲花. 高速公路改扩建交通组织研究[D]. 西安:长安大学,2013.

[101] George O. Guidelines for Advanced Traveler Information Systems and Commercial Vehicle Operations[DB/OL]. Washington:The National Technical Information Service, 2003.

[102] 干建军,徐秀琴,吴海刚. 基于动态交通组织的高速公路可变信息标志设计探讨[J]. 公路, 2008(11):124-1280.

[103] 张含飞. 高速公路改扩建交通组织方案动态设计研究[D]. 西安:长安大学,2015.

[104] 叶扬. 动态交通信息采集与处理技术的研究开发[D]. 济南:山东大学,2009 .

[105] 昌樟高速公路改扩建交通组织研究报告[R]. 南昌:中交第二公路勘察设计研究院有限公司,2012.

[106] 韩熠,李杰. 高速公路改扩建工程施工交通组织研究[J]. 公路交通科技,2007(8).

[107] 李岚,陈德华. 广佛、佛开高速公路改扩建工程交通组织方案研究[J]. 青海交通科技,2006.
[108] 李超,辛娟. 潼西高速公路改扩建工程交通组织方案[J]. 西部交通科技,2008(6).
[109] 王长宽. 高速公路改扩建保通方案浅析[J]. 北方交通,2012(4).
[110] 徐强. 高速公路改扩建工程技术与实践[M]. 北京:人民交通出版社,2010.
[111] 李友好, 赵豫生. 某病害桥横向体外预应力加固实践[J]. 重庆交通学院学报, 2005, 24(2):18-21.
[112] 梁全富. 体外横向预应力加固简支空心板梁桥工艺研究[J]. 福建建筑, 2007(9): 43-44.
[113] 陈淮, 张云娜. 施加横向预应力加固装配式空心板桥研究[J]. 公路交通科技, 2008, 25(10):58-61.
[114] 谌润水. 公路旧桥加固技术与实例[M]. 北京:人民交通出版社, 2001.
[115] 李国豪, 石洞. 公路桥梁荷载横向分布计算[M]. 北京:人民交通出版社, 1987.
[116] 吴文清, 叶见曙. 高速公路扩建中桥梁拓宽现状与方案分析[J]. 中外公路,2007.
[117] 廖朝华. 高速公路扩建工程设计关键技术探讨[C]. 高速公路扩建工程技术研究会议,2004.
[118] 方志, 常红航. 混凝土箱梁桥拓宽拼接后收缩和徐变引起的横向效应[J]. 中国公路学报,2013,26(6):65-72.
[119] 常红航. 混凝土梁桥拓宽拼接时的收缩徐变影响研究[D]. 长沙:湖南大学,2013.
[120] 徐志强. 公路T梁桥拓宽拼接技术研究[D]. 南京:东南大学,2005.
[121] 张世平, 廖朝华. 高速公路桥涵构造物拼接思路[J]. 中外公路,2006(4).
[122] 中华人民共和国行业标准. JTG D60—2015 公路桥涵设计通用规范[S]. 北京:人民交通出版社股份有限公司,2015.
[123] 桥梁设计荷载技术标准及新旧桥梁纵缝拼接专题研究[R]. 广州:广东省公路勘察规划设计院,2005.
[124] 林晶. 高速公路桥梁拓宽工程设计[J]. 中外公路,2011(31).
[125] 王毅. 高压输配电设备实用手册[M]. 北京:机械工业出版社,2009.
[126] 高庆敏,李建胜. 低压配电线路实用技术[M]. 北京:中国电力出版社,2011.
[127] 张洋,赵祥模,许宏科. 高速公路供配电照明系统理论及应用[M]. 北京:电子工业出版社,2003.
[128] 张淼,冯垛生. 现代电力电子技术与应用[M]. 北京:中国电力出版社,2011.
[129] 程文,卜贤成. 低压无功补偿实用技术[M]. 北京:中国电力出版社,2012.
[130] 尹克宁. 变压器设计原理[M]. 北京:中国电力出版社,2003.
[131] 刘祖明. LED照明技术与灯具设计[M]. 北京:机械工业出版社,2012.
[132] 薛钮芝,张力,林纪宁. 太阳能光伏技术的研究与发展[J]. 大连铁道学院学报,2003, 24(4): 71-74.

[133] 张扬,高辉. 太阳能利用与环境可持续发展是统一框架下的系统工程——美洲百万太阳能屋顶计划启示[J]. 新能源,2000, 22(9): 51.

[134] 梁有伟,胡志坚,陈允平. 分布式发电及其在电力系统中的应用研究综述[J]. 电网技术,2003, 27(12): 71-75.

[135] 赵争鸣,刘建政,孙晓瑛. 太阳能光伏发电及其应用[M]. 北京: 科学出版社,2005.

[136] 曹仁贤. 光伏发电系统中逆变电源的原理与实现[J]. 太阳能,1998, 2: 17-19.

[137] 张超,何湘宁. 一种用于光伏发电系统的新型高频逆变器[J]. 电力系统自动化,2005, 29(19): 51-53.

[138] 杨海柱,金新民. 最大功率跟踪的光伏并网逆变器研究[J]. 北方交通大学学报,2004,28(2): 65-68.

[139] 张永平,徐剑,李峰. 软硬沥青复配温拌混合料性能与节能减排效果[J]. 重庆交通大学学报(自然科学版),2012,06(12):1157-1161.

[140] 程一鸣. 温拌沥青混合料应用研究及节能减排效益分析[J]. 中外公路,2014,01(21): 314-318.

[141] 秦永春,黄颂昌. 温拌沥青混合料节能减排效果的测试与分析[J]. 公路交通科技,2013,08(10):33-37.